LES SEIGNEURS DU CRIME

JEAN ZIEGLER
en collaboration avec Uwe Mühlhoff

LES SEIGNEURS DU CRIME

Les nouvelles mafias contre la démocratie

ÉDITIONS DU SEUIL
*27, rue Jacob, Paris VIe*

COLLECTION « L'HISTOIRE IMMÉDIATE »
DIRIGÉE PAR JEAN-CLAUDE GUILLEBAUD

ISBN 2-02-032452-0

« Chacun de nous est responsable de tout devant tous. »

FIODOR DOSTOÏEVSKI.

Ce livre est dédié à la mémoire de :

Luiz Carlos Perreira, mon filleul, assassiné le mardi 14 mai 1991, à l'âge de 21 ans, au carrefour des rues Santa Rodriguez et Maïa Lacerda (Moro de Santa Tereza) par un tueur des escadrons de la mort de la police militaire de Rio de Janeiro ;

mes amis Jean Garcia, mort en 1997, et Gilbert Baechtold, décédé en 1996.

Remerciements

Ce livre est le fruit d'un travail collectif de recherche de plus de quatre ans que j'ai mené principalement avec un jeune juriste allemand, Uwe Mühlhoff. Je lui dois des suggestions théoriques, des indications bibliographiques et documentaires nombreuses. La permanente discussion avec lui, le contrôle mutuel des connaissances m'ont été extrêmement précieux.

Il a mené les entretiens avec notamment des collaborateurs de la division « criminalité organisée » des *Landeskriminalämter* (offices de police judiciaire) de Nordrhein-Westphalie, de Brandebourg, de Hambourg, de Hesse, des *Polizeipraesidien* (préfectures de police) de Francfort-sur-le-Main et de Cologne, ainsi que des parquets de Dortmund, Francfort-sur-l'Oder et Leipzig.

Les experts des Nations unies à Islamabad, Vienne et Genève m'ont donné accès à des enquêtes de terrain non encore publiées.

En Italie, ce sont avant tout Carlo Carbone et Marco Maglioli qui ont recueilli une importante documentation et m'ont ouvert de nombreuses portes en Calabre, en Sicile, à Milan, à Turin et à Rome.

Hans See, du Business Crime Control Center de Maintal (Allemagne), m'a fait bénéficier de son érudition, de ses relations et de ses conseils.

N. Z. m'a assisté d'une façon compétente pour l'exploitation et la traduction des sources russes.

Juan Gasparini m'a assisté pour les sources ibériques.

Grâce à sa connaissance intime d'Internet, Raoul Ouédraogo m'a donné accès à des documents essentiels. J'ai pu compter également sur la coopération des responsables de la Bibliothèque et du Centre de documentation des Nations unies, au Palais des Nations, à Genève.

J'ai reçu des avis compétents de la part de Christian-Nils Robert, professeur de droit pénal à l'université de Genève, et du conseiller national Ernst Mühlemann, rapporteur du Conseil de l'Europe pour l'admission de la Fédération de Russie.

Dans cinq pays différents, mes collaborateurs et moi-même avons mené des entretiens non directifs approfondis avec des procureurs, des juges, des responsables de services secrets et de différentes organisations de police. Leurs noms figurent dans le texte lorsque nous avons reçu l'autorisation expresse de les citer. Pour d'évidentes raisons, beaucoup ont préféré garder l'anonymat. Mais toutes et tous nous ont fait bénéficier avec une grande générosité humaine de leur savoir impressionnant et de leur critique de nos thèses et de nos résultats d'enquêtes.

La mise au net du manuscrit a été effectuée par Catherine Lorenz, Arlette Sallin et, au stade ultime, par Dominique Miollan et Mireille Demaria.

Sabine Ibach et l'Agence littéraire Mohrbooks ont dès le premier jour soutenu notre projet.

J'ai reçu des conseils avisés d'Erica Deuber-Pauli, de Richard Labévière et de Jean-Claude Guillebaud.

Que toutes et tous soient ici chaleureusement remerciés.

J. Z.

Genève, janvier 1998.

Avant-propos

Un spectre hante l'Europe : celui du crime organisé. Depuis plus de deux siècles, des sociétés démocratiques, régies par des normes librement acceptées, vivent sur notre continent. Aujourd'hui, elles sont menacées de ruine par les seigneurs du crime organisé.

Les cartels du crime constituent le stade suprême et l'essence même du mode de production capitaliste. Ils bénéficient grandement de la déficience immunitaire des dirigeants de la société capitaliste contemporaine. La globalisation des marchés financiers affaiblit l'État de droit, sa souveraineté, sa capacité de riposte. L'idéologie néo-libérale qui légitime – pire : qui « naturalise » – les marchés unifiés, diffame la loi, débilite la volonté collective et prive les hommes de la libre disposition de leur destin.

Les grands « parrains » avancent masqués. Ils détestent s'exposer à la lumière du jour. Le crépuscule est leur monde. Ils n'apparaissent que rarement dans un prétoire. Peu de juges recueillent leurs mensonges. A part quelques rares initiés, personne ne connaît leur nom véritable. Ils sont sans visage.

Bénéficiant d'identités nombreuses et variées, ils mènent les existences en apparence les plus honorables, parfois les plus prestigieuses.

Ils ne tuent jamais de leurs propres mains, ni n'adressent directement la parole aux milliers de soldats qu'ils commandent. Ils dirigent d'immenses empires dans l'ombre. Ils sont des énigmes drapées de mystère.

Et pourtant ils existent ! Leurs traces sont relevées sur le sol ensanglanté quand on emporte les cadavres. Leur présence se lit dans les yeux paniqués du suspect ou dans la nervosité extrême de l'accusé qui, devant le juge, refuse presque toujours de nommer la divinité suprême.

Comment les approcher ? Comment mesurer leurs pas ? Comment connaître leurs obsessions nocturnes, leurs façons de frapper ? Comment deviner leurs méthodes, leurs stratégies ?

Mes collaborateurs et moi avons pu accéder à nombre de sources policières d'Europe, mais aussi d'Asie (Pakistan) et des États-Unis et consulter beaucoup de rapports de synthèse – notamment du *Bundeskriminalamt* allemand, des *Landeskriminalämter*, de la police fédérale suisse, du TRACFIN[1] français, de la *Guardia di Finanza* italienne.

Plusieurs des plus grands policiers d'Europe nous ont fait bénéficier de leur expérience, de leur savoir impressionnant, de leurs craintes et de leurs espoirs.

Des revues spécialisées de criminologie, des centres universitaires de droit pénal et des associations de magistrats ou de policiers organisent régulièrement des colloques internationaux, accessibles sur invitation, où des commissaires divisionnaires français, des *constables* de Scotland Yard, des colonels des *carabinieri*, des fonctionnaires du FBI ou des *Oberkriminalkommissare* allemands rendent compte, avec une franchise souvent étonnante, de leur difficile travail.

Pour les documents judiciaires, des problèmes différents se sont posés : en France, en Allemagne, en Suisse, en Autriche,

1. Traitement des renseignements et action contre les circuits financiers clandestins.

nous avons souvent dû déposer par voie hiérarchique des demandes d'accès à ces documents. En Italie, par contre, où un même *procuratore pubblico* mène l'instruction et soutient l'accusation devant le juge du siège, il suffisait d'une autorisation écrite du greffier pour pouvoir photocopier les pièces annexes du procès.

Ma qualité de parlementaire m'a aidé. Le Parlement européen et différentes assemblées législatives nationales mènent des travaux d'investigation et d'analyse souvent passionnants. Il existe en leur sein des commissions spécialisées, dotées d'enquêteurs et d'experts compétents ; par exemple, la commission anti-mafia de la Chambre des députés italienne.

Les documents que publient ces commissions sont souvent d'une grande richesse. Le rapport de la commission de l'Assemblée nationale française de janvier 1993 est un modèle du genre.

Des organismes de communication de dimension continentale gérant des archives informatisées – *Time Magazine Incorporated*, les sociétés éditrices de la *Süddeutsche Zeitung*, du magazine *Der Spiegel*, du journal *Le Monde*, d'*El País* et du *Times* de Londres – disposent d'un matériel documentaire riche et intéressant. Notre équipe s'est abonnée à ces archives et les a exploitées.

Mes collaborateurs et moi-même ne sommes que de modestes sociologues, au courage limité, et non de grands et téméraires journalistes d'investigation. Tenter d'interviewer les *Buyuk-baba*[2] turcs, les seigneurs pathans du Khyber, les *Vor v zakone* russes[3] ? Rencontrer leurs soldats, diffuser au sein de leurs organisations nos questionnaires ou, pis, tenter une observation participante en nous fondant dans le milieu ? Exclu ! Nous ne pouvions mener les classiques enquêtes sociologiques sur le terrain. Nous voulions rester en vie.

2. *Buyuk-baba :* littéralement, « Grand-père » ; titre des dirigeants suprêmes des cartels turcs de la criminalité organisée.

3. *Vor v zakone* : « Voleurs dans la loi », titre officiel des parrains de la plus ancienne organisation criminelle russe.

La première partie de notre livre est consacrée à l'exploration des rapports entre la globalisation des marchés et le déclin de l'État national d'une part et le développement du crime organisé d'autre part.

Les deuxième et troisième parties s'attachent aux analyses empiriques des modes de fonctionnement et d'agression des cartels criminels qui sont nés sur les décombres du monde communiste de l'Est. Pour les sociétés démocratiques d'Europe, les seigneurs russes, ukrainiens, tchétchènes, roumains, kazakhs et autres constituent aujourd'hui la menace la plus immédiate. « Je te frapperai sans colère et sans haine, comme un boucher », clame Baudelaire dans l'un de ses plus célèbres poèmes. La plupart des boyards que nous croiserons dans ces pages sont de grands bouchers.

La subversion de l'univers de la finance internationale par le crime organisé est explorée dans la quatrième partie par le biais de la défunte BCCI (Banque de crédit et de commerce international) d'Agha Hasan Abedi, que *Time Magazine* appelle *« the sleaziest bank of all*[4] *»* (« la banque la plus pourrie du monde »).

Dans la cinquième partie sera dressé l'inventaire de celles d'entre les armes judiciaires et policières qui, aujourd'hui, me semblent les plus aptes à assurer la survie de la société démocratique dans sa guerre mortelle contre le crime organisé.

Pourquoi ce livre ?

La légende d'Hercule, héros mythique des Grecs, fournit une réponse : Hercule s'était chargé d'abattre le lion de Némée, bête féroce et réputée invulnérable. L'affaire faillit mal tourner : Hercule, à la recherche de son ennemi, l'avait trouvé sans s'en apercevoir. Il avait pris la crinière de la bête pour les poils de sa propre barbe. Réveillé *in extremis*, le héros tua le monstre.

4. *Time Magazine*, New York, 29 juillet 1991.

AVANT-PROPOS

Avec le crime organisé les sociétés démocratiques d'Occident procèdent fréquemment de la même façon : la présence en leur sein du monstre est si évidente qu'elles ne s'en rendent pas compte. Elles continuent de dormir en caressant doucement leur ennemi.

Le réveil aura-t-il lieu ?
Le présent livre veut aider à ce sursaut.

PREMIÈRE PARTIE

Les barbares arrivent

« Le premier trait de la corruption des mœurs, c'est le banissement de la vérité. »

MONTAIGNE.

I

La banalité du crime

Saint-Just écrit : « Entre le peuple et ses ennemis, il n'y a rien de commun, rien que le glaive[1]. »

Aujourd'hui, dans les démocraties occidentales, le glaive s'est émoussé. Le crime organisé progresse. Sa victoire sur les peuples menace.

Eckart Werthebach, ancien chef du contre-espionnage allemand, constate : « Par sa puissance financière gigantesque, la criminalité organisée influence secrètement toute notre vie économique, l'ordre social, l'administration publique et la justice. Dans certains cas, elle dicte sa loi, ses valeurs, à la politique. De cette façon disparaissent graduellement l'indépendance de la justice, la crédibilité de l'action politique et finalement la fonction protectrice de l'État de droit. La corruption devient un phénomène accepté. Le résultat est l'institutionnalisation progressive du crime organisé. Si cette évolution devait se poursuivre, l'État se verrait bientôt incapable d'assurer les droits et libertés civiques des citoyens[2]. »

Un ancien ministre de la Défense des États-Unis, codirecteur d'une puissante banque multinationale, spécialisée dans

1. Louis Antoine de Saint-Just, *Fragments d'institutions républicaines*, préface et notes de Robert Mandron, Paris, UGE,1988.

2. Eckart Werthebach a présidé jusqu'en 1997 le *Bundesamt für Verfassungsschutz*, la DST allemande. Cf. Eckart Werthebach, en collaboration avec Bernadette Droste-Lehnen, « Organisierte Kriminalität », *Zeitschrift für Rechtspolitik*, n° 2, 1994.

le trafic d'armes et gérant les fonds du terroriste Abou Nidal ; Giulio Andreotti, sept fois Premier ministre d'Italie, quatorze fois ministre, accusé par le procureur de Palerme d'association avec la Cosa Nostra[3] ; Ernesto Samper, président en exercice de la République de Colombie, privé de visa américain sous l'accusation d'être un agent des cartels de la drogue : voilà qui étonne et inquiète.

On aurait tort de ne voir, dans la criminalité transcontinentale organisée, que l'expression d'une pathologie sociale, que cette part de déviance et d'obscure folie que recèle, intimement, toute société civilisée.

Il s'agit de plus et d'autre chose.

D'où vient l'État ? D'où vient sa force ? Qu'est-ce qui fait vivre une démocratie ? Qu'est-ce qui fait qu'un agrégat d'individus isolés devient une société structurée, civilisée, résistant aux passions centrifuges ? Quelle est l'origine de la loi ?

Kant définissait l'État comme une « communauté de volontés impures sous une règle commune[4] ». Comment définir les volontés impures ? Tout homme est habité par les pires passions, des énergies destructrices, la jalousie, l'instinct de puissance. Mais dans de rares instants de lucidité, il abdique une partie de sa liberté au bénéfice de la volonté générale et du bien public. Avec ses semblables, il fonde la « règle commune », l'État, la loi. La liberté la plus totale préside à cette fondation. Kant dit encore : « Malheur au législateur qui vou-

3. Sénateur à vie, Giulio Andreotti a vu son immunité levée le 27 mars 1993. Le procès de Palerme s'est ouvert le 26 septembre 1996. Il a donné lieu à une avalanche de livres. Je n'en citerai que deux : Emanuele Macaluso, *Giulio Andreotti, tra Stato e Mafia*, Messine, Rubbettino, 1996 (l'auteur, sénateur communiste, est l'ancien dirigeant de la Confédération générale italienne du travail, lui-même rescapé de plusieurs attentats mafieux) ; Giulio Andreotti, *Cosa loro. Mai visti da vicino*, Milan, Rizzoli, 1995 (il s'agit d'une sorte de journal où Andreotti réfute point par point les accusations portées contre lui). Au moment où je termine ces pages (janvier 1998), le procès est en cours.

4. Emmanuel Kant, *La Religion dans les limites de la simple raison*, Paris, Alcan, 1913.

drait établir par la contrainte une Constitution à des fins éthiques ; non seulement il ferait ainsi le contraire de cette Constitution, mais de plus il saperait sa Constitution politique et lui ôterait toute solidité. »

Kant connaissait mieux que quiconque l'extrême fragilité de la règle commune, du tissu social noué par les volontés impures, l'abîme qui, constamment, menace sous les institutions apparemment les plus solides.

La criminalité transnationale en Europe, dotée d'une technologie avancée, est assurément inquiétante. Mais non au premier chef parce qu'elle s'attaque aux institutions, à la loi, à l'État ; si ce n'était que cela, le renforcement de l'action répressive de la société démocratique, de sa magistrature, de ses lois, de sa police suffirait pour la mater.

Le danger mortel du crime organisé est ailleurs.

Par l'appât du gain rapide, la corruption endémique, la menace physique, le chantage, il débilite les volontés des citoyens. Le reste suit comme par nécessité : une société qui ne se meut plus de son propre chef et dont l'harmonie n'obéit plus à des volontés singulières et libres est une société condamnée. Aucun État, aucune loi, aucune force répressive, si déterminés et sévères soient-ils, ne peuvent plus la protéger.

D'où vient la formidable efficacité des cartels du crime organisé ?

La réponse est complexe : ces cartels combinent trois modes d'organisation qui, jusqu'ici, s'excluaient mutuellement.

Un cartel criminel est d'abord une organisation économique, financière, de type capitaliste, structurée selon les mêmes paramètres de maximalisation du profit, de contrôle vertical et de productivité que n'importe quelle société multinationale industrielle, commerciale ou bancaire légale ordinaire.

En même temps, le cartel est une hiérarchie militaire.

La violence est au fondement de toute association criminelle. Une violence souvent extrême, entièrement soumise à la volonté d'accumulation monétaire, de domination territoriale et de conquête des marchés.

Entre la rationalité de l'accumulation capitaliste et l'ordre militaire, il existait jusqu'ici une contradiction : quel que soit son secteur d'activité (industriel, commercial, bancaire ou autre), une société multinationale qui réussit prospère par l'initiative personnelle, le libre jeu, à l'intérieur de structures souples, de la volonté accumulatrice de chacun de ses membres.

Une structure militaire, par contre, fonctionne sur le mode autoritaire. La hiérarchie militaire se définit par la relation commandement/obéissance. Obéir aveuglément, jusqu'à la mort, aux ordres de ses chefs constitue le premier devoir du soldat.

Le troisième mode d'organisation auquel fait appel le cartel criminel est la parenté clanique, la structure ethnique. Ce troisième mode, la formation sociale ethnocentrique, est en principe exclusif des deux autres sociabilités mentionnées, la hiérarchie militaire et la formation capitaliste.

Or, ici aussi, le cartel criminel surmonte la contradiction, crée la symbiose.

Chacun des trois modes d'organisation – capitaliste, militaire et ethnique – possède sa propre et redoutable efficacité.

J'insiste sur ce point : dans la vie ordinaire, les trois formations s'excluent mutuellement, s'opposent entre elles ou, du moins, vivent des existences autonomes, parallèles, fermées les unes aux autres. En les combinant, le cartel criminel parvient à additionner les efficacités propres à chacune d'entre elles. D'où sa force victorieuse et l'immunité qu'il oppose généralement à toute tentative de pénétration policière.

Kant appelle « mal radical » la force qui fait dévier les volontés singulières des citoyens, et les conduit à affaiblir, à pervertir, au pire à annuler la règle commune.

Myriam Revault d'Allonnes, exégète de Kant, écrit : « Il y a la grandeur inoubliable du signe historique qui révèle la disposition morale de l'humanité. Mais il y a aussi ce mal radical comme penchant de la nature humaine, penchant non extirpable et insondable abîme d'un pouvoir originaire susceptible de s'orienter vers le bien ou vers le mal... » Et plus loin : « Dans la mesure où il n'est pas par nature tourné vers des fins stables, l'homme est malléable [...]. L'espèce humaine est ce que nous voulons la faire » [5].

Il y a du Méphisto chez la plupart des seigneurs du crime que nous rencontrerons dans ce livre.

Ils connaissent par intuition ou par expérience le caractère ambigu, équivoque, frappé d'une fragilité consubstantielle, de toutes ces volontés impures qu'ils tentent de séduire avec une mortelle efficacité.

Ils travaillent une pâte malléable et ils le savent.

Selon le ministre de l'Intérieur de la Fédération de Russie, environ 5 700 bandes mafieuses contrôlent 70 % du secteur bancaire du pays et la majeure partie de ses exportations de pétrole, de gaz naturel, de minerais stratégiques et de matières premières forestières. En Allemagne, en Italie, en Turquie et aux États-Unis, le crime organisé subvertit des secteurs entiers de l'économie de marché. Il est chaque jour plus puissant en France. Les économies nationales de plusieurs pays d'Afrique noire sont totalement criminalisées.

Comment un tel malheur est-il devenu possible ?

Les raisons sont multiples.

5. Myriam Revault d'Allonnes, *Ce que l'Homme fait à l'Homme*, Paris, Éd. du Seuil, 1995.

La première : la banalisation en notre siècle de l'acte criminel.

Dirigés par Milosevic, Karadjic et Mladic, les troupes régulières et les miliciens serbes envahissent la vallée et la petite ville de Srebrenica, en Bosnie orientale, à l'aube du 13 juillet 1995. Srebrenica est une zone de sécurité des Nations unies. Le général Bernard Janvier, au nom des Nations unies, refuse de bombarder les agresseurs. Indifférence complaisante des Casques bleus hollandais sur place. Silence des gouvernements européens. Les Serbes réunissent tous les hommes entre quinze et soixante-dix ans dans le stade de football, sur la place publique, sur un terrain vague, puis, systématiquement, l'un après l'autre, ils les égorgent, leur arrachent les yeux, les tuent d'un coup de hache, rarement d'une balle dans la tête. Les suppliciés se chiffrent à 8 000. Jacques Julliard pose la question : « Faut-il juger Janvier [6] ? » Question légitime.

Avril-juin 1994 : sur les collines du Rwanda, dans la région des Grands Lacs, en Afrique centrale, les milices Interahamwe, sous le commandement du général Théoneste Bagosora et des ministres du défunt président Juvénal Habyarimana, organisent l'assassinat – à la machette, de préférence – de centaines de milliers d'habitants tutsis et d'opposants hutus. Les Casques bleus présents sur place n'interviennent pas. Les gouvernements européens semblent indifférents. Nombre probable des victimes : entre 500 000 et 800 000.

Au Cambodge, de 1975 à 1979, en Éthiopie, de 1974 à 1989, sous les bombes américaines au Vietnam, de 1969 à 1974, durant trois générations dans les goulags sibériens et durant six ans dans les camps d'extermination nazis, des dizaines de millions de femmes, d'hommes et d'enfants ont été massacrés.

Auschwitz, Srebrenica, la Kolyma, les camps cambodgiens et les cachots éthiopiens sont devenus le baromètre de la folie

6. Jacques Julliard, in *Le Nouvel Observateur*, 9 octobre 1996; pour l'ensemble de la problématique de cette guerre, cf. Georges-Marie Chenu, Jean Cot *et al.*, *Dernière Guerre balkanique ? Ex-Yougoslavie : témoignages, analyses, perspectives*, Paris, L'Harmattan, 1996.

criminelle des hommes. Or, Eichmann, Karadjic, Beria, Pol-Pot, Mengistu et tous leurs collègues en monstruosité ont placé la barre très haut.

Tout méfait, tout massacre se situant en dessous de cette barre sont donc nécessairement perçus comme des crimes mineurs, un moindre mal.

L'héroïne chinoise, ou nord-coréenne, qui passant par Vladivostok, puis par le Nigeria, inonde les villes d'Amérique et d'Europe et tue chaque année des dizaines de milliers de gosses ? La pénétration du marché immobilier de la Côte d'Azur par les bandes russes qui assassinent leurs concurrents et enlèvent les enfants de vendeurs récalcitrants ? Des secteurs entiers du petit commerce de Berlin soumis au racket ? Des dizaines de milliers de jeunes femmes vendues comme du bétail, trompées, contraintes à la prostitution dans toute l'Europe ?

Comparés aux horreurs perpétrées par les nazis, les Khmers rouges, les fascistes des Balkans, tous ces crimes paraissent relever du délit véniel.

Ainsi l'activité quotidienne des seigneurs du crime organisé ne suscite-t-elle pas dans l'opinion publique des sociétés libres la révulsion horrifiée, la détermination angoissée qui seraient nécessaires à son élimination.

Une seconde raison qui explique les progrès de la criminalité transnationale organisée est sa faible visibilité.

Les « saigneurs » – comme les appelle un commissaire divisionnaire français – sont peu visibles. Leurs crimes, ils les commettent dans la pénombre. Ils avancent cachés, ils haïssent la lumière du jour. Ils craignent comme la peste le regard des peuples.

Ici, point de tonitruantes conférences de presse annonçant les prochaines épurations ethniques, les prochaines attaques de représailles sur des villages sans défense. Point de communiqués de victoire triomphants au bord des fosses communes.

Les cartels du crime organisé travaillent dans la clandestinité. Ici, point de quartiers qui flambent, de cortèges de survivants hagards ou de monceaux de cadavres pourrissant au soleil.

Les tueurs de « Monseigneur », les éradicateurs russes, les *Buyuk-baba* turcs ou les sicaires colombiens égorgent de préférence la nuit. Sans annonce préalable et sans bruit. Loin des caméras.

Quant à l'infiltration des principaux marchés financiers par le moyen de banques multinationales à caractère entièrement criminel – par exemple, la BCCI, Banque du commerce et du crédit international –, elle se fait dans le silence, dans l'ombre, à l'abri de toute curiosité déplacée.

Circonstance aggravante : Toto Riina, dit « la Bête », chef suprême de la Cosa Nostra sur les deux rives de l'Atlantique, Giovanni Brusca, surnommé « le Porc », ou les seigneurs tchétchènes, les parrains russes détestent les interviews. Le gros plan leur fait horreur. Même une simple photo peut valoir un nez ou une oreille coupés au téméraire reporter.

Qui, dans ces circonstances, voudrait parler des cartels du crime organisé ? Mobiliser l'opinion publique ? Sonner l'alarme ? La société médiatique a mieux à faire. Et de toute façon la matière première est médiocre, le nombre des cadavres insuffisant.

II

La déficience immunitaire

Pour résister à la violence, au chantage, à l'agression quotidienne des cartels du crime organisé, une société a besoin de valeurs ; seuls des citoyens solidaires, attachés à un bien public commun, unis dans la défense de la démocratie, pratiquant entre eux des relations de complémentarité et de réciprocité et désirant la justice sociale résistent à la corruption, à la séduction mises en œuvre par les agents de la criminalité transnationale.

Or, face à la criminalité transcontinentale organisée, les sociétés démocratiques d'Occident souffrent d'une évidente déficience immunitaire. Quelles en sont les causes ?

La première : la globalisation de l'économie mondiale.

Pourquoi la globalisation ? Pourquoi maintenant ?

Deux réponses :

1. La tendance à la monopolisation et à la multinationalisation du capital est consubstantielle au mode de production capitaliste ; à partir d'un certain niveau de développement des forces productives, cette tendance devient impérieuse, s'impose comme par nécessité.

2. Pendant tout le temps de la division du monde en deux blocs apparemment antagonistes, la globalisation se trouvait entravée. A l'Est, un empire militairement puissant se réclamait (faussement) d'une idéologie de la défense de tous les travailleurs. Les oligarchies capitalistes de l'Ouest se sentaient obligées de sauvegarder un minimum de protection sociale, de liberté syndicale, de négociation salariale et de contrôle démo-

cratique de l'économie. Il fallait éviter le vote communiste en Occident. En d'autres termes : les partis sociaux-démocrates occidentaux ont agi comme des alchimistes du Moyen Age qui, du plomb, tentaient de faire de l'or. Ces partis (ces centrales syndicales) ont transformé en avantages sociaux pour leurs clients la peur des capitalistes devant l'expansion communiste.

Avec la chute du mur de Berlin, la désintégration de l'URSS et la criminalisation partielle de l'appareil bureaucratique de la Chine, la globalisation de l'économie capitaliste a pris son envol. Et avec elle la précarisation du travail, le démantèlement de la protection sociale. Nombre de partis sociaux-démocrates – par exemple, le Parti socialiste italien – se sont liquéfiés. D'autres se sont terriblement affaiblis, ont perdu toute crédibilité. Tous subissent de plein fouet le déterminisme du marché globalisé. L'Internationale socialiste a implosé. Les syndicats sont confrontés à une perte dramatique de leur pouvoir. Le mode de production capitaliste se répand à travers la terre, sans désormais rencontrer sur sa route des contre-pouvoirs dignes de ce nom.

Évoquant, dans une lettre, le capital financier et le capital industriel, Marx utilise l'expression curieuse de *fremde Mächte* (« puissances étrangères »). Comme des armées occupantes, étrangères au pays qu'elles asservissent, ces puissances dénaturent, plus fréquemment annulent, la libre volonté des hommes agressés.

La maximalisation du profit, l'accumulation accélérée de la plus-value, la monopolisation de la décision économique sont contraires aux aspirations profondes, aux intérêts singuliers du plus grand nombre. La rationalité marchande ravage les consciences, elle aliène l'homme et détourne la multitude d'un destin librement débattu, démocratiquement choisi. Le déterminisme de la marchandise étouffe la liberté irréductible, imprévisible, à jamais énigmatique de l'individu. L'être humain est réduit à sa pure fonctionnalité marchande. Les

« puissances étrangères » sont ennemies du pays, du peuple qu'elles occupent.

Qu'est-ce que la globalisation ?

La réalisation de la loi des coûts comparatifs de production et de distribution, formulée par le spéculateur boursier et professeur d'économie David Ricardo au début du XIXe siècle, se généralise. Tout bien, tout service sera produit là où ses coûts seront les plus bas. La planète entière devient ainsi un gigantesque marché où entrent en compétition les peuples, les classes sociales, les pays. Dans un marché globalisé, les pays européens – avec leurs coûteux systèmes de sécurité sociale, leur liberté syndicale, leurs salaires relativement élevés – sont rapidement perdants. L'angoisse du lendemain, le chômage, puis la misère s'installent. Mais dans un marché globalisé, ce que perdent les uns – la stabilité de l'emploi, le niveau salarial, la sécurité sociale, le pouvoir d'achat – n'est pas automatiquement gagné par les autres. La mère de famille de Pusan, en Corée du Sud, qui exerce un travail sous-payé, le prolétaire indonésien qui, pour un salaire de misère, s'épuise dans la halle de montage d'une zone franche de Djakarta n'améliorent que médiocrement leur situation, alors que l'ouvrier mécanicien de Lille ou le travailleur du textile de Saint-Gall verse dans le chômage permanent.

L'intégration progressive, dans un marché planétaire unique, de toutes les économies autrefois nationales, singulières, gouvernées par des mentalités, un héritage culturel, des modes de faire et d'imaginer particuliers, est un processus complexe.

Des économistes allemands ont forgé un concept explicite : *Killerkapitalismus* (« capitalisme de tueurs »).

Voici comment fonctionne concrètement le *Killerkapitalismus* :

1. Les États du tiers monde se battent entre eux pour attirer des investissements productifs effectués par des industries et entreprises de services étrangères. Pour gagner cette bataille, ils n'hésitent pas à réduire encore les déjà faibles protections sociales, les libertés syndicales, le pouvoir de négociation des salariés autochtones.

2. En Europe, en particulier, les entreprises industrielles, de gestion, etc., procèdent de plus en plus à la délocalisation de leurs installations de production et – depuis quelques années – également de leurs laboratoires et centres de recherche. Par un effet en retour singulièrement pervers, la simple menace d'une délocalisation induit l'État à céder de plus en plus aux exigences du capital, à consentir à une réduction de la protection sociale (licenciements, déréglementations, etc.), bref, à précariser, à « fluidifier » le marché autochtone du travail.

3. Les travailleurs de tous les pays entrent soudain en compétition les uns avec les autres. Il s'agit pour chacun et chacune de s'assurer un emploi, un revenu pour sa famille. Cette situation provoque la désolidarisation entre les catégories de travailleurs, la démobilisation de l'esprit de lutte, la mort du syndicalisme – bref, le consentement honteux, souvent désespéré du travailleur à la destruction de sa propre dignité.

4. A l'intérieur des démocraties européennes, une béance s'ouvre : ceux qui ont du travail tentent par tous les moyens de le conserver et se battent contre ceux qui n'en ont plus et qui probablement n'en auront plus jamais. La solidarité salariale est rompue. Autre phénomène : entre la fonction publique et le secteur privé, une antinomie s'installe. Dernier phénomène, le plus grave de tous : le travailleur autochtone, fréquemment, se met à haïr l'ouvrier immigré. Le serpent raciste dresse sa tête hideuse.

Dans les États industriels occidentaux, il y avait 25 millions de chômeurs de longue durée en 1990. Ils sont 37 millions en

1997. Quant à la précarisation, en Grande-Bretagne, en 1997, seul un travailleur sur six a un travail stable, régulier et à plein temps. Aux États-Unis, les travailleurs dits dépendants (à l'exclusion des cadres dirigeants), qui forment 80 % de la population active en 1996, ont subi une perte de leur pouvoir d'achat de 14 % entre 1973 et 1995. En France, le chômage frappe aujourd'hui 12,6 % de toute la population active : un Français sur huit en âge de travailler est au chômage. Alors que la croissance reste insuffisante, un Français sur trois n'a qu'un travail précaire. L'Allemagne compte 4,5 millions de chômeurs. Environ 30 % des entreprises paient des salaires inférieurs au minimum syndical[1].

Le rapport dit du « développement humain » du PNUD (Programme des Nations unies pour le développement) dresse le constat[2] : dans les pays du tiers monde, 1,3 milliard d'êtres humains disposent de moins d'un dollar par jour pour survivre. 500 millions de personnes mourront avant d'avoir atteint l'âge de quarante ans. La distribution de la propriété, notamment celle de la terre arable, est scandaleuse. Au Brésil, par exemple, en 1997, 1 % des propriétaires contrôle 43 % des terres arables. 153 millions d'hectares restent en friche. Et, pendant ce temps, 5 millions de paysans spoliés errent avec leurs familles faméliques sur les routes de cet immense pays.

Les pays industrialisés, organisés dans l'OCDE, ne sont pas épargnés : 100 millions de personnes y vivent en dessous du seuil de pauvreté. En 1997, dans ces mêmes pays, 37 millions ne disposent que de l'allocation-chômage pour vivre ; tendanciellement, cette allocation se réduit dans le temps et en quantité. 15 % des enfants d'âge scolaire ne vont pas à l'école. La France compte des miliers et des milliers de sans-abri ; Londres,

1. Chiffres de l'OCDE.

2. Le PNUD utilise – outre les paramètres économiques classiques tels que le pouvoir d'achat, le revenu par habitant, le volume du produit national brut, etc. – des critères qualitatifs complémentaires. Exemples : le degré de scolarisation d'une société, la situation des droits de l'homme, la pureté de l'eau, la qualité des soins médicaux, celle des aliments, etc.

à elle seule, plus de 40 000. Aux États-Unis, 47 millions de personnes – dont la majorité appartenant aux classes les plus pauvres – ne disposent d'aucune assurance-maladie.

Bref, loin de faire éclore la richesse généralisée et partagée sur les cinq continents, le marché unifié crée le désordre inégalitaire, l'injustice et fréquemment la misère.

Mais la main invisible de ce marché globalisé ne détruit pas que les sociétés, elle massacre aussi la nature. Il suffit d'observer l'évolution des forêts vierges de la planète. Les forêts tropicales ne couvrent qu'environ 2 % de la surface de la Terre, mais abritent près de 70 % de toutes les espèces végétales et animales. En moins de quarante ans (1950-1990), la surface globale des forêts vierges s'est rétrécie de plus de 350 millions d'hectares : 18 % de la forêt africaine, 30 % des forêts océanique et asiatique, 18 % des forêts latino-américaine et caraïbe ont été détruits. En 1997, d'autres millions d'hectares disparaissent. Au rythme actuel, on estime que plus de 3 millions d'hectares sont détruits par an. La biodiversité : chaque jour, des espèces (végétales, animales, etc.) sont anéanties de façon définitive, plus de 50 000 espèces entre 1990 et 1996. Les hommes : lors du dernier décompte censitaire, en 1992, il restait dans la forêt amazonienne moins de 200 000 habitants autochtones (comparés aux 9 millions d'avant l'agression coloniale). La savane, elle aussi, subit les ravages de la surexploitation. En 1996, sur 300 millions d'hectares, les arbres et arbustes ont été totalement détruits, généralement par le feu[3].

En 1997, 37 000 sociétés transnationales d'origine européenne, américaine ou japonaise – qui, ensemble, possèdent 170 000 filiales à l'étranger – dominent l'économie mondiale.

3. Rapport d'Arba Diallo, chef du secrétariat des Nations unies chargé de la lutte contre la désertification, Genève, 1997.

Cinq pays capitalistes avancés (États-Unis, Japon, France, Allemagne et Royaume-Uni) se partagent à eux seuls 172 des 200 plus grosses sociétés transnationales. De 1982 à 1992, leurs ventes sont passées de 3 000 à 5 900 milliards de dollars et leur part du produit mondial brut de 24,2 à 26,8 %. Aujourd'hui, aucune force sociale ou politique ne semble plus en mesure de contrecarrer leurs ambitions.

Sous les coups de la globalisation des marchés, l'État national européen, la démocratie occidentale, produits de la lente évolution des communes du Moyen Age, des principes de la Renaissance et des conquêtes de la Révolution française, subissent des dommages irréversibles.

Un autre phénomène est à considérer : la rupture radicale entre l'économie réelle et l'économie virtuelle. Autrefois, l'argent exprimait la valeur des choses. C'était le moyen de paiement pour les marchandises, les services et autres biens produits par les hommes. Plus maintenant. Dans la jungle où nous vivons circulent désormais des sommes astronomiques qui ne correspondent plus à rien, au sens littéral du terme. Et en tout cas pas à un gain de productivité, à une augmentation réelle des richesses économiques. Je prends l'exemple de mon pays, la Suisse. En 1997, pour la cinquième année consécutive, le produit national brut n'a augmenté que très faiblement : moins de 1 % en chiffres réels. Alors que le *Swiss Index* (l'index des principales actions suisses cotées en Bourse) a fait – durant les six premiers mois de 1997 – un bond de plus de 40 %.

Le capital financier s'est graduellement autonomisé. Des milliards de dollars « flottent » sans amarres, en toute liberté. Le processus ne date pas d'aujourd'hui, mais il s'accélère à un rythme étonnant. Un exemple : le marché de l'eurodollar est passé de 80 milliards de dollars en 1973 à plus de 4 000 milliards en 1998.

La révolution de la téléphonie, la transmission entre spéculateurs des données à la vitesse de la lumière (300 000 km/seconde), la numérisation des textes, des sons et des images, la miniaturisation extrême des ordinateurs et la généralisation de l'informatique rendent toute surveillance de ces mouvements de capitaux flottants – plus de 1 000 milliards de dollars par jour – pratiquement impossible. Aucun État, si puissant soit-il, aucune loi et aucune assemblée de citoyens ne peuvent lutter contre un tel ennemi.

La vitalité, l'inventivité des marchés financiers forcent l'admiration. De nouveaux produits, tous plus sophistiqués, plus complexes, plus novateurs les uns que les autres, se succèdent à un rythme époustouflant.

Prenons la galaxie des produits financiers dits « dérivés ». En 1997, ils s'élèvent à plus de 1 700 milliards de dollars. Tout peut faire objet de spéculation « dérivée » aujourd'hui : je conclus un contrat pour l'achat à date fixe et à prix fixe d'une cargaison de pétrole, d'un lot de monnaie, d'une récolte de blé, etc. Si, à cette date, la Bourse indique un prix inférieur au mien, je perds. Dans le cas inverse, je gagne.

La folie réside en ceci : je peux monter une spéculation sur des produits dits « dérivés » en n'y investissant que 5 % de mon propre argent. Le reste, c'est du crédit. Or, on peut spéculer sur des produits dérivés d'autres produits dérivés, et ainsi de suite. Extrême fragilité donc d'une interminable pyramide de crédits qui enfle sans cesse et pousse vers le ciel.

Ces jeunes génies (hommes et femmes) qui, grâce à leurs modèles mathématiques élaborés sur ordinateur, tentent d'anticiper les mouvements du marché, de maîtriser le hasard et de minimiser les risques travaillent comme des pilotes de formule 1. Ils doivent réagir en une fraction de seconde. Toute décision erronée peut entraîner une catastrophe. La tension est énorme : les Bourses créent un marché qui fonctionne vingt-quatre heures sur vingt-quatre. Quand Tokyo ferme, New York ouvre, et quand les *traders* américains s'effondrent dans leur lit, la guerre se déplace à Francfort, Londres et Paris.

Les *traders* sont la quintessence du capitalisme financier : une passion insensée, démentielle du pouvoir, du prestige, du profit, une volonté inépuisable d'écraser le concurrent les dévorent. Les amphétamines les tiennent éveillés. Ils produisent de l'or avec du vent.

Dans pratiquement toutes les grandes banques multinationales du monde, ces jeunes génies gagnent le double ou le triple du président de la banque. Ils encaissent des gratifications, des participations au bénéfice astronomique. Ils sont les Crésus des temps présents. Leur folie est rentable [4].

Mais des catastrophes surviennent.

En mars 1995, un Anglais de vingt-huit ans, au visage poupin et au cerveau enfiévré, fait perdre à ses patrons en l'espace de quarante-huit heures la modique somme de 1 milliard de dollars. Nick Leeson était un des *traders* de la Barings Bank de Londres à la Bourse de Singapour. Sa spécialité : les dérivés de papiers valeurs japonais. Or, Leeson n'avait pas prévu le tremblement de terre de Kobé, ni l'effondrement consécutif des actions japonaises. Plus vaniteux qu'un coq, Leeson refusa d'admettre sa défaite. Il falsifia les documents. Il croupit actuellement (pour six ans) dans un sordide cachot de Singapour. Quant à sa banque, la plus ancienne et la plus prestigieuse des banques privées anglaises, fondée en 1762, elle a été engloutie par la tempête.

D'autres exemples ? Leur liste est longue : en avril 1994, la puissante Deutsche Metallgesellschaft de Munich se fait gruger, par spéculateurs interposés, sur les dérivés de 1,4 milliard de dollars. Aux États-Unis, Orange County et d'autres entités publiques de l'État de Californie perdent, en spéculant sur des dérivés, des centaines de millions de dollars. Le contribuable américain doit réparer les dégâts.

4. A la Deutsche Bank, vingt-quatre jeunes *traders* gagnent plus que le président de la banque, dont le revenu annuel dépasse 2 millions de Deutschmarks (chiffres de 1996, cités in *Der Spiegel*, n° 41, 1996).

Un cauchemar hante les responsables des banques centrales des États : que le système capitaliste lui-même puisse un matin être balayé par la réaction en chaîne, les effondrements successifs des pyramides de crédits, provoqués par des *traders* malchanceux ou criminels.

En août 1996, le gouvernement de Washington annonce une série d'excellentes nouvelles : le chômage baisse massivement, l'économie américaine reprend sa croissance, la productivité industrielle augmente, la consommation suit, les exportations progressent. Comment réagit la Bourse de Wall Street ? Par la panique ! Les principaux titres industriels amorcent une descente significative. Car pour les spéculateurs, la création de centaines de milliers d'emplois tient du cauchemar. L'augmentation de la consommation interne aussi. Elles annoncent une possible reprise de l'inflation et donc une probable augmentation des taux d'intérêt sur la monnaie. Et, par là, un déplacement massif des capitaux spéculatifs (et d'investissement) du marché des actions vers les marchés monétaires, vers les obligations et les *municipal bonds*.

Dans nos démocraties occidentales pratiquant le suffrage universel secret, nous votons périodiquement pour élire des députés, des présidents. Rarement pour des stratégies politiques. Largement dépossédés de nos droits effectifs de citoyens, incapables d'influer sur les conditions concrètes de nos existences, dépouillés de notre qualité d'êtres historiques, nos destins individuels et collectifs sont pour l'essentiel déterminés par les principaux opérateurs des Bourses de Chicago, de Tokyo, de Paris, de Francfort, de Zurich et de Londres.

Aujourd'hui, pour les banques centrales des principaux États du globe, les seuls moyens de réguler le marché financier sont la fixation des taux de change et celle des taux d'intérêt. Armes totalement insuffisantes, comme le montre la baisse des cours de la Bourse de Wall Street en août 1996. Ce qui gouverne le monde, ce sont les obscures angoisses, les « intuitions », les désirs, les « certitudes », le goût effréné du jeu et du profit des opérateurs de Bourse.

La bulle spéculative enfle sans cesse, hors de tout contrôle public. L'économie virtuelle prend le pas sur l'économie réelle.

La globalisation des marchés produit sa propre idéologie : l'idéologie néo-libérale. Le mouvement qui la met au monde étant potentiellement tout-puissant, cette idéologie se donne à voir comme une pensée unique, comme l'idéologie de la « fin de l'Histoire ». Elle légitime la globalisation et l'autonomisation des capitaux. Elle poursuit sa voie triomphante de bradage du bien public sous le couvert de quelques slogans tels que « privatisation », « dérégulation », « flexibilité », « épuration des structures ».

Idéologie noble ! Elle opère en se servant du mot « liberté ». Foin des barrières, des séparations entre les peuples, les pays et les hommes ! Liberté totale pour tous, égalité des chances et perspectives de bonheur pour chacun. Qui n'y adhérerait ? Qui ne serait séduit par d'aussi heureuses perspectives ?

Or, l'idéologie néo-libérale est l'ennemie jurée de l'État et de la règle commune. Elle diffame la loi et glorifie la liberté sans entraves. Liberté meurtrière quand il s'agit des relations entre les peuples dominateurs du nord et les peuples prolétaires du sud de la planète. Liberté génératrice d'injustices, d'inégalités et de nouvelles pauvretés à l'intérieur même des sociétés industrielles du Nord. Dramatique augmentation de l'inégalité dans le Sud.

La justice sociale, la fraternité, la liberté, la complémentarité des êtres ? Le lien universel entre les peuples, le bien public, l'ordre librement accepté, la loi qui libère, les volontés impures transfigurées par la règle commune ? Des vieilles lunes ! D'archaïques balbutiements qui font sourire avec condescendance les jeunes et efficaces managers des banques multinationales et entreprises globalisées et les spécialistes en dérivés en tout genre !

Le despotisme le plus féroce est celui qui remet au jeu du libre marché le souci de régler les rapports entre les hommes et entre les peuples.

Jean-Jacques Rousseau, dans *Du contrat social*, résume mon propos : « Entre le faible et le fort, c'est la liberté qui opprime et c'est la loi qui libère[5]. » Dans nos sociétés d'Occident, une conviction avait surgi avec la Révolution française : la libre décision de la volonté collective est en mesure de résoudre toutes les questions existentielles se posant aux hommes. Un seul héros : le peuple. Un seul sujet de l'Histoire : l'homme devenu propriétaire de sa libre raison. Une seule légitimité : celle qui découle du contrat social.

Traduit en juillet 1794 devant les membres du comité de Salut public, qui seront ses juges, Saint-Just s'exclame : « Je méprise la poussière qui me compose et qui vous parle : on pourra me persécuter et faire taire cette poussière. Mais je défie qu'on m'arrache cette vie indépendante que je me suis donnée dans les siècles et dans les cieux. »

Qui ne sourit aujourd'hui en relisant cette proclamation de foi en la capacité de l'homme à façonner son propre destin ?

Tant de révolutions avortées ou perverties dans ce siècle ont profondément, et peut-être définitivement, discrédité toute politique volontariste. Elles ont ridiculisé aux yeux des survivants toute tentative de mobilisation collective. Un discrédit violent est aujourd'hui jeté sur toute lutte volontaire pour la justice, sur tout combat collectif tentant d'imposer un ordre humain au chaos des choses.

5. Jean-Jacques Rousseau, *Du contrat social*, in *Œuvres complètes*, t. III, Paris, Gallimard, coll. « Bibliothèque de la Pléiade », 1964.

Il n'empêche : avec la diffamation de la loi, la décrépitude de l'État et le triomphe de la rationalité marchande sur la libre détermination de la volonté collective, c'est tout un pan de la civilisation occidentale qui s'effondre.

A y regarder de plus près, l'idéologie néo-libérale s'abolit elle-même en tant qu'idéologie. Parlez à un banquier privé genevois de la misère, de la faim des peuples d'Afrique centrale ! Parlez-lui de l'effroyable pillage de l'économie du Zaïre par le truand Mobutu ! Il vous assurera de sa totale compassion. Il sera sincèrement désolé des progrès du Kwashiorkor à Kinshasa, des enfants au ventre gonflé, aux cheveux devenus roux. Mais, hélas, monsieur, que voulez-vous que je fasse ? Le flux des capitaux Sud-Nord est excédentaire par rapport au flux Nord-Sud. C'est ainsi. Je n'y peux rien.

Les circuits de migration des capitaux ? La distribution planétaire des biens ? La succession dans le temps des révolutions technologiques et des modes de production ? On peut les observer, on ne peut pas en changer le cours. Car tout cela tient de la « nature » de l'économie. Comme l'astronome qui observe, mesure, analyse les mouvements des astres, les dimensions changeantes des champs magnétiques, la naissance et la destruction des galaxies, le banquier néo-libéral regarde, commente, soupèse les migrations compliquées des capitaux et des biens. Intervenir dans le champ économique, social ou politique ? Vous n'y pensez pas, monsieur ! L'intervention n'aboutirait au mieux qu'à la perversion du libre épanouissement des forces économiques, au pis à leur blocage.

La naturalisation de l'économie est l'ultime ruse de l'idéologie néo-libérale.

La naturalisation de l'événementialité économique par l'idéologie néo-libérale produit des méfaits nombreux. Notamment la naissance des mouvements « identitaires ». De quoi s'agit-il ? De tous les mouvements dont les acteurs ne se définissent que par certaines qualités objectives partagées : l'ethnie, le clan, la religion, etc. Le SDS (Serpska Demokratska Stranka), parti des Serbes de Bosnie, l'Opus Dei d'origine espagnole, le mouvement Écône de l'extrême droite catholique, les Frères musulmans d'Égypte, le FIS algérien, le mouvement du défunt rabbin Meir Kahane en fournissent des illustrations. Le cumul des appartenances culturelles singulières constitue la grande richesse des sociétés démocratiques. Je tiens la terreur identitaire pour haïssable. Or, comme l'homme refuse d'être une simple information envoyée sur un quelconque circuit, il se cabre, se dresse, se révolte. Avec les débris de ce qui lui reste d'Histoire, de croyances anciennes, de désirs présents, il bricole une identité où s'abriter, se protéger de la destruction totale. Une identité forcément groupusculaire, parfois ethnique, parfois religieuse, mais presque toujours où naît le racisme. Elle est l'exact contraire d'une nation, d'une société démocratique, d'un être social vivant, né du cumul des appartenances et des héritages culturels divers, librement assumés. Grâce à la constitution du marché planétaire unifié et l'idéologie néo-libérale qui la légitime, la mort de la société est proche.

Alain Touraine utilise cette image saisissante : « Entre le marché planétaire et globalisé et les myriades de mouvements identitaires naissant sur ses marges, il existe un grand trou noir. Dans ce trou risquent de tomber la volonté générale, la nation, l'État, les valeurs, la morale publique, les relations intersubjectives, en bref : la société[6]. »

La conséquence de tout cela ?

Une baisse rapide des défenses immunitaires qu'une société civilisée opposait autrefois à la criminalité transfrontalière organisée.

Je n'en donnerai qu'un exemple : le rédacteur économique

6. Alain Touraine, conversation avec l'auteur, 1996.

de la revue *Facts* de Zurich a testé les convictions morales, l'éthique professionnelle de dix des plus prestigieux cabinets d'avocats zurichois. Il a choisi ses interlocuteurs au hasard dans le *Who's Who* international des avocats d'affaires, publié annuellement par les éditions Martindale-Hubbel, à New York.

Installé dans la chambre 309 d'un palace des rives du lac de Zurich, l'hôtel Éden-au-Lac, le journaliste se fait passer pour un certain Alexeï Scholomicki, homme d'affaires tchèque, représentant de la société Trading and Consulting de Prague. Puis il appelle les uns après les autres les dix cabinets. Chaque fois, il sollicite un rendez-vous urgent, dans la journée. A ses interlocuteurs il raconte l'histoire suivante : de l'osmium (matière hautement toxique) doit être vendu par une entreprise de Tcheliabinsk (Russie) à une entreprise tchèque à Ostrava, sans que les autorités russes en aient connaissance, la commercialisation d'osmium étant interdite par la Russie.

Neuf des dix cabinets appelés reçoivent immédiatement le faux trafiquant tchèque. Personne ne vérifie sérieusement ses papiers d'identité. Le trafiquant ne possède pas non plus de certificat d'origine de l'osmium ; les avocats doivent donc conclure qu'il s'agit de matériel volé. Le trafiquant demande l'aide des avocats pour la première phase de la transaction : 1 kilo d'osmium doit immédiatement être transféré pour le prix de 5,1 millions de dollars, payables comptant.

Qu'à cela ne tienne ! Les éminents avocats zurichois sont prêts à tout. Et ils savent y faire : la plupart d'entre eux proposent la création d'une société *off shore* aux îles Caïmans, méthode infaillible pour laver l'argent et effacer les traces de la transaction. Un des avocats consultés opterait plutôt pour le Liechtenstein. Un deuxième suggère une solution plus simple encore : les sommes transiteront sur le propre compte bancaire du cabinet zurichois. Il est loquace : si le client avait du plutonium à vendre, il proposerait Dubaï, où il possède de discrets et efficaces correspondants. Un troisième n'a pas confiance dans les îles Caïmans ; pour le trafic d'osmium, il conseille le Panama.

Tous les cabinets contactés se font payer aux tarifs habituels : entre 350 et 500 francs suisses l'heure de consultation. Le journaliste et faux trafiquant tchèque en conclut qu'il s'agit, pour eux, d'une affaire tout à fait ordinaire, de celles que leurs cabinets traitent régulièrement. L'un demande une avance de 10 000 dollars, le deuxième veut encaisser une somme correspondant à 1 % des sommes transférées, le troisième, enfin, exige une prime de risque de 50 000 dollars [7].

7. « Anwaltsbüros : saubere Geschäfte », *Facts*, Zurich, n° 28, 1996 ; « Aufruhr in der Anwaltsbranche », *ibid.*, n° 29, 1996 ; *Die Bilanz*, mensuel, Zurich, août 1996.

III

Le crime organisé, stade suprême du capitalisme

Nabuchodonosor II, roi de Babylone, qui écrasa l'insurrection de la Judée, détruisit Jérusalem et déporta les survivants juifs, fit ce rêve : « Et il y aura un quatrième royaume, dur comme le fer, comme le fer qui réduit tout en poudre et écrase tout ; comme le fer qui brise, il réduira en poudre et brisera tous ceux-là. Ces pieds que tu as vus, partie terre cuite et partie fer, c'est un royaume qui sera divisé ; il aura part à la force du fer, selon que tu as vu le fer mêlé à l'argile de la terre cuite. Les pieds, partie de fer et partie d'argile de potier : le royaume sera partie forte et partie fragile. Selon que tu as vu le fer mêlé à l'argile de la terre cuite, ils se mêleront en semence d'homme, mais ils ne tiendront pas ensemble, de même que le fer ne se mêle pas à l'argile[1]. »

Le capitalisme rencontre son essence dans le crime organisé. Plus précisément, le crime organisé constitue la phase paroxystique du développement du mode de production et de l'idéologie capitalistes. Au royaume de l'argile succède le royaume du fer.

Le crime organisé fonctionne hors de toute transparence et dans une clandestinité presque parfaite. Il réalise la « maxima-

1. Ancien Testament, Daniel 2, « Le songe de Nabuchodonosor » ; texte cité par Jean-Marie Guéhenno, in *La Fin de la démocratie*, Paris, Flammarion, coll. « Champs », 1995.

lisation » maximale du profit. Il accumule sa plus-value à une vitesse vertigineuse. Il opère la cartellisation optimale de ses activités : dans les territoires qu'ils se partagent, les cartels réalisent à leur profit une domination monopolistique. Mieux, ils créent des oligopoles. Les *Buyuk-baba* turcs, les dirigeants de la BCCI, les boyards kleptocrates russes, les seigneurs tchétchènes échappent presque complètement au contrôle de la puissance publique, de son État, de ses lois. Leurs fabuleuses richesses échappent à l'impôt. Ils ne craignent ni les sanctions judiciaires ni les commissions de contrôle des Bourses. La notion de contrat social leur est étrangère. Ils agissent dans l'immédiateté et dans une liberté quasi totale. Leurs capitaux traversent les cyberfrontières de la planète sans aucun obstacle.

Quel capitaliste, en son for intérieur, ne rêve-t-il pas d'une telle liberté, d'une telle vitesse d'accumulation, d'une telle absence de transparence et d'un tel profit ?

Qu'est-ce qui fait que le royaume capitaliste, le royaume posé sur des pieds d'argile, résiste aujourd'hui encore et malgré tout au royaume de fer du crime organisé ?

Les managers allemands et français d'une société multinationale ou transcontinentale, le banquier privé genevois, le spéculateur américain ou anglais qui ravage les marchés financiers ou les quartiers d'une ville sont des êtres de chair et d'os. Ils ont un passé d'enfant, d'adolescent, des rêves de mari, d'amant ou de père. Comme tous les êtres humains, ils sont le produit d'une socialisation complexe, familiale, régionale, nationale. Ils portent en eux des valeurs. L'Histoire les a façonnés. Or, comme c'est le cas pour tous les autres êtres humains sur cette planète, leur théorie est constamment en retard sur leur pratique. Ou, comme le dit Régis Debray, « les hommes ne sont pas ce qu'ils croient être [2] ». Leurs structures mentales évoluent

2. Régis Debray et Jean Ziegler, *Il s'agit de ne pas se rendre*, Paris, Arléa, 1994, p. 28.

bien plus lentement que l'instrumentalité matérielle du quotidien.

Le mode de production capitaliste est né, s'est développé, s'est épanoui dans des sociétés encore profondément marquées par l'héritage chrétien, juif, théiste ou simplement humaniste. Ces sociétés sont habitées par des valeurs de décence, de justice, de respect d'autrui, d'honnêteté, de sauvegarde de la vie. Elles ne tolèrent ni l'assassinat ni l'écrasement sans compensation du faible. Le péché leur fait horreur.

Cet héritage complexe se retrouve, à des degrés divers, tapis au fond de la conscience ou de l'inconscient du banquier, du PDG d'une entreprise transcontinentale ou du spéculateur boursier. Il freine leurs actions et censure constamment leurs rêves [3].

Mais rien n'est simple.

Face à Ayoub Afridi, seigneur de la passe du Khyber au Pakistan et accusé d'être le maître de la route de l'héroïne, à Agha Hasan Abedi, fondateur de la Banque du crédit et du commerce international, à Toto Riina, chef suprême de la « commission » de la mafia sicilienne, à K. A., proconsul des « Voleurs dans la loi » russes aux États-Unis, le banquier genevois, le manager français ou le spéculateur de la City de Londres éprouvent une révulsion spontanée. En même temps, ils jalousent secrètement leur liberté, la taille de leurs profits, le rythme effréné de leur accumulation. Ils éprouvent à leur endroit une brûlante et irrépressible envie.

Une complicité secrète et inavouée s'installe ainsi entre les deux royaumes. Et cela, sans que les capitalistes s'en rendent réellement compte. Leur immunité contre les séductions des seigneurs du crime s'affaiblit en conséquence.

3. L'historien britannique Eric John Hobsbawm montre d'une façon convaincante – pour une phase précise du devenir du capitalisme industriel anglais du XIXe siècle – ce déphasage entre la matrice sociale et la pratique des capitalistes. Eric John Hobsbawm, *Histoire économique et sociale de la Grande-Bretagne*, Paris, Éd. du Seuil, 1977, 2 vol.

Or, l'efficacité de toute réglementation des marchés financiers, des marchés d'investissement, des opérations boursières, etc., dépend en dernier lieu de l'autosurveillance et de la coopération des acteurs. Cette autosurveillance et cette coopération sont aujourd'hui défaillantes.

Le commissaire principal Schwerdtfeger a été pendant de longues années directeur de la division « Criminalité organisée » de la police judiciaire du plus grand *Land* allemand, la Rhénanie-Westphalie. Aujourd'hui conseiller spécial du préfet de police de Düsseldorf, il résume mon propos : « La criminalité organisée, c'est du capitalisme aggravé [*verschärfter Kapitalismus*] [4]. »

4. *Kriminaloberrat* Schwerdtfeger, conversation avec Uwe Mühlhoff.

IV

Comment définir la criminalité organisée ?

Écoutons les experts du Fonds national suisse de la recherche scientifique : « Il y a crime organisé [transcontinental] lorsqu'une organisation, dont le fonctionnement est proche de celui d'une entreprise internationale, pratique une division très poussée des tâches, dispose de structures hermétiquement cloisonnées, conçues de façon méthodique et durable, et qu'elle s'efforce de réaliser des profits aussi élevés que possible en commettant des infractions et en participant à l'économie légale. Pour ce faire, l'organisation a recours à la violence, à l'intimidation et cherche à exercer son influence sur la politique et l'économie. Elle présente généralement une structure fortement hiérarchisée et dispose de mécanismes efficaces pour imposer ses règles internes. Ses protagonistes sont en outre largement interchangeables [1]. »

Les Nations unies sont plus laconiques encore. Le groupe d'experts chargés de préparer le « plan mondial d'action contre la criminalité transnationale organisée », adopté lors de la conférence de Naples [2], établit les caractéristiques suivantes : « L'organisation de groupes aux fins d'activités criminelles ; les liens hiérarchiques ou les relations personnelles

1. Fonds national suisse de la recherche scientifique, programme de recherche, *Violence au quotidien et Crime organisé*, Berne, 1995, exposé des motifs, p. 6, direction Marc Pieth.

2. Conférence des Nations unies : « Le crime organisé et le trafic de la drogue », Naples, 21-23 novembre 1994.

qui permettent à certains individus de diriger le groupe ; le recours à la violence, à l'intimidation et à la corruption ; le blanchiment de profits illicites. »

La bibliothèque du palais des Nations à Genève, fondée en 1920 par James D. Rockefeller, est, de loin, la plus grande bibliothèque de sciences sociales en Europe. Pour le concept de « criminalité transnationale organisée », son ordinateur central ne suggère pas moins de vingt-sept définitions différentes.

Aucun cartel du crime organisé ne tombe du ciel. Chaque cartel possède une histoire, une sociogenèse, des « valeurs » qui le légitiment et des conduites collectives récurrentes qui lui donnent sa structure.

Nous ne pouvons ici dresser la sociogenèse de chacun des cartels évoqués dans ce livre. Nous nous contenterons d'un seul exemple : celui de la mafia sicilienne.

Dérivé de l'arabe, le mot *mafia* apparaît pour la première fois dans la partie méridionale de la Sicile vers la fin du XVIe siècle. Il signifie « vaillance », « courage », mais aussi « sûreté de soi » et « arrogance ».

La structure agraire de la Sicile, qui date des Normands, est bouleversée en 1812 par un décret du roi de Naples : il s'agit de briser les forces centrifuges d'un royaume qui englobe des civilisations et des populations aussi diverses que celles de la Campanie, des Pouilles, de la Sicile, de la Calabre, de la Basilicate, etc., de réduire les privilèges féodaux et de limiter, notamment en Sicile, le pouvoir des princes. Les féodaux engagent des « hommes d'honneur » et créent des sociétés secrètes pour résister au décret de Naples. Ces sociétés prennent le nom de *mafia*.

Mais l'histoire est complexe, contradictoire : 1865 est la date de l'unification forcée de l'Italie sous le règne de la Maison de Savoie. Le royaume de Naples disparaît. Or, les dynasties (espagnoles, françaises) qui s'étaient succédé au cours des siècles sur le trône de Naples avaient toujours été perçues, dans l'inconscient collectif, comme des dynasties « autochtones ». L'étranger, c'est l'homme du Nord, le conquérant piémontais, celui qui, par les armes, provoque la destruction de l'indépendance napolitaine.

La mafia se transforme : de société secrète au service des princes, elle devient force de résistance à l'envahisseur. Elle acquiert une crédibilité populaire, une autorité patriotique. Du moins en Sicile. En 1893, plus de 100 000 paysans siciliens se dressent contre Rome. Dans les documents officiels romains apparaît le mot *mafia* pour désigner les paysans insurgés.

Nouvelle mutation à la fin du XIXe et au début du XXe siècle : la misère force des dizaines et des dizaines de milliers de familles pouilléranes, calabraises, siciliennes ou autres à émigrer outre-mer. Sur les bateaux voyage la mafia. Elle devient réseau transcontinental.

Refusant la loi de l'État d'accueil, elle s'autonomise et devient l'organisation d'autodéfense des immigrés victimes de discriminations.

Elle se criminalise. Il existe désormais une « vieille » et une « nouvelle » mafia. La nouvelle mafia s'étend de l'autre côté de l'Atlantique, la vieille renforce son implantation en Italie méridionale[3].

3. Je dois à mes amis de l'université de Cosenza, notamment à Carlo Carbone et Luigi Gallo, des indications précieuses. Une maison d'édition surtout, Rubbettino (Cosenza et Messine), joue pour la réflexion historique sur le phénomène mafieux un rôle important en publiant soit des traductions, soit des travaux autochtones. Cf., par exemple : Christopher Duggan, *La Mafia durante il fascismo*, 1986 ; Jane et Peter Schneider, *Classi sociali, economia e politica in Sicilia*, préface de Pino Arlacchi, 1989 ; Mario Centorrino, *Economia assistita da mafia*, 1995. Parmi les travaux sociologiques, cf. notamment Umberto Santino, *La Mafia interpretata, dilemmi, stereotipi, paradigmi*, 1995 ; Renate Siebert, *La Mafia, la morte e il ricordo*, 1995. Nous en viendrons plus tard à l'œuvre fondamentale de Pino Arlacchi.

En 1943, la mafia reçoit une légitimité internationale. L'armée, la marine américaines préparent l'invasion de la Sicile. L'Office for Strategic Services (OSS, ancêtre de la CIA) est chargé de mettre sur pied une cinquième colonne ; celle-ci doit accueillir et guider les troupes de débarquement. L'OSS prend contact avec Lucky Luciano et d'autres parrains de la mafia d'origine sicilienne à New York. Résultat : disposant de renseignements sans faille, de cartes précises – établies par les mafieux locaux – des emplacements des garnisons allemandes, le débarquement est un plein succès. Les troupes américaines sont accueillies par un petit homme sec, don Calogero Vizzini, principal parrain de l'île. Au commandement américain, il remet une liste d'« hommes d'honneur ». Le commandement US nomme ces mafieux maires des différentes villes et villages de l'île et confère à don Calogero le grade de « colonel honoraire » de l'armée américaine.

Durant la Première République italienne, la mafia sicilienne jouit d'une immunité étonnante : violemment anticommunistes, les parrains sont pour les gouvernements successifs de Rome des personnages à ménager : la guerre froide fait d'eux des alliés. De plus, la Démocratie chrétienne, parti constamment dominant de 1945 à 1992, obtient, grâce aux parrains, des majorités électorales confortables dans tout le sud du pays [4].

Fortement marqués par la rationalité capitaliste américaine, les nouveaux parrains surgis durant l'après-guerre ne s'attachent plus – en premier lieu – au contrôle de la population ou à celui de la terre. Ce qui les intéresse désormais, ce sont les marchés : immobilier, transport maritime, import-export, banque. Les méthodes aussi changent : finie, la coexistence négociée entre familles enracinées chacune dans une terre particulière. Commence alors la lutte fratricide pour la domination des marchés.

4. Alexander Stille, *Excellent Cadavers. The Mafia and the Death of the First Italian Republic*, New York, Random House, Pantheon Books, 1995.

En juillet 1997, le parquet de Palerme annonce le démantèlement d'un réseau criminel contrôlant presque tous les appels d'offre publics de la ville. Le réseau fonctionnait sous la direction de Toto Riina, arrêté en 1993 et condamné à la prison à vie. Un de ses correspondants, Angelo Siino, assura pendant des années la coordination entre des fonctionnaires municipaux véreux et les grandes entreprises de travaux publics du nord de l'Italie. La mafia contrôlait en particulier les chantiers du vélodrome, de l'hôpital Petraglia, du dépôt des transports publics, de l'université... et du nouveau palais de justice[5].

Aujourd'hui la mafia italienne est une des grandes puissances financières de la planète.

Son chiffre d'affaires annuel s'élève à quelque 50 milliards de dollars. Son patrimoine immobilier dépasse 100 milliards de dollars[6].

Ce n'est nullement une organisation homogène, mais plutôt un enchevêtrement complexe de réseaux, de familles biologiques ou associations conjoncturelles qui se combattent, s'allient, collaborent ou se concurrencent.

On peut néanmoins distinguer quatre grandes aires culturelles mafieuses.

La *Cosa Nostra* de Sicile, dirigée par une « coupole » (réunion des principaux chefs de clan), est la plus puissante, regroupant environ 180 clans, 5 500 « hommes d'honneur » et 3 500 « soldats » (affiliés). La *Camorra* gouverne la Campanie, l'immense région agricole et industrielle de l'arrière-pays de Naples ; elle compte plus de 7 000 membres, organisés en 145 clans. Dans les Pouilles, sur la côte adriatique, règne la *Sacra Corona Unita*, forte d'un millier d'hommes ; elle a été créée, implantée au XIXe siècle par des transfuges de clans siciliens et de Campanie. La Calabre est la région qui a été le plus longtemps délaissée,

5. Dépêches d'agences, in *La Tribune de Genève*, Genève, 11 juillet 1997.

6. Alexander Stille, *Excellent Cadavers*, *op. cit.*

par le royaume de Naples d'abord, par l'Italie unifiée ensuite. Dans ses montagnes splendides, mais difficilement accessibles, se sont réfugiés aux cours des siècles des Albanais fuyant l'occupation ottomane, des Sarrasins convertis, des juifs séfarades, des protestants persécutés du Nord. Une ancestrale tradition de banditisme, vivant du pillage des voyageurs qui se rendent du nord au sud ou du sud au nord, a donné naissance à la *N'Dranghetta*. Ses 80 clans rassemblent aujourd'hui environ 5 000 membres.

Le terme même de « mafia » s'est récemment universalisé. Dans les républiques surgies des ruines de la défunte Union soviétique, par exemple, les bandes criminelles s'intitulent elles-mêmes *mafyia*, leurs soldats *mafiosniki*. C'est également les termes que leur appliquent les documents officiels (et par extension les autorités policières qui combattent ces bandes en Europe occidentale).

Aujourd'hui, le terme de « mafia » est devenu synonyme, partout dans le monde, de « crime organisé ». Pour s'en convaincre, il suffit de consulter cet étonnant document qu'est le CD-Rom *Krim-Dok*, qui contient en 1997 plus de 100 000 entrées provenant des 177 États membres de l'Organisation internationale de police criminelle (OPIC, appelée familièrement « Interpol »)[7].

Entre les différentes mafias agissantes sur notre planète, il existe une concurrence féroce. Des guerres fréquentes entre mafias d'origines géographiques, sociales, nationales, culturelles différentes font chaque année des centaines de morts. Des collaborations ont lieu. Des collaborations toujours fragiles, ponctuelles. Ou, comme le dit Robert Putnam, *« at best joint-ventures*[8] *»* : au

7. *Krim-Dok*, CD-Rom édité par la Fachhochschule für Polizei, Villingen-Schwenningen, Allemagne.

8. Robert Putnam, en collaboration avec Robert Leonardi et Raffaela Nanetti, *Making Democracy Work. Civic Traditions in Modern Italy*, Princeton University Press, 1993.

mieux des coopérations conjoncturelles, contingentes, durant un temps réduit.

En ce qui concerne les *joint-ventures* évoqués par Putnam, il convient de nuancer : de grands cartels criminels d'origine russe, italienne, caucasienne, colombienne, nord-américaine, chinoise ou japonaise dominent aujourd'hui dans le monde les principaux secteurs économiques où s'accumulent des capitaux criminels. Ce sont ces organisations multinationales qui, entre elles, concluent des accords de collaboration occasionnelle, signent des conventions de partage temporaire des marchés, se concèdent mutuellement des aides logistiques. Par contre, entre ces grands cartels et les bandes criminelles plus traditionnelles, plus locales – bref, entre le crime organisé transcontinental et le « milieu » proprement dit –, il n'y a ni accords ni partages. Un cartel multinational décide-t-il de conquérir un secteur économique, un marché spécifique ? De prendre en main une région donnée ? Ses soldats éliminent à la Kalachnikov les truands locaux.

Un exemple : au début des années 90, la Cosa Nostra sicilienne décida de prendre en main la région du Dauphiné. La prostitution, l'escroquerie à l'assurance, les machines à sous, le racket de commerçants, notamment de restaurateurs, étaient traditionnellement entre les mains d'un milieu grenoblois bien structuré et somme toute assez paisible. Le décret de la Cosa Nostra changea tout cela. Les truands locaux qui refusaient d'évacuer le terrain furent abattus les uns après les autres. La méthode était toujours la même : deux hommes à moto, cagoulés et casqués ; l'un conduit, l'autre tue. Vite et bien. En pleine rue généralement.

Pendant la phase paroxystique de cette campagne d'élimination (décembre 1995-mai 1996), sept Grenoblois mordirent ainsi la poussière. Un truand de trente-deux ans fut exécuté de deux décharges de chevrotine sur un parking de la ville, le 17 mai 1996. Avant lui, deux autres dirigeants locaux importants avaient été assassinés : Jean-Pierre Zolotas et Antonio

Sapone. Trois autres victimes possédaient des casiers judiciaires vierges[9].

Le dernier témoin potentiel des policiers du SRPJ de Lyon est actuellement immobilisé sur un lit d'hôpital, les poumons perforés, la langue coupée, la mâchoire détruite, les os du bassin et des épaules brisés. Il tente de tapoter ses réponses aux questions des policiers avec ses derniers doigts valides sur une machine spécialement aménagée.

Tout l'immense champ de la criminalité économique est pratiquement absent de notre livre. Je ne l'évoque ici que pour bien montrer la frontière qui le sépare du crime organisé.

Interpol évalue à 500 milliards de dollars les dommages causés en 1996 aux pays d'Europe occidentale par cette criminalité économique.

Francfort-sur-le-Main est la première place financière du continent. Les crimes qui s'y commettent relèvent de la compétence de la police judiciaire (*Landeskriminalamt*) du *Land* de Hesse. Le commissaire principal Fach, directeur adjoint de la division « Criminalité organisée » du *Landeskriminalamt* et ses collègues Hofer et Krieg disposent d'une expérience pratique d'une richesse exceptionnelle. Krieg constate : « En matière de criminalité économique, les acteurs sont connus dans 99 % des cas. Mais il est extrêmement difficile de les poursuivre : plus le délinquant est haut placé dans la hiérarchie de l'entreprise, plus il est couvert par cette hiérarchie. Le caissier d'une banque qui commet des escroqueries est dénoncé à la police. Un chef de division de la même banque échappe à la dénonciation ; il est chassé discrètement. Si l'escroc est un membre de la haute direction, la hiérarchie négocie son

9. Les policiers du SRPJ (service régional de la police judiciaire) de Lyon ne les considèrent pas comme des truands, mais comme des « victimes annexes ».

silence, suggère son départ et s'arrange à l'amiable : remboursement éventuel, retraite dorée, etc. En matière de criminalité économique, les entreprises qui en sont victimes donnent toujours la préférence à la sauvegarde de leur renom et à la protection de la confiance que le public leur accorde [10]. »

Je cite la distinction entre criminalité transcontinentale organisée et criminalité économique établie par Winfried Hassemer [11] qui, comme professeur de droit pénal à l'université de Francfort-sur-le-Main, est une autorité en la matière : pour lui, la criminalité organisée se caractérise essentiellement par sa capacité à terroriser, paralyser, éventuellement corrompre l'appareil judiciaire et l'appareil politique. Les criminels économiques ne disposent pas de tels pouvoirs. Autrement dit, seules les organisations criminelles qui sont assez puissantes pour infiltrer des gouvernements, des parlements, des administrations policières et des palais de justice – bref, pour paralyser le bras qui théoriquement doit les frapper – obtiennent une impunité réelle et permanente. Elles créent une contre-société capable de négocier avec l'État de droit. Elles s'assurent un *rechtsfreier Raum*, un espace où aucune norme sociale, aucune loi, aucune sanction judiciaire ne vient gêner leurs affaires.

La théorie de Hassemer est pleinement opératoire dans des pays comme la Russie, la Colombie, éventuellement l'Italie. Elle ne peut s'appliquer qu'avec des réserves aux cas de la France, de l'Allemagne ou de la Suisse.

10. Commissaires principaux Fach, Hofer et Krieg ; conversation avec Uwe Mühlhoff.

11. Winfried Hassemer, « Innere Sicherheit im Rechtsstaat », *in* revue *Der Strafverteidiger*, n° 12, 1993.

Explorons plus avant la différence entre criminalité organisée et criminalité économique. Les maîtres du crime organisé acquièrent leur capital de façon illégale ; ils l'augmentent de la même manière ; pour le faire fructifier, multiplier et prospérer, ils utilisent également des stratagèmes criminels. L'agent de la criminalité économique procède différemment : son capital – entreprise industrielle, commerce, banque, terres, etc. –, il l'a acheté, hérité ou créé de la manière la plus légale. Mais si en cours de route des obstacles se dressent, si une crise menace de détruire les profits, ou même le capital, il recourt, pour les défendre, à des moyens criminels.

A titre d'illustration, j'évoque deux cas antinomiques : K. A., dit « le Maître », que nous rencontrerons plus loin dans ce livre, règne sur un des principaux empires de la mafia russe et commande à une armée de *raketiri*. Tous ses immenses capitaux ont été accumulés par des moyens entièrement criminels. K. A. pratique la criminalité organisée. Voici maintenant l'illustration de la criminalité économique : un grand avocat zurichois avait fondé une société d'investissement, réunissant par voie d'annonces des capitaux légaux. A la suite d'investissements malheureux, la société se trouva en difficulté. L'avocat procéda alors à une augmentation du capital. Il fabriqua un prospectus mensonger et induit en erreur les nouveaux bailleurs de fonds. L'avocat fut condamné pour escroquerie et rayé du barreau.

La violence prend elle aussi des significations différentes selon qu'elle s'applique au service du crime organisé ou à celui de la simple criminalité économique.

Certains tueurs professionnels à la solde des seigneurs du crime russes circulent avec une totale liberté dans les palaces des États-Unis, de Russie et d'Europe. Munis de leurs attachés-cases, dotés de l'armement le plus moderne, ils égorgent, exécutent, empoisonnent toute personne, quels que soient sa nationalité, son âge, son statut social ou sa fonction, que leur désignent leurs maîtres. La violence des seigneurs russes sert à acquérir du capital, à protéger celui-ci contre la concurrence, à l'accumuler, à le faire voyager ou à le cacher.

Prenons maintenant l'exemple d'un tueur au service de criminels économiques : João Lelo, géant brun d'une cinquantaine d'années, qui a sur la conscience, si j'ose dire, la mort de centaines de *posseiros*, de journaliers agricoles, de syndicalistes paysans, est un *pistolero* employé par les latifundiaires de Rondonopolis, État du Mato Grosso (Brésil). Le 3 décembre 1995, il commet une erreur fatale. A la fin d'une fête populaire, accompagné de deux jeunes beautés locales, il monte dans sa voiture, une Toyota 4 × 4 rouge. Il renvoie ses cinq gardes du corps. L'aube se lève sur le Mato Grosso. Un inconnu, cheveux longs, blue-jean, s'approche de la voiture et exécute João de six coups tirés à bout portant avec un revolver muni d'un silencieux.

Les capacités professionnelles, l'énergie criminelle, la cruauté personnelle des tueurs russes et de João Lelo sont les mêmes. Mais les premiers agissent au service et au nom des plus puissants cartels de la criminalité transnationale organisée, l'autre au service de latifundiaires, dont les droits de propriété sont certifiés, dans certains cas, depuis le temps de João II, roi du Portugal, au XVIIe siècle.

J'insiste : Je ne tiens pas la criminalité économique pour un phénomène mineur. Les ravages qu'elle fait dans les économies d'Europe occidentale et les torts qu'elle porte à chacun d'entre nous sont terribles. Mais notre livre est consacré à un ennemi plus dangereux encore : le crime organisé transfrontalier. C'est lui qu'il s'agit de démasquer, de comprendre, de combattre en priorité.

V

Tuer pour régner

Lorsque, à la fin du mois de mai 1453, les armées ottomanes de Mehmet le Grand, dont le but avoué était la destruction de la chrétienté byzantine, se trouvèrent sous les murs de Constantinople, les théologiens partisans de Gustiniani et ceux qui défendaient les théories de Notaras continuaient à s'épuiser dans des discussions stériles. Sur les murs ébréchés, l'empereur Constantin XI fit porter les icônes afin de faire reculer par la magie des images les forces de l'Antéchrist[1].

Aujourd'hui les seigneurs du crime organisé assiègent nos sociétés démocratiques. Relisant les subtiles résolutions des Nations unies, les procès-verbaux des interminables débats du Parlement européen ou les actes des colloques que juges, policiers et universitaires consacrent régulièrement à la criminalité transnationale organisée, j'ai l'impression que nos autorités procèdent de la même façon que Constantin XI : à la violence brutale de l'agresseur, ils tentent d'opposer la magie du verbe. Ils organisent des colloques et entassent des rapports.

Victor Hugo écrit : « Le mot tient le globe sous ses pieds. Et l'asservit. » Nos actuels gouvernants semblent partager cet avis.

Grossière erreur !

Les seigneurs du crime n'argumentent pas, ne parlent pas, ne négocient pas : ils tuent.

1. Louis Bréhier, *Vie et Mort de Byzance*, Paris, Albin Michel, 1946, rééd. 1969.

L'exercice de la violence est consubstantiel à tous les cartels de la criminalité organisée. Elle est exercée par des unités indépendantes, spécialement équipées et entraînées à cet effet. Ces unités répondent directement aux dirigeants suprêmes de l'organisation.

Leurs tâches sont multiples : elles assurent la sécurité physique des différents opérateurs de l'organisation. En deuxième lieu, elles garantissent la discipline interne, exécutant sans pitié les traîtres et les simples suspects. Enfin, lorsque les préposés à la prospective et au marketing identifient un nouveau champ d'action, les unités de sécurité sont chargées de l'élimination systématique des concurrents du secteur économique concerné. Une des raisons majeures des profits souvent astronomiques qu'accumulent les cartels réside dans le fait que ceux-ci jouissent d'une position de monopole dans le secteur où ils opèrent. Monopole obtenu par la violence souvent la plus brutale.

Tous les ans, Interpol publie une statistique des assassinats, meurtres et homicides volontaires, fondée sur la compilation des statistiques nationales. Elle permet de mesurer la violence criminelle dans chaque pays [2].

La Colombie est ainsi le pays en état de paix le plus violent du monde. Interpol a enregistré, en 1996, 25 723 assassinats, meurtres, homicides intentionnels pour une population globale de 36 millions d'habitants. Le meurtre est la première cause de décès en Colombie, se situant avant toute maladie connue et avant les accidents de la route.

Taux de décès par homicide volontaire en Colombie en

2. Une réserve : la statistique comporte des homicides qui ne sont pas directement le fait du crime organisé ; par exemple, les meurtres passionnels, les assassinats commis par des délinquants isolés, etc.

1996 : 77,4 victimes par 100 000 habitants. Les États-Unis ont « produit » en 1996 un peu plus de 25 000 tués par homicide volontaire. La Chine arrive loin derrière : environ 16 000 personnes tuées par des mains criminelles en 1996 ; cela dans un pays de plus de 1,2 milliard d'habitants.

Les sicaires colombiens sont la plupart du temps de très jeunes gens, sans aucune formation scolaire, confrontés à une vie de misère, de chômage permanent et qui, pour aider leurs familles, se sont engagés comme tueurs. Nombre d'entre eux sont des catholiques fervents : avant chaque assassinat, ils se rendent à l'église, prient leur saint favori et brûlent un cierge devant sa statue pour la réussite de leur entreprise[3].

Au sein des cartels de la criminalité transcontinentale organisée, la violence constitue le principal facteur de promotion. Elle assure la mobilité sociale verticale. Ce sont les qualités personnelles du « soldat », son intelligence, sa ruse, sa maîtrise de soi, mais surtout sa brutalité et son sang-froid qui décident de son ascension.

Prenons le cas de Giovanni Brusca, dit « le Porc », successeur de Toto Riina à la tête de la commission de la Cosa Nostra. Né en 1964, il est venu au monde dans une famille mafieuse de San Giuseppe Jato, bourg montagneux, situé à mi-chemin entre Palerme et Corleone. Cou de sanglier, barbe et cheveux noirs, petits yeux perçants, Brusca est un tueur talentueux. Il doit sa rapide accession au sommet à quelques actes de violence particulièrement réussis.

Le 23 mai 1992 est une journée radieuse : trois voitures blindées, transportant le juge Giovanni Falcone, sa femme et ses gardes du corps, foncent à 160 km/heure sur l'autoroute Mes-

3. Gabriel Garcia Marquez, *Journal d'un enlèvement*, Paris, Grasset, 1997.

sine-Palerme, qui longe la mer. Sur une colline surplombant un pont, Brusca et ses complices observent. Tout à coup, les doigts de Brusca poussent une manette : plus bas, sur la route, une formidable explosion projette en l'air le convoi, déchiquetant Falcone, son épouse et trois jeunes policiers.

Deux mois plus tard, le collègue, ami et successeur de Falcone, le procureur Paolo Borsellino – voiture blindée, gardes –, rend visite à sa mère, à Palerme. Son convoi saute sur une bombe, actionnée par Brusca. Cette fois encore, il n'y a aucun survivant.

Lors de l'attentat contre Falcone et les siens, un complice avait prêté main-forte à Brusca : Santino Di Matteo. Arrêté, Santino décide de collaborer avec la police. Le Porc, ayant fait enlever le fils de Santino, Giuseppe, onze ans, l'étrangle de ses propres mains, puis jette le petit corps dans un bain d'acide.

En mai 1993, à Agrigente, le pape Jean-Paul II condamne sans équivoque la criminalité organisée, ses meurtres, la Cosa Nostra. En représailles, Brusca ordonne l'attentat à la bombe contre la basilique Saint-Jean-de-Latran, aux portes de Rome, un des monuments chrétiens les plus anciens du monde occidental.

Ces actes de « bravoure » valent au Porc une carrière foudroyante : à l'âge de 29 ans, il accède à la tête de Cosa Nostra.

VI

La loi de la tribu

Dans la construction des organisations criminelles l'ethnocentrisme joue un rôle déterminant. Il suffit pour s'en rendre compte d'écouter les récits de juges d'instruction français, autrichiens, allemands, anglais aux prises avec des bandes kazakhes, tchétchènes, kosovares, cinghalaises, etc. Exaspérés, les juges se heurtent régulièrement à un mur. Une même frustration afflige les enquêteurs, les policiers : pénétrer un cartel ethnique relève souvent de la mission impossible.

Pour comprendre le fonctionnement, l'efficacité mortelle de la plupart des cartels, la prise en compte de la question ethnique paraît donc indispensable.

J'ouvre une parenthèse : je récuse évidemment tout critère raciste. Je ne veux pas donner l'impression ici qu'il suffit aux forces de police européennes de combattre les cartels ethnocentriques du Caucase, des Balkans, de Russie et d'ailleurs. D'abord, il existe des organisations criminelles françaises, allemandes, etc., qui ne répondent pas à la définition de l'ethnocentricité. Ensuite, il y a des cartels multi-ethniques. Il n'empêche : pour les procureurs, juges et policiers d'Europe occidentale, les formations criminelles ethnocentriques constituent aujourd'hui, et de loin, les adversaires les plus coriaces.

Regardons de plus près les problèmes que posent ces cartels ethniques.

Paul Valéry écrit : « Les faits ne pénètrent pas dans le monde où vivent les croyances. » Toute conscience collective fondée sur l'identité ethnique est habitée par des croyances fortes.

Faite d'une commune vision de l'Histoire, d'un territoire habité en commun, d'une langue commune et de structures de parenté vastes et solides, l'identité ethnique apparaît comme une donnée objective. Or, vue de plus près, l'identité ethnique tient avant tout de la subjectivité collective. Le sentiment d'appartenir à un groupe qui se définit par une origine commune, fût-elle mythique, une destinée collective singulière, des solidarités dites de sang, est avant tout nourri par des croyances – croyances forcément irraisonnées, apodictiques, axiomatiques. L'ethnie à laquelle un homme se sent appartenir est à ses yeux supérieure à toutes les autres.

Rien de plus puissant, de plus motivant et de plus aveuglant qu'une croyance. Dans son royaume, en effet, les faits ne pénètrent pas. Les fantasmes, les rêves, les angoisses, les affirmations apodictiques occupent le champ de la conscience. C'est pourquoi les formations sociales dont le ciment premier est l'ethnie sont si puissantes, mobilisatrices et pratiquement indestructibles.

Ce qui est vrai pour les formations sociales en général l'est aussi et surtout pour les cartels du crime organisé. Les hiérarchies criminelles édifiées sur une base ethnique sont les plus efficaces de toutes.

Pour illustrer cette réalité, je choisis des cas pris dans trois aires culturelles différentes.

Le premier : celui de Hadji[1] Mohamed Ayoub Afridi, bel homme moustachu, au teint sombre, chef du clan pathan des Afridi, qui habitent depuis plus de deux mille ans les montagnes surplombant la route du col du Khyber, entre le Pakistan et

1. « Hadji » est le titre honorifique que portent les musulmans ayant effectué le pèlerinage à La Mecque.

l'Afghanistan. Cette route relie l'Asie centrale à l'Asie du Sud. Elle est un des axes stratégiques les plus importants de la planète : Alexandre le Grand, les légions romaines, les *basileï* byzantins, les khans mongols, les régiments de la reine Victoria l'ont parcourue. Quiconque tient l'étroit défilé de 18 kilomètres de long, connu sous le nom de passe de Khyber, qui relie l'Hindu Kuch à la plaine fertile de l'Indus et aux vallées méridionales de l'Himalaya, est un homme puissant.

Les Pathans ne sont pas des hommes banals : leur vitalité est légendaire. Leur courage aussi. Afridi règne sur un empire financier multinational dont les entreprises et les participations se situent en Asie, au Moyen-Orient et en Europe. Selon les autorités pakistanaises, la source première de sa fortune serait l'exportation d'héroïne.

Dans cet univers secret, un coup de théâtre a lieu. En décembre 1995, le tout-puissant clan des Afridi annonce lui-même la chute de son chef.

L'histoire est étonnante et dans certains de ses aspects confuse. Un jour glacial de la mi-décembre, sous le ciel limpide du Peshawar, les deux neveux et adjoints les plus proches du Sahib[2], Hadji Babu Khan Afridi et Noor Alam Afridi, convoquent la presse internationale dans leur palais-forteresse, situé dans le quartier universitaire. Ils sont entourés des trois petits garçons d'Ayoub et des principaux membres mâles du clan. Ils annoncent qu'Ayoub s'est rendu aux autorités américaines.

Les modalités de la reddition, telles qu'elles sont décrites par Babu, sont révélatrices : malade, Ayoub s'était fait soigner à Bagdad, puis à Téhéran. Rétabli, il est revenu dans son bastion de la vallée de Tirah, au cœur du territoire tribal des Afridi, dans la région de la passe de Khyber. De là, accompagné de quelques fidèles, il a traversé à pied les montagnes enneigées,

2. *Sahib* signifie « Seigneur », nom qui désigne le chef suprême des Pathans.

pour rejoindre la vallée de Nangarhar, en Afghanistan. Après avoir reçu une promesse de sauf-conduit du Premier ministre afghan Rabbani, il s'est rendu en camion à Kaboul.

Le 11 décembre, Ayoub monte dans un avion cargo qui le conduit à Dubaï. Muni d'un passeport afghan, il y obtient un visa américain et prend un avion de ligne pour New York.

Babu annonce que la tribu a chargé un cabinet d'avocats new-yorkais de défendre son chef. Il ajoute qu'avant son départ Ayoub a comparu devant un *jirga* (conseil constitué par les vieillards de la tribu) et que celui-ci l'a acquitté de tout délit et a reconnu son innocence.

Babu conclut : « Nous ignorons ce qui va lui arriver aux États-Unis. Tout ce que nous savons, c'est que Hadji Sahib est innocent et qu'il prouvera au monde qu'il n'a fait aucun mal[3]. »

A la fin du mois de décembre 1995, le tribunal du district oriental de Brooklyn, New York, annonce que l'inculpé Mohamed Ayoub Afridi, sous le coup d'un mandat d'arrêt international depuis 1988, sera jugé pour trafic de drogue, escroqueries, blanchiment d'argent de la drogue, violation de la loi sur les douanes, contrebande et falsification de documents. En janvier 1998 aucun verdict définitif n'est encore tombé.

L'explication de cette étrange reddition se trouve sans doute au Pakistan lui-même. Une guerre sans merci opposait à l'époque le clan des Afridi au terrible général Naseerullah Babar, alors ministre de l'Intérieur et homme fort du gouvernement de Benazir Bhutto. Naseerullah Babar avait juré la perte des Afridi. En 1993, le mandat de député du Sahib avait été cassé. Les autres membres du clan étaient déclarés inaptes à la candidature. Sur plainte de l'Anti-Narcotic Force (ANF), dépendant du ministre de l'Intérieur, une cour spéciale constituée à Peshawar avait ordonné la confiscation de tous les biens d'Ayoub et de dix-sept membres de son clan. Tous avaient été

3. Cf. *The News*, Islamabad, 17 décembre 1995, et *The Dawn*, Islamabad, 18 décembre 1995.

condamnés au titre de l'*Anti-Smuggling Act* (loi contre la contrebande) de 1977.

Une phrase prononcée à l'époque par le général Naseerullah Babar contient probablement la clé de l'énigme : « Ces chefs de tribu n'aiment pas être incarcérés[4]. »

Deux solutions s'offraient au Sahib : risquer la capture, à plus ou moins proche échéance, par les commandos de Naseerullah Babar, son incarcération à Lahore, Karachi ou Islamabad, et son probable assassinat en prison, ou bien se rendre aux autorités américaines et affronter à New York un procès régulier.

Très sagement, Mohamed Ayoub Afridi choisit la deuxième variante.

Voici maintenant, un cas prenant place au Moyen-Orient : celui de Monzer Al-Kassar.

Mardi matin 19 décembre 1995, dans la salle d'audience de la chambre pénale de la cour de justice de Genève, située dans l'ancien hôpital général du XVIIIe siècle, au cœur de la ville ancienne. Du chêne clair couvre les murs. La République calviniste déteste les ornements. Seule exception : un écusson genevois, sculpté dans du bois sombre, se profile au-dessus du crâne du président. L'écusson est un cercle partagé en son centre : à gauche, sur fond rouge, la moitié d'une aigle noire, symbole du Saint Empire romain germanique ; à droite, sur fond jaune, une clé de saint Pierre, signe du pouvoir épiscopal. Au-dessus du cercle, en lettres noires, la devise de la révolution calviniste : *« Post tenebras lux. »*

Sur le banc des accusés, un homme de stature moyenne, au teint foncé, aux cheveux abondants, grisonnants et bouclés, au nez proéminent. Il a des petits yeux noirs. Il suit avec un sou-

4. Déclaration du ministre de l'Intérieur, in *The Friday Times*, Karachi, 4 janvier 1996.

rire indulgent la plaidoirie du procureur Laurent Kasper-Ansermet.

Monzer Al-Kassar est entouré d'une garde spéciale : des hommes armés veillent au vestibule et dans les corridors. Il bénéficie d'un sauf-conduit du parquet.

L'acte d'accusation, intitulé « requête en confiscation », comporte trente-trois pages. Il évoque les délits de terrorisme international, faux dans les titres, trafic de drogues et d'armes de guerre, blanchiment d'argent du crime et violation de l'embargo sur les livraisons d'armes de guerre aux parties en conflit en Bosnie. Le procureur demande la saisie de 6,2 millions de dollars déposés sur les comptes de banques privées genevoises par Monzer Al-Kassar.

Dans la jungle de la criminalité transnationale organisée, Al-Kassar est un des prédateurs les plus rusés. Accusé par la justice espagnole d'avoir fourni leurs armes aux terroristes responsables du détournement du paquebot *Achille-Lauro* et de l'assassinat d'un otage juif, il échappe à la sanction pénale, faute de preuves concluantes. En 1992, la justice espagnole ordonne le séquestre de ses comptes, puis est contrainte de révoquer la mesure.

Les principales polices d'Europe et d'Amérique tentent de le faire tomber. En vain. Al-Kassar semble intouchable. Il doit son immunité judiciaire, sa fortune astronomique et sa considérable puissance à son appartenance ethnique. Régulièrement, la raison d'État de différents gouvernements européens – en liaison financière, commerciale, militaire avec des pays du Moyen-Orient – arrête en dernière minute le bras des juges[5].

Bien que d'origine sunnite, Al-Kassar est considéré comme alaouite, parent par alliance – grâce à son mariage – de cette tribu qui occupe depuis la nuit des temps les chaînes monta-

5. Cf. Manfred Morstein, *Der Pate des Terrors. Die mörderische Verbindung von Terrorismus, Rauschgift und Waffenhandel*, Munich, Verlag Piper, 1989.

gneuses surplombant la Méditerranée et Lattaquié. Il est affilié au clan de Hafez et Rifaat Al-Assad.

Pratiquement, tous les hommes d'Al-Kassar sont des Alaouites. Comme les Druzes, ils pratiquent une religion fortement influencée par l'héritage chiite. Une hiérarchie clandestine gouverne la communauté. Les Alaouites parlent une langue dialectale propre aux tribus de la chaîne maritime, impénétrable aux services d'écoute arabophones (du FBI, de la CIA ou même des organes syriens). Un code ésotérique et une gnose régentent leur univers mental. Les structures de parenté sont complexes, protégées par un code de l'honneur où la loyauté, le silence, la solidarité intra-ethnique sont des valeurs suprêmes.

La foi alaouite vit du secret : *kitman* et *taqiya* sont les deux obligations qu'un enfant apprend dès qu'il commence à se mouvoir en société : *kitman* (« secret »), et *taqiya* (« dissimulation »), le protégeront de l'étranger, de l'ennemi, du sunnite qui habite les terres fertiles de la plaine et fait des incursions périodiques dans la montagne. Comme les chiites, les Alaouites vénèrent Ali, le gendre du Prophète. « Alaouite » veut dire « partisan d'Ali », « celui qui appartient à Ali ». Les Alaouites ont une longue histoire de souffrance : dès le XIVe siècle, une *fatwa* d'Ibn Taymiya les assimila à des païens. La chasse à l'Alaouite était ouverte. Les Ottomans les ont persécutés, leurs filles ont été enlevées, placées comme domestiques-esclaves chez les grands propriétaires.

Inversion de la situation sous le mandat français : des Alaouites s'engagent massivement dans les « troupes spéciales du Levant », fer de lance indigène de l'armée coloniale. Pour la première fois dans l'histoire du Croissant fertile, les Alaouites se font respecter, craindre. Mais à quel prix ! Dès l'indépendance, les gouvernements successifs de Damas font payer chèrement aux Alaouites leur collaboration avec l'occupant. Jusqu'au 17 novembre 1970, où un des leurs, le jeune général d'aviation Hafez Al-Assad (Hafez « le Lion »), renverse le pouvoir sunnite et installe les siens aux commandes de l'État.

Depuis lors, les Alaouites règnent sur la Syrie. Monzer Al-Kassar est un de leurs principaux financiers.

Le troisième exemple est celui des cartels tchétchènes. Les Tchétchènes – moins de 2 millions de personnes – habitent un petit pays moitié moins grand que la Suisse. Les chaînes du Grand Caucase bordent vers le sud de fertiles plaines et des collines. Ils constituent un peuple fier, d'une extrême adresse militaire et de structures claniques cloisonnées. Pendant des décennies, les envahisseurs russes ont perdu des milliers d'hommes.

Un code d'honneur rigoureux gouverne les clans tchétchènes. Si l'un d'eux a donné un homme à une organisation criminelle et si cet homme meurt dans l'action (ou disparaît en prison), le chef de clan le remplace immédiatement par son fils le plus âgé.

Dans l'Afrique des Grands Lacs, les rois tutsis – du Rwanda, du Burundi, d'Ankole – avaient coutume d'utiliser pour leurs basses œuvres des Batwas, chasseurs pygmées de la haute forêt centrale. De même les seigneurs russes du crime : leurs tueurs, souvent, se recrutent parmi les Tchétchènes.

Depuis la fin de l'Union soviétique, toutefois, les Tchétchènes se sont émancipés. Sur l'avenue Gorki, à Moscou, on peut voir aujourd'hui les Mercedes blindées blanches des chefs tchétchènes, suivies des 4 × 4 Toyota de leurs gardes du corps. Leurs parrains contrôlent désormais des quartiers entiers de Moscou, notamment ceux situés dans sa partie méridionale, autour du port du Sud, qui leur sert de base européenne. Aucun autre cartel, ni à plus forte raison aucune autorité légale n'y pénètre.

Dans l'exploitation des documents publiés par le ministère

de l'Intérieur de la Fédération de Russie, la prudence s'impose : selon la Constitution russe en vigueur, la République tchétchène est formellement membre de la Fédération. Dès 1993, le peuple tchétchène s'est rallié majoritairement à la politique indépendantiste du président Djokar Doudaïev. En 1994, l'armée russe a détruit la capitale, Grosny, et un grand nombre d'autres villes et villages de la petite République caucasienne et musulmane. Le prétexte : la défense de l'intégrité territoriale de la Fédération. Une paix fragile a été conclue en 1996. Mais le conflit russo-tchétchène est loin d'être définitivement résolu.

Une intense guerre de propagande accompagne ce conflit. Les documents du ministère de l'Intérieur russe chargent les Tchétchènes de tous les péchés de la terre. Ils doivent donc être lus avec un œil critique.

Les cartels tchétchènes semblent posséder certaines caractéristiques qui les rendent particulièrement dangereux : la structure fortement clanique de cette nation caucasienne favorise un cloisonnement et une homogénéité extrêmes entre les tueurs des différents cartels. Les membres de chaque cartel portent sur leur corps des tatouages rituels singuliers : un oiseau de proie du Caucase, deux épées croisées, un crâne aux yeux vides et autres signes totémiques[6]. Nombre de Tchétchènes arrêtés en Allemagne avaient sur eux des amulettes, des gris-gris montrant leur enracinement profond dans une culture ancestrale, encore peu entamée par les préceptes et les croyances de l'Islam.

Le clan, structure de base de la société tchétchène, s'appelle *tep*. Il est gouverné par la loi du sang, *miest*. Celle-ci oblige tous les membres d'un clan à exécuter quiconque est coupable de la mort d'un membre du clan. Le vrai nom d'un homme

6. Sur les tatouages rituels tchétchènes, voir les reproductions d'une collection *in* Jürgen Roth, *Die Russen-Mafia*, Hambourg, Rasch und Röhring, 1996, p. 296 *sq*.

n'est connu que par les membres du clan. A l'extérieur de son clan – et à plus forte raison à l'extérieur de la Tchétchénie –, il utilise l'un ou l'autre des noms propres les plus courants de la langue tchétchène, papiers dûment falsifiés à l'appui. D'où l'extrême frustration des policiers français, suisses, anglais, allemands qui se trouvent régulièrement aux prises avec des dizaines de suspects s'appelant Abdullahhab, Shamhan, Iandarbiev, Djokhar ou Zelimkan.

La lutte séculaire contre l'oppression russe a développé chez les Tchétchènes des talents militaires, une témérité au combat exceptionnels. Affrontés aux bandes russes notamment, les seigneurs tchétchènes ne connaissent pas la pitié. Leurs tueurs opèrent avec un art consommé : Piotr Leonschikov, « homme d'affaires » russe de vingt-sept ans, vivant dans une villa de Grünewald, près de Berlin, a été exécuté à distance et d'un seul tir devant son garage, en 1995, alors qu'il était au milieu de ses gardes du corps.

Lorsqu'il s'agit de terroriser un adversaire sans le tuer, les Tchétchènes font également preuve d'un talent remarquable : à l'hôtel Majestic de Berlin, un « homme d'affaires » eut le cou lacéré de coups de poignard sans qu'aucun de ceux-ci ait tranché la carotide.

Le racisme le plus virulent règne entre les cartels de provenances ethniques différentes. Exemple : en automne 1995, une rencontre au sommet des principaux parrains russes sévissant dans leur pays ou résidant à l'étranger se tenait à l'hôtel Marriot, un palace situé au centre de Vienne. La rencontre fut « observée » (écoutée, etc.) par les agents de l'EDOK (*Ermittlung und Dokumentation*) autrichien[7]. Une vingtaine de parrains, avec leurs conseillers et leurs gardes du corps, étaient

7. Hannes Reichmann, « Das Netzwerk der Wiener Paten », *Wirtschaftswoche*, Vienne, n° 18, 18 novembre 1995.

présents. Un point important à l'ordre du jour : comment « purifier » les villes russes, comment en éliminer les « Noirs » ? Les mafieux d'origine ethnique russe appellent « Noirs » les mafieux originaires du Caucase. Décision fut prise de procéder à l'élimination physique de tout mafieux caucasien présent dans toute ville dont la population est majoritairement russe [8].

8. Dans la Fédération de Russie vivent environ 10 millions de personnes appartenant à des ethnies non russes. A leur endroit, la langue russe dispose d'un nombre presque infini de termes dépréciatifs. Exemples : *chorni* (« culs noirs ») s'applique surtout aux Caucasiens ; *gortsi* (« sauvage des montagnes »), aux habitants de la chaîne du Caucase du Nord ; *tchurka* (« tête de bois »), à toutes les minorités non russes.

VII

Des prédateurs au cœur sec

Pratiquement toutes les analyses de synthèse élaborées et périodiquement mises à jour par les principaux services policiers européens que j'ai lues et qui forment une des bases documentaires de ce livre, décrivent les cartels du crime international organisé comme des structures sociales complexes, disposant d'infrastructures performantes et dont les stratégies d'accumulation criminelle obéissent à une rationalité rigoureuse.

Cette hypothèse n'est que partiellement fondée.

Rappelons-nous Pierre Bourdieu : « Les réalités sociales sont toujours énigmatiques, et, sous leur apparente évidence, difficiles à déchiffrer[1]. » La réalité est presque toujours impure. Il faut se méfier des « apparences d'évidence ». Lors de la lecture des analyses de synthèse policière, une grande prudence s'impose.

L'école genevoise de psychologie sociale, inspirée par l'œuvre fondatrice de Jean Piaget, indique la voie à suivre[2]. Les relations commandement/obéissance, les stratifications et les hiérarchies qui structurent toute formation sociale, donc aussi les cartels criminels, sont la plupart du temps prédéterminées par des réalités infraconceptuelles, non rationnelles.

Nous le verrons tout au long de ce livre : l'irrationalité indivi-

1. Pierre Bourdieu, in *Alternatives algériennes*, décembre 1995, p. 3.
2. Pierre Moessinger, *Irrationalité individuelle et Ordre social*, Genève-Paris, Librairie Droz, 1996.

duelle des dirigeants comme des acteurs du deuxième, du troisième et du quatrième échelon bouleverse constamment les stratégies criminelles les plus rationnellement conçues. L'univers de la criminalité transcontinentale organisée ressemble à une jungle. Sous son ciel protecteur, dans ses sous-bois, errent des bêtes féroces. Des haines irréconciliables opposent entre eux nombre des dirigeants ou des exécutants de moindre rang. La vendetta est la seule loi respectée. Aucune parole donnée, aucun contrat signé n'a la moindre chance de durer. Nombre des éliminations discrètes, assassinats publics ou mutilations qui forment la trame quotidienne de l'activité des cartels ne s'expliquent que par la haine interindividuelle, la passion amoureuse, la vanité, le désir de vengeance ou une délirante volonté de pouvoir.

L'hybris.

Un sommet des chefs mafieux d'Italie eut lieu en 1993. Ces *capi* devaient se rendre à l'évidence : les attentats, généralement exécutés à la bombe, tuant et mutilant plusieurs personnes à la fois, menés contre des procureurs, des juges, des policiers, de hauts fonctionnaires, n'avaient pas donné les résultats escomptés. L'État n'avait pas cédé : la réglementation des *pentiti* était toujours en vigueur, les chefs des grandes familles de la Cosa Nostra toujours incarcérés dans des prisons de haute sécurité [3].

Les chefs mafieux décidèrent alors de s'attaquer aux œuvres et aux symboles de la culture et de l'identité plurimillénaires du peuple italien. Un commando s'attaqua à la galerie des Offices, à Florence. Une aile entière, abritant des tableaux de la Renaissance d'une valeur inestimable, fut détruite par les bombes. D'autres bombes saccagèrent un étage entier de la Civica Galleria de Arte Moderna, villa Reale, à Milan. Bilan : quatre vigiles et un passant marocain tués.

3. Cf., *infra*, p. 267.

Le lundi 5 août 1996, enfin, le procureur de Florence Gabriele Chelazzi révéla que 150 kilos d'un explosif puissant (le triton) venaient d'être découverts dans une grotte de Toscane. Ils devaient servir à abattre la célèbre tour penchée de Pise.

Dans leur délire de toute-puissance, les seigneurs mafieux étaient persuadés que, par leurs attaques insensées contre le patrimoine culturel italien (et même mondial), ils réussiraient à soumettre à leur volonté tout le corps des carabiniers, toute la police judiciaire, toute la magistrature, le Parlement et l'ensemble du gouvernement.

La haine.

Des êtres sauvages, dressés pour tuer dès leur enfance – voilà ce que sont les si mal nommés « hommes d'honneur ». C'est un des plus importants d'entre eux qui l'avoue, Calefore Ganci, « homme d'honneur » d'une puissante famille de Palerme depuis 1980, dont le père, les deux grands-pères et tous les frères appartiennent au crime organisé.

Pendant plus de dix ans, il avait dirigé un commando de tueurs qui avait imprimé une trace de sang à travers toute l'Europe. En août 1996, le miracle eut lieu : incarcéré depuis plusieurs années à la prison d'Ucciardone, à Palerme, le tueur demanda à signer une confession complète. Confession passionnante : elle montre comment un garçon de quinze ans, né dans une famille mafieuse, est coupé dès son enfance du monde civil, de ses conduites, de ses valeurs. Intériorisant les paramètres de l'obéissance aveugle au *capo*, de la violence la plus effrénée et de la ruse, il devient pareil à un chien dressé pour tuer. Le journal *La Repubblica* publie sa confession sous le titre évocateur : « Io e i mei fratelli nati per uccidere » (« Moi et mes frères, nés pour tuer ») [4].

4. Calefore Ganci, confession in *La Repubblica*, 6 août 1996.

La vanité.

La conduite des seigneurs contemporains du crime organisé ressemble fréquemment à celle d'Hérodiade, princesse juive, à la vie scandaleuse, au Ier siècle de notre ère. Fille d'Aristobule, petite-fille d'Hérode le Grand, Hérodiade était la maîtresse de son beau-frère, le roi. Sa conduite était violemment critiquée par de nombreux penseurs juifs, notamment Jean-Baptiste. Hérodiade avait une fille dont la beauté éclatante séduisit le roi. Elle s'appelait Salomé. Un jour qu'elle dansait devant lui, il lui demanda d'exprimer un vœu : sur le conseil de sa mère, Salomé demanda la tête de Jean-Baptiste. Elle lui fut apportée sur un plateau d'argent.

Hérodiade ne supportait pas la parole libre ni les propos qui la dérangeaient. Elle croyait pouvoir posséder par la force la pensée, le verbe. Les seigneurs de la criminalité organisée agissent de même. Surtout en Russie.

En Russie, il existe un nombre de journalistes déterminés, compétents et courageux. La presse y est totalement libre. Mais du fait de la quasi-toute-puissance des parrains d'une part, d'institutions démocratiques anémiques de l'autre, son influence réelle est faible. Contrairement à ce qui se passe parfois en Occident, en Russie aucune dénonciation par voie de presse n'a jusqu'ici mis fin aux agissements d'un cartel du crime organisé.

Les seigneurs des cartels réagissent à la moindre critique avec une violence inouïe. Dès que leur vanité est touchée, ils ne pensent qu'à punir l'insolent. Ils perdent rarement leur temps à demander un droit de réponse, à écrire au courrier des lecteurs ou même à faire un procès en diffamation. Ils tuent.

David Satter dirige à New York le Comité international pour la protection des journalistes. Il rapporte régulièrement les assassinats de journalistes en Russie. Chose remarquable :

dans chacun des cas cités, les tueurs ont opéré dans la plus parfaite impunité, souvent au milieu des passants, des voisins ou de la famille des victimes[5].

Entre 1994 et 1996, pas moins de 63 journalistes – hommes et femmes – ont été exécutés par les cartels ; parmi eux, des correspondants de la presse internationale (Félix Solojov, Natalia Alianika) et le directeur général de la télévision d'État, Vladislav Listiev.

La série sanglante se poursuit en 1997. Exemple : Vadim Birikov, soixante-quatre ans, rédacteur en chef adjoint de la revue *Delovije Ludi* et un des journalistes économiques les plus prestigieux du pays, est retrouvé le 25 février 1997 dans le garage de sa maison, à Moscou, les mains menottées dans le dos, une balle dans la tête. Sa voiture a disparu. Aucune trace de ses assassins[6].

Comme les tyrans de l'Antiquité, figures antinomiques des sociétés démocratiques contemporaines, les seigneurs du crime sont esclaves de leurs désirs, font violence à autrui et sont aveugles à eux-mêmes. Leur pouvoir n'est fondé que sur la crainte qu'ils inspirent, leur richesse sur le vol et, lorsqu'ils lèvent le bras, c'est toujours pour tuer.

Ces monstres nocturnes gouvernent aujourd'hui une bonne partie de l'économie – et à l'Est de la politique – des pays d'Europe.

Je me souviens d'une nuit d'été passée sur une terrasse de la Piazza Navona à Rome, en compagnie de Pino Arlacchi.

Sénateur de la gauche démocratique, natif de Calabre, professeur de sociologie à l'université de Florence, auteur d'une

5. L'étude de Satter est traduite in *Die Weltwoche*, Zurich, 7 mars 1996, sous le titre suggestif : « Freipass für Mord an Medienschaffenden » (« Carte blanche pour les assassins de journalistes »).

6. Sur le détail de l'assassinat de Birikov, cf. *Neue Zürcher Zeitung*, 26 février 1997.

œuvre scientifique prestigieuse, Arlacchi est un spécialiste mondialement renommé du crime organisé [7].

Arlacchi sortait du cinéma où il était allé voir le dernier film hollywoodien de grand spectacle consacré à la mafia. Il était hors de lui : « Ces cinéastes rendent un très mauvais service à la lutte antimafia : ils glorifient les parrains ! Ils les montrent bons pères de famille, maris affectueux, amis fidèles. Et quand il est question de leurs entreprises, les cinéastes leur attribuent toutes les vertus : excellents organisateurs, financiers avisés, hommes d'affaires efficaces... Des hommes d'honneur, les Corleonesi ? Tu veux rire ! Ce sont des prédateurs au cœur sec. Des monstres dépourvus de la moindre fibre humaine, habités par des passions archaïques et mus par des instincts de pouvoir et de rapine tout à fait primitifs. Ce sont des crapules. »

7. En 1997, Kofi Annan le nomma secrétaire général adjoint des Nations unies pour la lutte contre le crime organisé, le terrorisme international et la traite d'êtres humains.

DEUXIÈME PARTIE

Les loups des steppes de l'Est

« Être bon, qui ne le voudrait ?
Mais sur cette triste planète,
Les moyens sont restreints,
L'homme est brutal et bas.

Qui ne voudrait par exemple être honnête ?
Les circonstances s'y prêtent-elles ?
Non, elles ne s'y prêtent pas. »

BERTOLT BRECHT, CHANT DE PEACHUM,
IN *L'OPÉRA DE QUAT'SOUS*.

I

Le Maître

Aucune formation criminelle au monde ne ressemble aux bandes mafieuses surgies des décombres de l'ancienne Union soviétique. Leur origine, le haut degré d'acceptation qu'elles rencontrent dans la société posent des problèmes complexes. A l'origine, il y a la plus ancienne des organisations criminelles, les *Vor v zakone*, qui remonte à la Russie tsariste de la dernière décennie du siècle passé. Mais le régime bolchevique brise les cartels criminels. Staline extermine systématiquement leurs membres, assimilant leurs activités traditionnelles – racket, corruption de fonctionnaires, détournement de fonds, traite des femmes, vol – aux activités contre-révolutionnaires et autres attaques contre l'État soviétique. Elles sont punies de mort.

Staline meurt d'une hémorragie cérébrale, au Kremlin, le 5 mars 1953. Dès lors, la terreur d'État exercée par les « organes » (corps constituant l'appareil de répression) sur des personnes et groupes dits « déviants » s'allège peu à peu, d'abord insensiblement, puis de plus en plus rapidement. Durant le règne de Leonid Brejnev notamment (de 1964 à 1982), la corruption de larges secteurs de l'État et de la société fait des progrès foudroyants. Des cartels mafieux de plus en plus puissants se constituent, infiltrent l'économie et contractent des alliances ponctuelles avec tel ou tel secrétaire régional, tel ou tel directeur de combinat industriel et de complexe agricole ou commercial. Ils rendent de réels services à la population épuisée par les pénuries récurrentes en organisant et en approvisionnant le marché noir dans toutes les grandes villes.

En mars 1985, Mikhaïl Gorbatchev est élu secrétaire général du PC soviétique. Peu après, il proclame la *glasnost* et la *perestroïka*, avènement d'une politique de transparence, d'ouverture et de démocratisation limitée. Dans l'opinion soviétique, notamment russe, un espoir immense se lève : le pays va s'ouvrir à l'Occident, rejoindre le concert des nations civilisées, manger à sa faim, respirer, jouir du monde, vivre enfin. Or, au lieu de l'Occident libérateur, solidaire – l'Occident qui allait aider par des crédits massifs au développement harmonieux du pays –, c'est l'Occident prédateur qui arrive.

En août 1991, l'Union soviétique se désagrège. La formidable vitalité des bandes mafieuses explose. Elles sont partout. Elles contrôlent largement, à leur profit, la transformation de l'économie de commandement en économie de marché. Et, surtout, elles tiennent tête à l'Occident. Le capitalisme le plus sauvage s'abat sur la Russie et les républiques nées des ruines de l'URSS. Le citoyen ordinaire se sent agressé. Il est angoissé, désorienté, totalement désécurisé et, en premier lieu, il subit de plein fouet la misère économique et sociale consécutive à l'effondrement des anciennes institutions.

Dans cette situation, les seigneurs du crime, les nouveaux boyards, forment une sorte de garde de fer, une avant-garde, seule capable de se dresser contre l'agression des capitalistes occidentaux. Tous les repères moraux sont par terre. Dans un effroyable fracas, l'État totalitaire a entraîné dans sa chute et enterré sous ses décombres toutes les anciennes valeurs, conduites, institutions et certitudes. Un nihilisme froid, désespérant, se répand dans les cœurs. Mais il reste cette évidence : les seuls adversaires sérieux des prédateurs étrangers sont les seigneurs russes du crime. Ils ont le savoir-faire capitaliste et mafieux, ils possèdent la détermination nécessaire, les capitaux et les armes pour se dresser contre l'envahisseur. Un banquier occidental tué à Moscou, c'est une parcelle de la dignité russe qui est rétablie.

Youri Afanassiev[1] montre la progression subtile de l'acceptation des cartels mafieux par le public : sous Brejnev, ils rendent service grâce au marché noir ; ils permettent aux responsables d'État (des combinats, etc.), harcelés, de vaincre les impasses d'approvisionnement. Puis vient la *perestroïka* et l'agression capitaliste extérieure. Les seigneurs mafieux résistent, opposent à l'écrasante supériorité de l'agresseur leur savoir-faire de corruption et de violence et freinent sa progression. Résultat, ils deviennent pour beaucoup de Russes une sorte de refuge de la dignité nationale. Voici maintenant les années Eltsine. L'État totalitaire et son univers paraissent aujourd'hui, dans la conscience des gens, aussi loin que l'âge néolithique. Une nouvelle génération occupe le pavé, à la conscience complètement réifiée ; le dollar est son dieu ; la jouissance immédiate de toute forme de plaisir possible, son credo. De plus, elle est intelligente et habitée d'une vitalité dévastatrice, d'une soif de conquête sans limites. Elle est aussi, très fréquemment, formée aux meilleures écoles de management. Les seigneurs du crime recrutent aujourd'hui en son sein leurs cadres les plus brillants.

La mafia russe est une nébuleuse mouvante, un phénomène symbiotique. Le noyau dur des cartels est constamment enrichi par de nouveaux segments de population : des anciens militaires mourant de faim devenus tueurs professionnels ; des jeunes managers – hommes et femmes – dépourvus de la moindre parcelle de scrupule moral ; des anciens hauts fonctionnaires, généraux, *apparatchiks*, policiers d'envergure qui, au moment de la privatisation, ont fait le choix du crime.

D'importantes recherches et enquêtes sont en cours

1. Youri Afanassiev, docteur *honoris causa* de l'université de Genève, est un des principaux sociologues de la Russie contemporaine. Je dois à nos conversations – et à la lecture de son œuvre (quatre de ses livres sont disponibles en français) – une connaissance précieuse des contradictions de la société russe.

actuellement, notamment à l'université des sciences humaines de l'État de Russie, dont Youri Afanassiev est le recteur, pour mieux connaître les systèmes d'auto-interprétation et les composantes sociales des principales organisations criminelles.

Je n'ai pas l'ambition de fournir une réponse aux questions que pose l'irruption du capitalisme sauvage dans une société totalitaire. Je me contenterai d'une rapide phénoménologie des bandes russes. C'est l'actualité et la nature du danger que constituent les « loups des steppes de l'Est » qu'il s'agit ici de comprendre.

De toutes les organisations criminelles existant aujourd'hui sur notre planète, les bandes russes sont de loin les plus dangereuses, les plus puissantes, les plus actives[2].

Surgie des décombres de l'ancien empire soviétique et perpétuant ses méthodes d'occultation, de violence et de mensonge, la mafia russe menace directement les sociétés démocratiques d'Europe occidentale.

K. A. est l'une de ses figures les plus inquiétantes, les plus énigmatiques. Doué d'une formidable intelligence, d'un instinct de pouvoir toujours en éveil, d'une ruse extrême, d'un goût prononcé pour la violence, sa vitalité paraît inépuisable. Il règne en seigneur sur le chaos mouvant des bandes. Il est le parrain des parrains – « le Maître ».

D'où vient cet homme ? Quelle est sa carrière ?

La soirée d'été était chaude et lumineuse dans les forêts, les champs et les villages de la Biélorussie occidentale. Soudain, des avions surgirent du soleil couchant et, en quelques minutes, les dix premiers villages soviétiques disparurent dans les flammes, ensevelissant des centaines de femmes, d'enfants et de paysans sous leurs décombres.

2. Pour une théorie générale de leurs structures, cf. Alain Lallemand, *Organizatsiye, La mafia russe à l'assaut de l'Europe*, Paris, Calmann-Lévy, 1996.

C'était le 22 juin 1941. La guerre d'agression de Hitler contre l'Union soviétique venait de commencer.

Quelques semaines plus tard, les panzers allemands étaient arrêtés à 30 kilomètres de Moscou. Avançant sur la Leningradskoïe, une patrouille de trois chars était même parvenue jusqu'en banlieue et fut détruite à 15 kilomètres à peine de la place Rouge. Au voyageur d'aujourd'hui qui, depuis l'aéroport de Cheremetievo, se dirige vers le centre-ville, un monument sommaire composé de barres de fer croisées et rouillées rappelle cet événement.

L'hiver 1941-1942 fut particulièrement sévère, avec des températures descendant souvent à moins 30 degrés. Pendant des mois, nuit et jour, pratiquement sans discontinuer, les canons de longue portée des envahisseurs pilonnèrent les faubourgs occidentaux de Moscou. Près du port Sud, une famille – la mère et ses enfants – perdit en une seule nuit son logement, ses économies et toutes ses pauvres possessions. Elle vécut alors dans les ruines, s'abritant dans les couloirs du métro lorsque – et c'était fréquent – les hurlements des sirènes annonçaient l'arrivée sur la ville des bombardiers allemands, se nourrissant du pain noir et des pommes de terre distribuées par le commissariat du quartier. K. A. était le cadet. Sa petite enfance fut engloutie par les privations extrêmes de la guerre, l'angoisse nocturne des bombardements. Tous les siens furent tués, l'enfant grandit dans les ruines. Seul. Il devint un loup, capable d'endurer toutes les souffrances. Dur, impitoyable, patient, rusé.

Un homme se chargea de son éducation : V. G., dit « le Mongol », propriétaire d'un des clubs de boxe qui abondaient à Moscou.

Vers sa vingtième année, K. A. organise une bande qu'il dirige d'une main impitoyable et qui se spécialise dans le racket. Généralement vêtus de l'uniforme des miliciens (policiers) moscovites, ses membres enlèvent des millionnaires de la *nomenklatura* communiste, des spéculateurs du marché noir ou d'autres corrompus, les emmènent de nuit dans une des multiples forêts qui entourent Moscou. Là, les victimes sont torturées jusqu'à ce qu'elles signent le transfert de leurs biens à la bande ou qu'un ami verse la rançon exigée.

Un jour, les jeunes boxeurs surentraînés s'attaquent à un richissime collectionneur d'art qui réside à Moscou. Ils cambriolent d'abord sa *datcha* à la campagne, puis vident son appartement. Ils emportent ses œuvres d'art, dont quelques-unes sont d'une valeur inestimable. Or, contrairement aux apparatchiks corrompus, amenés dans la forêt, torturés et libérés contre une belle rançon, la victime alerte ses amis du KGB.

La bande est prise. K. A. est d'abord enfermé à la Boutyrka, puis à Magadan, deux hauts lieux de la criminalité organisée. Le Mongol y est, lui aussi, emprisonné à la suite d'une autre affaire. Il pose sa main protectrice sur son jeune ex-élève. K. A. noue des relations utiles, poursuit ses classes.

C'est donc en véritable parrain qu'il ressort de Magadan, ses cinq ans purgés.

Dès sa sortie, il demande et obtient sa part de pouvoir et de richesse dans le crime organisé moscovite, se lançant dans des entreprises nombreuses : banques, racket, casinos, traite des femmes. Mais son règne est de courte durée. Au début des années 80, la justice soviétique le condamne à des années de pénitencier pour contrainte et menaces de mort. Après sa libération, il est admis parmi les *Vor v zakone*.

Les *Vor v zakone* forment une organisation mystérieuse. Née durant les dernières années de l'ère tsariste dans les camps sibériens, elle pratique des rituels initiatiques, a une structure pyramidale rigoureuse et opère comme une sorte d'instance de référence pour l'ensemble des bandes criminelles sur le sol russe. Parmi les parrains des différents cartels, elle assume le rôle essentiel d'arbitre[3].

La carrière internationale de K. A. prend son envol une nuit d'automne de la dernière décennie.

3. Jürgen Roth, *Die Russen-Mafia*, *op. cit.*, p. 23 *sq.*

Dans une *datcha* près de Moscou, les principaux seigneurs russes de la criminalité organisée tiennent conseil. Le Conseil suprême des cartels s'appelle *Chkod*. Il désigne K. A. comme son plénipotentiaire aux États-Unis. Celui-ci décide immédiatement de se rendre en Amérique.

Cette décision répondait à une nécessité urgente : un nombre élevé de bandes russes (eurasiatiques et caucasiennes) opéraient sur le sol américain, dans le désordre et l'anarchie. Plusieurs d'entre elles se combattaient ouvertement. Les morts étaient nombreux. Aucune division territoriale n'était plus respectée. Bref, l'accumulation capitaliste sauvage était en péril.

A l'époque, le FBI identifiait cinq grands conglomérats criminels d'origine soviétique, divisés en plus de deux cent vingt bandes opérationnelles, implantées dans dix-sept grandes villes américaines et qui toutes se combattaient entre elles [4].

Dès la fin des années 70, sous la pression de l'opinion publique internationale, le régime Brejnev avait dû consentir à l'émigration d'un grand nombre de citoyens soviétiques d'origine juive. Les cartels clandestins du crime organisé avaient sauté sur l'occasion : grâce à des papiers d'origine falsifiés, ils avaient infiltré massivement les flots d'émigrants. Le FBI soupçonne, en outre, le régime Brejnev d'avoir volontairement délivré des permis de sortie à des milliers de criminels endurcis purgeant leur peine au Goulag. A la fin de la décennie 70, plus de 40 000 émigrés d'origine soviétique, vrais ou faux juifs, peuplaient Brighton Beach, connu plus communément sous le nom de « Little Odessa ».

Steven Handelmann a forgé un terme pittoresque pour désigner les parrains soviétiques affluant aux États-Unis : *comrades criminals* [5].

Parmi les chefs de bande russes qui, dès cette époque, terro-

4. Dorinda Elliott et Melinda Liu, « The Russian Mafia Goes Global », *Newsweek*, 2 octobre 1995.

5. Steven Handelmann, *Comrade Criminal*, New Haven, Yale University Press, 1995.

risaient non seulement leurs compatriotes émigrés, mais aussi des commerçants, industriels et banquiers autochtones, une figure avait émergé : Evseï Agron. L'homme était arrivé à l'aéroport Kennedy en 1975, après avoir passé dix ans au Goulag pour assassinat. Mais un jour de mai 1985, Agron sortit imprudemment sur le balcon de son appartement à Brooklyn. Il fut exécuté au moyen d'un fusil à lunette.

B. Y., son principal conseiller et lui aussi un émigré soviétique, lui succéda. B. Y. étendit l'empire et noua les premiers rapports avec certains politiciens locaux corrompus. Gardé par une véritable armée de jeunes truands, il survécut, malgré de nombreux conflits avec ses nouveaux associés. Hélas, B. Y. commit une erreur impardonnable pour un homme de sa stature : il utilisa une fausse carte de crédit et se fit pincer. Condamné en 1989, il disparut derrière les barreaux. Après la chute de B. Y., la guerre des bandes s'installa.

Le Maître débarque à l'aéroport John-Kennedy, à New York, au printemps 1992. Il va mettre de l'ordre dans le chaos des bandes russes (tchétchènes, ukrainiennes, kazakhes, etc.) actives sur le sol américain.

Disposant d'une garde personnelle de plusieurs dizaines de tueurs expérimentés, il se met à l'œuvre avec une rapidité et une rigueur impressionnantes. Il opère avec une cruauté exemplaire : dans nombre de villes américaines, des *reketiri*[6] récalcitrants aux yeux crevés, pendus dans des chambres d'hôtel, écrasés par des camions ou égorgés au couteau, témoignent de son passage.

Dans la jungle des mégapoles américaines, le Maître change totalement son mode de vie, la façon de se mouvoir, de se loger et de se vêtir. Finie, la vie flamboyante de nabab. Finies, les Mercedes géantes aux vitres teintées, suivies de Toyota tout-terrain remplies de gardes du corps. Terminés, les fêtes somptueuses, les nuits bruyantes, les flots de champagne rosé,

6. *Reketiri :* déformation russe du terme anglais *racketeer*, celui qui exerce un racket, lève des taxes de « protection ».

le caviar avalé à la louche et les mises arrogantes aux tables de jeu, exposées au petit matin aux yeux ébahis des badauds. Il utilise des identités et des déguisements toujours nouveaux. Opérant dans une clandestinité presque parfaite, changeant de ville et de logement pratiquement chaque semaine, sa prudence ressemble à celle d'un loup des steppes russes. Il évite toute ostentation. Il a retrouvé un mode de vie frugal. Comme du temps de sa petite enfance dans les ruines des faubourgs méridionaux de Moscou, il se meut dans les métropoles américaines de préférence en métro ou à pied, ne sortant que la nuit, ne faisant confiance à personne. Longtemps le FBI a ignoré son existence.

Le pouvoir solitaire du Maître est considérable. Renata Lesnik et Hélène Braun en font cette description : « Ses quatre téléphones portables, reliés aux satellites, chauffent vingt-quatre heures sur vingt-quatre ; parfois, il communique avec quatorze pays dans la même journée, en russe ou dans l'argot de la confrérie. Sur un simple coup de fil de sa part, certaines banques privées de Moscou débloquent en un clin d'œil plusieurs millions de dollars alors que des mois de négociations n'avaient donné aucun résultat. De New York, un de ses grognements dans le combiné suffit à régler n'importe quel litige entre clans, dans toute la Russie et au-delà. A Anvers ou Tel-Aviv, à Londres comme à Monte-Carlo, les interlocuteurs les plus hautains se figent au garde-à-vous au seul son de sa voix. Un businessman de Sibérie qui avait vendu un laminoir à l'Afrique du Sud prie humblement le « seigneur » d'accepter la moitié de son bénéfice… un petit cadeau de 3 millions de dollars. Tout homme d'affaires désireux de coopérer avec une firme américaine s'enquiert d'abord de son avis. En cas d'"oubli", ses projets tourneraient au désastre [7]. »

Mais K. A. a le sang chaud, une vitalité débordante, un appé-

7. Renata Lesnik et Hélène Blanc, *L'Empire de toutes les mafias*, Paris, Presses de la Cité, 1996, p. 85.

tit sexuel apparemment insatiable. Ce sont les femmes qui le perdront.

Il est maintenant dans la force de l'âge. Cheveux coupés courts, grisonnants, une barbiche ornant un visage massif, il est bâti comme un taureau. Il a des petits yeux vifs et les pommettes hautes.

A l'aube d'un jour d'été des années 90, un commando d'élite de la police new-yorkaise prend d'assaut un duplex situé dans un immeuble de Brighton Beach. K. A. est maîtrisé dans le vestibule vêtu d'un simple caleçon. Il s'était attardé quelques minutes de trop au domicile de l'une de ses maîtresses.

En janvier 1997, la justice de l'État de New York le condamne pour extorsion de fonds et mariage frauduleux à neuf ans et sept mois de prison.

II

La mort à Paris

Sergueï Majarov est un homme jeune, beau, grand, à la peau brune, aux cheveux de jais qui contrastent étrangement avec ses yeux bleu clair, presque transparents. Il a trente-six ans. Il est multimillionnaire. Sa profession officielle : producteur de cinéma. Dans le garage souterrain de sa demeure parisienne s'alignent les voitures de luxe, les limousines américaines. Majarov est un habitué de Maxim's, à Paris. Charmeur, sympathique, élégant, il est doué d'une grande joie de vivre. Les femmes l'adorent. En ces années 1990-1994, sa vie se déroule essentiellement entre son duplex, doté d'une terrasse avec vue imprenable sur la tour Eiffel, avenue Marceau, à Paris, et un palace genevois, situé quai du Mont-Blanc, où il loue la suite présidentielle.

En cette journée pluvieuse du 22 novembre 1994, il est tranquillement assis dans le salon de son appartement de l'avenue Marceau. Auprès de lui, une belle jeune femme, mannequin de profession et polonaise de nationalité. Son garde du corps se tient dans le vestibule.

Les tueurs attaquent avec un sang-froid et un savoir-faire impressionnants[1].

Un appel de l'interphone au rez-de-chaussée de l'immeuble attire Majarov dans le vestibule. Sa silhouette apparaît derrière

1. Témoignage des inspecteurs de la brigade criminelle de la police judiciaire, in *Le Monde*, 11 février 1995.

la porte vitrée. Le verre est épais, capable de résister aux impacts. Les premières balles de gros calibre ricochent. La porte résiste. Mais, en vrais professionnels, les tueurs n'arrosent pas la porte. Ils concentrent leurs tirs sur un mince espace. Le blindage cède. A travers le trou, la deuxième salve abat la victime.

L'opération s'est déroulée en une fraction de seconde. Le garde du corps n'a pas eu le temps de dégainer, Majarov n'a pas eu le temps de se jeter à terre.

Les armes des tueurs sont munies de silencieux. Les policiers trouveront plus tard un pistolet mitrailleur CZ, de fabrication tchèque, l'arme préférée des bandes russes.

Quant aux tueurs, ils quittent tranquillement l'immeuble et disparaissent dans la nuit parisienne.

Né dans une famille d'artistes et d'intellectuels de la diaspora russe de Géorgie, Majarov avait quitté l'URSS en 1980 pour rejoindre son père, pianiste à Vienne. Peu après, il était apparu en France.

Il s'était spécialisé dans le commerce des matières premières. Avec O. M., un ami d'enfance, il s'était associé dans une affaire qui avait rapporté une commission de 1,5 million de dollars. Cette somme avait été déposée sur le compte numéroté d'une banque suisse. Or, un conflit avait éclaté entre les deux : Majarov avait contesté le mode de partage.

Un procès avait été introduit auprès de la justice suisse, appelée à trancher le litige.

Quant à O. M., il avait disparu en Israël.

J'ouvre ici une parenthèse : il arrive fréquemment que des parrains recherchés en Europe disparaissent en Israël. Cela ne signifie pas que ce pays soit un Eldorado pour les seigneurs du crime organisé. Les loups des steppes de l'Est utilisent Israël pour une autre raison : tout nouvel immigrant peut, après quelques mois, demander un passeport. Il peut ensuite quitter le pays quand il le veut, sans que le passeport soit annulé. Un passeport israélien est la carte d'entrée idéale pour l'Europe de l'Ouest. Beaucoup de non-juifs venus des décombres de l'empire l'utilisent : en Russie et dans les autres républiques ex-soviétiques, quelques dollars suffisent pour acheter une attestation témoignant de l'origine « juive » du porteur. Les autorités rabbiniques israéliennes, qui, théoriquement, tranchent les cas douteux, sont écrasées de travail. Si tout va mal, le mafieux russe (ukrainien, lituanien, etc.) peut toujours se procurer à Tel-Aviv, pour environ 100 dollars, deux témoins qui attesteront sur l'honneur que le requérant était connu en Russie comme un « juif pieux »[2].

A la mi-décembre 1994, alerté par un indicateur, la police française fait une descente dans un luxueux hôtel de la rue Scribe, à Paris. Elle cueille un commando de quatre Russes : le chef et trois colosses musclés. Leurs papiers d'identité, en règle, indiquent tous la même profession : « ouvrier ». Or, les quatre « ouvriers » ont, les jours précédents, effectué des achats dans des boutiques des Champs-Élysées pour plusieurs dizaines de milliers de dollars, payant avec une carte de crédit issue d'un établissement de Nicosie.

Les quatre hommes sont interrogés et placés en garde à vue. Ils profèrent des menaces à l'encontre des inspecteurs français. Mais les bases légales pour leur mise en examen ne sont pas suffisantes. Les inspecteurs doivent les accompagner à Roissy où ils sont expulsés et placés dans un avion pour Moscou.

Quinze jours plus tard, un financier d'origine russe est assassiné à Bruxelles exactement dans les mêmes conditions que Sergueï Majarov.

Remontant leurs filières respectives, les inspecteurs des polices judiciaires, française et belge, acquièrent une conviction : les tueurs qui, le 22 novembre, ont abattu avec un art consommé Majarov dans son appartement de l'avenue Marceau sont les mêmes que ceux qui, fin décembre, à Bruxelles,

2. Cf. *Le Monde*, 16 août 1997.

ont exécuté, exactement de la même manière, le financier russe.

Dans les deux cas ce sont probablement les quatre « ouvriers » russes arrêtés à la mi-décembre à l'hôtel Scribe, puis expulsés, faute de preuves, vers Moscou qui ont fait le coup.

L'hypothèse des enquêteurs est la suivante : une partie de la commission (ou la totalité) du contrat commercial négocié – légalement – par Majarov et O. M. était destinée aux seigneurs d'un cartel russe. Perdant patience et faisant peu confiance à la justice suisse, ils auraient exigé – après la disparition d'O. M. en Israël – le paiement de la commission de la part de Majarov. Celui-ci ayant traîné les pieds, il avait été exécuté [3].

Les cérémonies funéraires de Sergueï Majarov ont eu lieu dans l'église russe de la rue Daru, à Paris.

3. Quant au rôle joué dans cette affaire par le financier résidant à Bruxelles, il n'a jamais été élucidé.

III

L'argent du sang

En France, ce sont avant tout les Renseignements généraux, la police judiciaire, le service d'enquête des douanes, la gendarmerie et TRACFIN, service hautement qualifié dépendant de plusieurs ministères à la fois et chargé plus particulièrement de la mise au jour des circuits de blanchiment, qui s'occupent de la répression de la criminalité transfrontalière organisée et de ses réseaux de blanchiment des capitaux criminels[1].

Un rapport de synthèse daté du 29 mars 1996, signé par les Renseignements généraux et intitulé *Criminalité organisée en provenance des pays de l'Est*, analyse les faits et chiffres les plus récents collectés par l'ensemble des services mentionnés.

Dès le début des années 90, la pénétration en France des bandes eurasiatiques s'accompagne en effet d'une croissance impressionnante des investissements dits « mafieux ». Pour la seule année 1995, la Banque de France inventorie des transferts, pour une somme globale de 55 milliards de francs français, provenant des républiques de l'ex-URSS. La majeure partie est d'origine « douteuse » ou effectivement « criminelle ».

Le rapport de synthèse des Renseignements généraux tente

1. C'est la loi du 29 janvier 1993 qui oblige les banquiers à déclarer à TRACFIN des mouvements de fonds suspects. Pour la critique de cette loi, cf. Thierry Jean-Pierre et Patrice de Méritens, *Crime et Blanchiment*, Paris, Fixot, 1993, p. 204 *sq.*

d'établir une stratification des organisations criminelles orientales établies en France :

1. En bas de l'échelle, les bandes de racketeurs ne se livrent qu'aux activités fort banales d'extorsion de fonds, de racket de toute sorte, de « protection » forcée de commerçants et de travailleurs immigrés originaires d'Europe de l'Est, de maisons closes et de trafic d'héroïne.

2. Deuxième échelon : le crime organisé transfrontalier proprement dit, qui est engagé dans des entreprises criminelles de grande envergure, soit pour son compte propre, soit dans le cadre de *joint-ventures* menés en association avec des cartels d'autres continents. Ces organisations sont basées de préférence soit à Paris, soit sur la Côte d'Azur.

3. Troisième échelon : des financiers d'origine russe, ouzbèque, kazakhe, tchétchène, moldave, polonaise, etc., qui mènent en France une existence parfaitement légale, ne se mêlent à aucune guerre de bandes, mais gèrent des sociétés financières, banques, trusts immobiliers et circuits d'investissement de toutes sortes, destinés à recycler dans l'économie française les profits criminels des cartels actifs dans l'ex-URSS ou ailleurs dans le monde. Leur tâche exclusive : blanchir l'argent du crime, le faire fructifier dans l'immobilier, la Bourse ou toute autre entreprise lucrative française. Ce sont pour ainsi dire des gestionnaires de fortunes, chargés de développer une structure d'accueil pour les capitaux venus de l'Est.

4. Tout en haut de l'échelle, il y a des hommes d'affaires qui, à partir de la France et pour le compte des cartels, engagent des sommes souvent colossales dans des spéculations financières, des affaires d'import-export, des *joint-ventures* dans le monde entier. Exemples : transactions multiples portant sur des armes et des matières nucléaires prélevées sur les stocks de l'ex-Armée rouge ; vente de cent cinquante camions de fabrication russe à la République du Congo-Brazzaville ; exploitation de carrières en Abkhazie, dirigée à partir de bureaux situés sur les Champs-Élysées.

J'éprouve pour les fonctionnaires du TRACFIN, du service d'enquête des douanes, de la police judiciaire, de la gendarmerie et des Renseignements généraux une vive admiration : grâce à leur travail de bénédictins, ils mettent au jour des circuits de financement d'une extraordinaire complexité.

Exemple : sous couvert d'une transaction multinationale portant officiellement sur des tapis, une somme d'origine criminelle de 200 millions de francs français a été investie à Gibraltar, puis a transité à Dublin, pour revenir dans une banque connue de Paris. Le TRACFIN a également retrouvé la trace de sommes importantes d'origine criminelle également virées d'une agence bancaire parisienne, *via* la Belgique et Londres, vers les États-Unis. D'autres sociétés financières liées à des cartels russes, dont les sièges sont à Halifax, au Liechtenstein, au Luxembourg, à Rotterdam, à Tortola, aux îles Vierges, ont financé en France des achats ou travaux immobiliers portant sur des dizaines de millions de francs français.

La France est certainement le pays d'Europe où la conscience de la menace mafieuse est la moins développée dans l'opinion publique. L'ignorance et l'indifférence des Français à ce sujet sont proprement effarantes. Par contre, la France dispose d'une fonction publique hautement compétente, d'instances de répression du crime organisé nombreuses, courageuses, qui exercent des contrôles minutieux et constants.

La lecture du rapport des Renseignements généraux cité plus haut laisse néanmoins perplexe : comment une pénétration aussi profonde et aussi rapide a-t-elle été possible ?

L'explication réside probablement dans la stratégie particulière utilisée par les cartels orientaux : ceux-ci semblent parfaitement indifférents aux prix du marché. Pour les objets qu'ils convoitent, ils mettent en jeu des sommes qui sont sans aucun rapport avec les prix généralement pratiqués en France.

Ainsi, un homme d'affaires russe achète, avenue Foch, pour

25 millions de francs français, un appartement qui, au prix du marché de 1995, vaut à peine la moitié. C'est ainsi encore que, sur l'avenue Georges-Mandel, dans le XVIe arrondissement, une société russe a acquis pour 32 millions de francs français une maison relativement modeste et l'a transformée au prix d'autres dizaines de millions.

Le rapport révèle une très forte concentration territoriale des investissements mafieux à Monaco, Antibes, Nice, Fréjus, Villefranche-sur-Mer. Une autre concentration – celle-là corroborée par les autorités suisses[2] – a lieu dans les départements du Bas-Rhin, de l'Ain et de la Haute-Savoie. La proximité des places financières de Bâle et de Genève, très prisées par les prédateurs orientaux, fournit une explication convaincante à ces choix d'implantation.

Si admirable, patient et intelligent que soit le travail des enquêteurs français, il n'aboutit, la plupart du temps, qu'à l'expulsion des criminels et rarement à leur condamnation par un tribunal. Les raisons en sont multiples : le manque d'entraide des autorités russes, les identités fictives des prévenus, la structure ethnocentrique de nombre de cartels, etc.

Voici des exemples :

G. est natif de la ville de Bouchara. C'est un bel homme énergique, la quarantaine aux yeux bridés et intelligents. Dès la chute de l'Union soviétique, il s'installe à Berlin, où il mène l'existence dorée d'un homme d'affaires prospère.

En mars 1993, il est expulsé d'Allemagne par ordre judiciaire, sur la base de documents transmis par le FBI américain.

Un mois plus tard, il s'installe à Paris. Il loue un appartement dans le XVIe arrondissement, crée plusieurs sociétés

2. Rapport du groupe de travail concernant les capitaux venus de l'Est (*Lagebericht Ostgelder*), Département fédéral de justice et police, Berne, 1995. Un nouveau rapport, couvrant les années 1995-1996, est sorti en décembre 1997.

commerciales et investit massivement dans des restaurants de luxe.

Les enquêteurs français découvrent le passé allemand de G. Il aurait, à Berlin, pratiqué la séquestration, le rapt et occasionnellement la torture à l'encontre d'antiquaires issus de la diaspora juive.

G. se défend, indigné. Ses revenus ? 150 000 francs français par mois. Ils proviennent d'une rente en Russie. Que fait-il à Paris ? Du tourisme. Il exhibe deux passeports – l'un russe, l'autre israélien. Aucun des deux n'est valide. Placé en garde à vue au quai des Orfèvres, G. résiste avec un sang-froid admirable.

Finalement, ne pouvant retenir la moindre charge contre lui, les inspecteurs français doivent le relâcher. Il est conduit à Roissy, mis dans un avion et expulsé en direction de Moscou.

Autre exemple d'impunité : Z., la quarantaine épanouie, est lui aussi un homme d'affaires considérable. Fils d'un ex-officier du KGB, il jouit à Moscou de relations utiles. Sur ses comptes ouverts dans différentes banques françaises transitent régulièrement des sommes colossales en devises qui alertent le TRACFIN.

Z. opère selon toute évidence à la tête d'une entreprise multinationale bien structurée : un grand nombre des virements qu'il reçoit transitent par les comptes bancaires d'une société de diffusion de films qui vend des télénovelas brésiliennes aux chaînes de télévision russes. Il a de luxueux bureaux sur les Champs-Élysées.

L'homme fait l'objet d'une commission rogatoire lancée en 1993 par la justice pénale de la Fédération de Russie. Dans les documents transmis aux juges français figure comme principale accusation la « dilapidation des deniers publics au moyen d'avis de crédits falsifiés ». Interpellé à Paris, il est relâché.

Dernier exemple : massif, de stature moyenne, une trentaine d'années, le corps cousu de cicatrices, A. s'habille avec élégance. Il semble disposer de gros moyens financiers. C'est un littéraire. La Côte d'Azur l'attire.

Quant à son style de vie, il imite jusqu'à la caricature celui de la haute aristocratie d'avant 1914. Fréquentant d'abord les suites présidentielles de différents palaces niçois, A. s'installe ensuite dans ses propres meubles, un somptueux appartement avec terrasse à Nice. Pour ses excursions nocturnes dans les casinos de la Côte, où il mise régulièrement des sommes impressionnantes, il utilise alternativement plusieurs grosses berlines.

Ses affaires légales ? L'immobilier. Mais le parquet de Moscou le recherche : selon les autorités de la Fédération de Russie, l'homme serait à la tête d'une organisation criminelle spécialisée dans la séquestration et le rapt.

Agissant sur renseignement, les inspecteurs de la police judiciaire de Nice l'interpellent. Entouré de ses gardes du corps, A., en maillot de bain, sirote un pastis sur la terrasse de sa résidence. Contrôle d'identité. A. présente un passeport qui porte le nom de famille d'une jeune femme ukrainienne qu'il a épousée quelques mois auparavant. Le passeport est muni d'un visa permanent allemand. Avantage des accords de Schengen, ce visa lui a ouvert les portes de la France.

Les inspecteurs l'arrêtent pour présentation d'un titre de séjour falsifié. Le Russe proteste : il se dit natif d'Ukraine et citoyen de cette république. Les fonctionnaires français restent inflexibles : A. est placé au centre de rétention pour étrangers en situation irrégulière. Le tribunal administratif de Nice ordonne son expulsion.

Fréquemment, sur le sol français, certains hommes d'affaires russes témoignent de méthodes « commerciales » peu orthodoxes.

En juin 1994, par exemple, trois hommes de main russes enlèvent sur le chemin de l'école la fille mineure d'un entrepreneur du département du Var. L'entrepreneur varois est également actif à Moscou. Un conflit commercial l'oppose à une société moscovite – conflit issu d'une affaire parfaitement légale et ordinaire.

La société moscovite estime que l'entreprise française lui doit des dédommagements d'un montant de 3 millions de francs. L'entreprise française conteste et les Russes font enlever la fille du patron.

Les Russes font porter un message au père de la fillette : si dans un délai de trois jours, les 3 millions de dédommagement commercial ne sont pas versés, on coupera un bras à l'enfant. Avant que les « partenaires » moscovites puissent mettre à exécution leur menace, ils sont arrêtés par les gendarmes de la brigade du Muy (Var).

Voici une affaire dénouée par la brigade de répression du banditisme (BRB) à Paris : le 24 février 1994, un citoyen suédois, se promenant sur les Champs-Élysées, est enlevé en plein jour par un commando de truands russes. La victime est officier de la marine marchande. Il est d'origine russe. Il fait des affaires à Saint-Pétersbourg, affaires qui, probablement, l'ont mis en conflit avec une ou plusieurs bandes locales. Le 8 mars 1995, les inspecteurs de la BRB arrêtent neuf auteurs présumés de l'enlèvement. Arrestation mouvementée : un inspecteur est blessé par balles.

L'affaire des Champs-Élysées permet aux autorités françaises, qui travaillent en collaboration étroite avec les policiers et magistrats allemands, de faire des découvertes intéressantes, notamment l'existence en Europe de véritables sociétés de services, pratiquant la séquestration, la collecte des dettes, le rapt, la « punition » et l'intimidation de payeurs récalcitrants. Ces sociétés travaillent sur mandat. Leurs tueurs agissent partout en Europe.

IV

Les bas-fonds de Moscou

La société contemporaine russe, qui a fait naître les seigneurs du crime, offre l'image fascinante de l'anomie. Ce concept est au centre de la théorie sociologique d'Émile Durkheim[1]. Il désigne une situation où le tissu social est en lambeaux, où aucune norme supra-individuelle ne limite l'agressivité des individus ou des groupes, où les quelques institutions étatiques survivantes ne contrôlent plus que des territoires marginaux de la vie collective. Plus de relations intersubjectives rationnellement organisées et légalement normées, plus d'institutions sociales totalisantes, plus de rapports commandement/obéissance organisés, plus de stratifications stables. Quant à la superstructure – morale publique, théorie de légitimité du pouvoir politique, etc. –, elle est, elle aussi, en miettes. Un chaos d'intérêts conflictuels et de désirs contradictoires domine le champ social. Un capitalisme sauvage, dont les conduites ne sont plus surdéterminées, canalisées, maîtrisées par un pouvoir social normé, un État, une magistrature. La société légale est minimisée, reléguée à la marge de l'événementialité sociale.

Par l'étendue de son territoire, la puissance potentielle de son économie, les richesses extraordinaires de son sous-sol, sa posi-

1. Durkheim développe ce concept principalement dans deux de ses ouvrages : *La Division du travail social* (1893) et *Le Suicide* (1897) ; cf. aussi Jean Duvignaud, *in* « Introduction », *Journal sociologique*, Paris, Presses universitaires de France, 1969, p. 19 *sq*.

tion stratégique sur deux continents et son arsenal nucléaire, la Russie est sans aucun doute une puissance mondiale. Elle est traitée comme telle – à l'ONU, dans les Balkans, ailleurs encore – par les États-Unis, l'Union européenne, l'OTAN. En apparence, son gouvernement est puissant.

Iouri Nicolaïevitch Popov, professeur moscovite d'économie politique, auteur de renommée internationale, développe une théorie intéressante [2]. Pour lui, Boris Eltsine est le lointain successeur de Grigori Alexandrovitch Potemkine. Premier ministre de la tsarine Catherine II, Potemkine avait développé un système ingénieux pour tromper l'impératrice sur l'état réel de l'empire et camoufler ainsi l'échec de sa politique de réformes : chaque fois que la tsarine quittait son palais de Saint-Pétersbourg pour entreprendre un voyage d'inspection quelque part en Russie, Potemkine faisait ériger le long de sa route des villages peints de couleurs gaies et variées. Or, les façades que longeait la diligence impériale n'étaient justement qu'une parade. Derrière, il n'y avait ni maisons, ni ateliers, ni fermes – rien que le vide.

L'abyssal pessimisme d'Iouri Popov est-il justifié ?

Une chose me paraît certaine : la Russie d'aujourd'hui est un chaos social organisé selon la rationalité prédominante des cartels de la criminalité transnationale. Elle est en état d'anomie.

Pino Arlacchi utilise le même concept d'anomie pour analyser la société sicilienne de l'après-guerre. Calabrais d'origine, Arlacchi est un des meilleurs spécialistes du phénomène mafieux. Ses travaux font autorité dans le monde entier [3]. Mais

2. Conversation avec l'auteur.

3. Pino Arlacchi, *Mafia et Compagnies. L'éthique mafioso et l'esprit du capitalisme*, trad. Aldo de Forno, préface de Jean Ziegler, Grenoble, Presses universitaires de Grenoble, 1986 ; Id., *Gli uomini del dishonore*, Milan, Arnaldo Mondadori, 1992 ; Id., *Addio Cosa Nostra*, Milan, Rizzoli, 1994.

la société anomique qu'Arlacchi décrit avec tant de subtilité – la société sicilienne – recouvre un territoire de 25 000 kilomètres carrés ; elle compte moins de 10 millions d'habitants. Hormis quelques centres urbains (Palerme, Messine, Catane, notamment), elle est pauvre comme Job.

La Fédération de Russie, en revanche, est une grande puissance mondiale, qui s'étend des frontières de la Pologne et de la Moldavie jusqu'à l'océan Pacifique et à l'océan Arctique, de la mer Baltique jusqu'à la mer Caspienne. Pays-continent, elle englobe toute la Russie européenne, le Caucase du Nord et la Sibérie. Son territoire couvre onze fuseaux horaires. La Russie possède la masse territoriale la plus grande de tous les États existant sur la planète. La ville de Saint-Pétersbourg est géographiquement plus proche de New York que de Vladivostok et cette dernière est plus proche de Seattle que de Moscou. Englobant seize républiques et territoires autonomes, elle réunit en son sein une multitude de peuples aux traditions souvent millénaires, aux langues, civilisations et modes de production différents. Les Russes, les Sibériens, les Bachkhirs, les Caréliens, les Kalmouks, les Kabardins-Balkars, les Bourates, les Ossètes du Nord, les Tchétchènes, les Komis, les Mariis, etc. – bref, une population immense et bigarrée de près de 150 millions d'êtres humains. Dans le sous-sol de ses 17 millions de kilomètres carrés dorment des richesses minières fabuleuses : la Fédération de Russie est le premier producteur d'or de la planète, le premier producteur de diamant, de pétrole, de gaz naturel, de manganèse, d'uranium, etc.

Malgré les accords Salt (Strategic Arms Limitation Treaties) I, II et III, elle possède, en 1997 encore, plus de 20 000 têtes nucléaires et des milliers de fusées porteuses, dont des dizaines de fusées intercontinentales.

Pour les démocraties d'Europe occidentale, le surgissement d'une société anomique en Russie a donc des conséquences infiniment plus dangereuses que celles provoquées par l'établissement de l'anomie en Sicile.

Je me souviens d'un clair matin de septembre 1986 à Moscou : présidée par le Premier ministre finlandais Khalevi Sorsa, une délégation du SIDAC (Socialist International Disarmament Council) était reçue au Kremlin. Garde d'honneur martiale des deux côtés de l'entrée de la tour de l'Horloge, puis longue attente dans un salon aux rideaux rouges et au plafond artistiquement sculpté. Finalement, les deux battants de l'immense porte de la salle Saint-Paul s'ouvraient, mus par des officiers de la garde : nous fûmes introduits dans la salle, dont les hauts murs étaient couverts de soie vert pâle. Des lustres de cristal pendaient du plafond, décoré de motifs champêtres dorés. A l'autre bout de la salle, une porte s'ouvrit silencieusement ; sur le tapis persan s'avancèrent les membres de la délégation soviétique : Andreï Gromyko, président du Soviet suprême, pas hésitant de vieillard, visage gris et fripé ; Anatoli Dobrynine, ancien ambassadeur à Washington ; Valentin Falin, figure longue et triste, chef du département étranger du Comité central ; derrière lui, rondouillard, rougeaud et gai, Vadim Zagladine, son adjoint.

De part et d'autre de l'interminable table d'acajou, les membres des deux délégations se firent face, calés dans de hauts fauteuils couverts de brocart bleu nuit ; derrière chacun des fauteuils, sur le mur, un médaillon ancestral délicatement peint. Par les hautes fenêtres au cadre doré qui donnent sur la place Rouge, une lumière laiteuse filtrait des rideaux de soie blanche.

Regardant les visages calmes et lourds de nos interlocuteurs, percevant leur tranquille arrogance, écoutant leurs analyses géostratégiques, j'avais la sensation de me trouver face aux maîtres véritables d'une bonne partie de notre planète. Même dans mes rêves les plus fous, je n'aurais pu anticiper le prochain effondrement de leur pouvoir et l'infiltration, la subversion, la domination de l'économie russe par les seigneurs du crime.

L'écrivain Marina Roumiantseva donne à la faune nocturne des nouveaux palaces, casinos et restaurants de gourmets, portant grosse chaîne en or et fourrure coûteuse, le nom de *kouptsi*. Dans la littérature russe, surtout chez Gogol et ses contemporains, ce terme désigne les « commerçants », les gens pleins d'argent. Vulgaires, arrogants, portant avec ostentation les marques de leur réussite, ce sont des incultes. Un mot yiddish, couramment utilisé à Moscou aujourd'hui, indique la source de leur brusque fortune : *geschefti*, les affaires spéculatives. Mais les *kouptsi* vivent sur une planète différente des *torgachi*, les petits spéculateurs, les combinards de bas étage. (Ce sont probablement ces derniers que les *natchalniki*, les cerbères placés devant les portails des night-clubs, renvoient avec tant de violent mépris.)

Marina Roumiantseva rapporte le jugement de Sergueï Glasiev, président de la commission économique de la Douma : « La Russie actuelle n'est qu'un gigantesque casino. Personne ne produit, tout le monde ne fait que spéculer[4]. »

Déviation passagère de la conscience collective ? Subtile perversion de la formidable vitalité du peuple russe ? Généralisation à une classe entière de la conduite spéculative, voire criminelle, de quelques-uns ? Accidents conjoncturels, contingents ?

Ces hypothèses, à mon avis, sont trop simplistes. Les actuelles pratiques et les motivations profondes de ces nouveaux *kouptsi* et *torgachi* plongent leurs racines dans une histoire sociale plus lointaine.

Jamais une bourgeoisie nationale, au sens occidental du terme, n'a existé en Russie. Le capitalisme de type européen

4. Cf. Marina Roumiantseva, « Le nouveau rêve russe ». Cet essai a été publié en traduction allemande in *Die Weltwoche*, Zurich, 16 novembre 1995.

est une idée nouvelle pour les enfants survivants de la société bolchevique.

Un régime ressemblant à une démocratie occidentale n'a existé en Russie que pendant huit mois en 1917. Entre le brusque effondrement du régime féodal et le brutal avènement de la société collectiviste, aucune bourgeoisie, apte à l'accumulation capitaliste, aucune classe d'entrepreneurs, comparable à celle du XIXe siècle occidental n'ont eu le temps d'éclore.

Dans son roman *Le Joueur*[5], Fiodor Dostoïevski dresse, des rapports que les Russes entretiennent avec l'argent, un tableau aux couleurs acides. Le roman a paru en 1866, cinq ans à peine après la suppression du servage. Prédiction sombre de l'écrivain : la Russie restera pour des siècles encore un pays où s'affronteront les maîtres et les esclaves, les riches et les pauvres, les oisifs et les travailleurs forcés. A considérer le règne des bolcheviks, puis l'époque contemporaine du pouvoir des cartels de la criminalité organisée, la prophétie de Dostoïevski se révèle étonnamment lucide.

Le Joueur contient des passages saisissants sur l'usage singulier que font les Russes de leur argent, sur leur « incapacité » à faire fructifier les capitaux, leur insouciance totale face aux contraintes de l'accumulation : « Le catéchisme des vertus et des dignités de l'homme occidental civilisé désigne, quasiment comme point central, la capacité de créer, d'accumuler du capital. Le Russe, lui, est incapable de créer, de faire fructifier du capital [...]. Nous les Russes sommes séduits par des instruments, telle la roulette, avec lesquels on peut devenir riche en deux heures, et sans travailler [...]. Un Russe n'est pas seulement hors d'état de créer du capital, mais si, par hasard, il le possède, il le gaspille tout de suite, la plupart du temps de façon abjecte. »

La littérature russe abonde en figures – parfois sympathiques, parfois inquiétantes, mais toujours puissantes – de spéculateurs habiles, d'escrocs rusés, de chevaliers d'industrie.

5. Édition établie par Pierre Pascal, Paris, Gallimard, éd. de la Pléiade.

A Saint-Pétersbourg, à Nijni-Novgorod, à Moscou, à Minsk ou à Vladivostok, toutes ces figures célèbrent aujourd'hui une somptueuse résurrection. Elles animent, illustrent, dominent la vie économique et sociale de ce vaste pays. Elles coexistent avec un peuple millénaire à la patience inépuisable, à la mélancolie discrète, au courage inusable, un peuple qui accomplit honnêtement son labeur quotidien et tente de survivre, jour après jour, dans une situation économique qui plongerait dans le désespoir n'importe quel citoyen d'Europe occidentale [6].

En Russie, les statistiques, mises à jour par la Commission sur les femmes, la famille et la démographie, mandatée par le président Eltsine, montrent un tableau apocalyptique : la violence, les drogues dures, la misère économique et l'alcool détruisent la population. Sur l'échelle de l'espérance de vie, les hommes russes occupent en 1997 la 135e place, les femmes la 100e. L'espérance de vie moyenne des Russes est inférieure à celle de tous les Européens et de tous les Nord-Américains. Elle est plus faible que celle de l'ensemble des Asiatiques (excepté les Afghans et les Cambodgiens). L'homme russe meurt dix-sept ans avant le Suédois, treize ans avant l'Américain [7].

6. Cf. Alexis Berelowitch et Michel Wieviorka, *Les Russes d'en bas. Enquête sur la Russie post-communiste*, Paris, Éd. du Seuil, 1996.

7. Pour l'analyse des conclusions du rapport, cf. *Time Magazine*, New York, 11 août 1997.

V

Le crime organisé privatise l'État

Aujourd'hui, en Russie, le Maître et les autres seigneurs du crime régissent des branches entières de l'économie et dominent de larges secteurs de l'administration publique, de la Douma et du gouvernement.

Dans l'industrie, le commerce, la banque et les services, le crime organisé possède ou contrôle directement (au moyen de crédits à long terme, etc.) environ 85 % des entreprises privées. Plus de 40 000 entreprises d'importance nationale sont gérées par lui. Les sources allemandes indiquent que les bandes ont pris en charge – depuis 1991 – plus de 2 000 conglomérats d'État, assurant leur transfert dans le secteur privé[1].

Dans un État aussi vaste et puissant que l'ex-URSS, où pratiquement toutes les richesses nationales (entreprises, terres, matières premières, services, etc.) appartenaient au secteur public, la privatisation obéit à des mécanismes infiniment complexes et multiformes. J'identifie néanmoins quelques principes de base, simples et contraignants : ce sont les fonctionnaires (directeurs de conglomérats, fonctionnaires ministériels, gestionnaires des régies d'État, etc.) qui procèdent à la privatisation, rédigent les offres publiques de vente, fixent les prix des objets à vendre. Un champ presque illimité s'offre à

1. L'Institut Max-Planck de Fribourg-en-Brisgau entretient une division « Droit pénal international », dotée de chercheurs de haute compétence ; pour les chifffres cités ici, cf. S. Lammich, chercheur de l'Institut, in *Berliner Anwaltsblatt*, n° 10, 1997, p. 476.

la mafia : elle peut corrompre le fonctionnaire compétent, l'associer à la privatisation. Elle peut menacer physiquement le fonctionnaire récalcitrant, exterminer sa famille. Elle peut falsifier à volonté des documents (lettres de crédit, attestations bancaires, etc.) et étouffer toute contestation par la violence la plus extrême. Bref, dans la majeure partie des cas – secteurs bancaire, industriel, de services –, la privatisation s'est faite, dès la fin des années 80, essentiellement au profit des cartels du crime organisé.

Lors du passage chaotique de l'économie dirigée au capitalisme sauvage, les grandes banques et instituts financiers suisses assument un rôle considérable. C'est sur leurs comptes à numéro qu'atterrissent par prédilection les millions de dollars de la corruption versés par les seigneurs du crime organisé à leurs complices dans l'appareil d'État. Auprès du Département fédéral de justice et de police, à Berne, les demandes (russes) d'entraide judiciaire internationale s'accumulent. Exemple : en février 1991, la commission des finances du Parti communiste d'Union soviétique, sentant la fin proche, fit transférer, par l'intermédiaire d'une banque à Chypre, des sommes colossales puisées dans les caisses du Parti, sur des comptes privés à Zurich. Un autre exemple : deux républiques – la Kirghizie et l'Ouzbékistan – ont cherché jusqu'ici en vain les réserves d'or de leurs banques centrales respectives ; avec la complicité active de certains hauts fonctionnaires ex-soviétiques, des truands les avaient vendues sur la place financière de Zurich.

En 1997, la Suisse est, en chiffres absolus, le premier investisseur étranger en Russie. Au fur et à mesure que l'économie criminalisée se stabilise, les capitaux de la corruption, du pillage, de l'extorsion retournent en Russie. Sous identité helvétique, évidemment [2].

Comment se déroulent concrètement les privatisations ? Examinons quelques exemples.

2. *Newsweek*, New York, 1er septembre 1997.

V. I., un homme dans la quarantaine, est le fils d'un ancien haut fonctionnaire du défunt PCUS. Il a un tempérament sympathique et chaleureux, l'esprit d'entreprise. Malgré sa filiation, il a déjà passé six ans au pénitencier, lorsque disparaît l'Union soviétique ; c'est en effet un professionnel du jeu de cartes truquées, associé à une bande qui écume les grandes villes de la vallée de la Volga.

A l'époque de l'Union soviétique, Nijni-Novgorod s'appelait Gorki. Siège d'importantes industries d'armement, elle avait été interdite aux étrangers.

En 1992 débutent les privatisations à Gorki. V. I. acquiert d'importants chantiers navals situés sur un affluent de la Volga. Puis, démarche classique, il établit un faux dossier et s'adresse au ministère des Finances de la Fédération de Russie.

Quelques alliés bien placés, rémunérés avec discrétion ou menacés avec art, et le tour est joué : le ministère lui concède en devises un « crédit de modernisation » de 18 millions de dollars. But du crédit : maintien de l'emploi et achat en Occident de grues, tapis roulants et installations diverses afin de rendre les chantiers navals internationalement concurrentiels.

Le résultat de l'opération est exemplaire de milliers d'autres privatisations : dès que V. I. a empoché le crédit, il licencie massivement. Les chantiers ont aujourd'hui vécu, mais V. I. est l'heureux propriétaire d'un grand casino de jeux et de supermarchés flambant neufs.

La suite, toutefois, est moins banale : la région de Nijni-Novgorod (4 millions d'habitants) et la capitale régionale (1,5 million d'habitants) relèvent de la compétence d'un procureur singulièrement déterminé, Alexandre Fedotov. Avec l'appui du jeune gouverneur de la région, Boris Nemtsov, il fait arrêter l'« armateur »... et survit. V. I. est accusé d'escroquerie, de corruption de fonctionnaires et d'infraction à la réglementation sur les devises.

Le 17 décembre 1995, coup de théâtre : V. I. qui, depuis sa prison, a mené une campagne électorale coûteuse, à l'américaine, est élu député. Inscrit au parti de droite, dit Congrès des communautés russes, que dirige le général Lebed, ancien commandant en chef de la 14e armée en Moldavie, l'« armateur » jouit maintenant de l'immunité parlementaire.

L'immunité peut-elle être levée ? Le procureur Fedotov s'y emploiera. Mais les chances sont minimes. Fedotov : « Au Parlement, les criminels forment un lobby puissant[3]. »

Quant à Boris Nemtsov, son courage, sa ténacité sont récompensés : en mars 1997, Boris Eltsine le nomme premier vice-Premier ministre du gouvernement fédéral, avec la mission de lutter « contre les monopoles ». Le commentateur du journal *Le Monde* voit en Nemtsov le futur « possible dauphin » du président russe[4].

En russe, le verbe *doumat* veut dire « se concerter », « réfléchir en commun », « penser ». Littéralement, le substantif *douma* signifie « lieu de la concertation ». Ce lieu abrite aujourd'hui nombre de grands fauves. Faire élire ses opérateurs en difficulté au Parlement est en effet une stratégie coutumière des cartels du crime organisé[5].

Un des secteurs où les cartels de la criminalité organisée réalisent leurs plus juteux bénéfices est celui du pétrole. L'exportation des hydrocarbures procure à la Fédération de Russie la moitié de toutes ses devises. La Sibérie produit 80 % du pétrole et 90 % du gaz naturel de la Fédération. La concurrence des champs pétroliers des républiques d'Asie centrale

3. Déclaration de Fedotov, in *Facts*, Zurich, n° 50, 1995.
4. *Le Monde*, 19 mars 1997.
5. Autre exemple : A. B., ancien chef du plus puissant fonds d'investissements de Russie, le fonds MMM, qui a pillé des milliers d'investisseurs avant de faire une faillite frauduleuse est, depuis le milieu des années 90, député à la Douma.

est rude. Mais partout les bandes sont présentes. Soit comme propriétaires de champs pétroliers, soit comme actionnaires des sociétés de commercialisation. Les sociétés Rosneft, Lukoil, Sidanko, Yukos et Surgutneftigaz sont toutes confrontées aux exigences des cartels.

Gisements gigantesques : 40 000 puits dans la seule région de Sourgout. Un seul champ moyen, celui de Feodorovo, produit 122 millions de barils par an.

La source de profit mafieux liée au pétrole est peu connue : le pétrole russe voyage du cercle polaire – de Staryï Ourengoï, de Novyï Ourengoï, etc. – à la mer Noire. 5 000 kilomètres. de pipe-line sur un axe nord-sud à travers l'immense Fédération. C'est la société Transneft qui est propriétaire du pipe-line. Un pipeline est essentiellement un tube... et ce tube est vulnérable. Des cartels louent donc leur protection aux transporteurs. Des incendies, des explosions, des sabotages artistiquement mis en œuvre précèdent chaque nouvelle renégociation de chaque contrat de « protection » pour chacun des tronçons.

Selon des estimations d'Interpol de 1997, les cartels criminels de la Fédération de Russie disposaient ensemble à cette date de plus de 40 % du produit national brut.

La seule ville de Moscou compte 152 casinos offrant tous les jeux possibles. C'est le double de Las Vegas. Pratiquement tous les casinos sont contrôlés par les seigneurs du crime.

Interpol estime que, dans certaines régions métropolitaines – notamment à Moscou, Saint-Pétersbourg, Vladivostok –, près de 80 % des restaurants, commerces, maisons de commerce, entreprises industrielles, banques, etc., sont soumis au racket. Cette activité a, en Russie, un nom poétique : *kricha* (« toit »). Le maître chanteur vend sa protection, un « toit », à sa victime. Selon les mêmes estimations, près de 70 % de toutes les banques russes appartiennent directement aux cartels du crime organisé.

Mais les secteurs où les seigneurs du crime font les profits les plus astronomiques, les plus rapides et les plus sûrs sont ceux de l'exportation illégale et du commerce mondial du pétrole, de l'or, du fer, des minerais stratégiques, du gaz naturel. La complicité active, volontaire ou obtenue sous la menace, des dirigeants des grands combinats d'État, partiellement privatisés, et des entreprises du complexe militaro-industriel est la condition pour ces exportations illégales.

Selon Interpol, près de 80 % des exportations de pierres et de métaux précieux échappent au contrôle du Roskomdragmet, abréviation russe pour Commission du contrôle des pierres et métaux précieux de Russie.

Le texte d'un jeune homme inconnu du nom de Roman Tkatch, qui a parcouru pendant cinq mois de vastes territoires de la Fédération à bicyclette, permet de mieux comprendre la situation institutionnelle particulière du pays.

Tkatch voit l'actuelle Fédération comme une mosaïque de « principautés » quasiment indépendantes les unes des autres. Certaines de ces principautés vivent intensément la transformation de la société totalitaire en société du capitalisme sauvage. Ces « principautés » entretiennent des relations étroites avec le monde occidental, vivent une modernisation accélérée de leurs équipements technologiques et de leur infrastructure. Elles connaissent un pouvoir politique relativement stable et une mobilité verticale rapide de certains de leurs habitants, allant de pair avec une prolétarisation croissante de larges couches de la population.

D'autres « principautés », par contre, vivent dans l'immobilité ; rien ne semble avoir changé depuis l'effondrement du pouvoir soviétique : mêmes cadres dirigeants, même morale publique, même inefficacité des entreprises industrielles, même déréliction du secteur des services, de la banque ; même délabrement des infrastructures ; même grisaille uniforme de la vie publique et souvent familiale ; même sécurité économique relative de la majorité des habitants [6].

Les seigneurs du crime et leurs complices prospèrent évidemment dans celles d'entre les « principautés » qui sont engagées dans la modernisation accélérée, connaissant une insertion rapide dans le marché mondial.

Qui détient le pouvoir institutionnel en Russie ?

Ernst Mühlemann, mon collègue à la commission des affaires étrangères du Parlement suisse, a été le rapporteur général du Conseil de l'Europe pour l'admission de la Fédération de Russie. C'est un des meilleurs connaisseurs des arcanes du Kremlin.

A ma question sur la nature du pouvoir russe, il répond : « La Russie est une démocratie. Non pas parce que les règles de l'État de droit y seraient respectées. Elles ne le sont pas. La Russie est une démocratie naissante du simple fait qu'après des siècles d'autocraties variées, mais toujours écrasantes, elle connaît aujourd'hui une organisation pluricentrique du pouvoir [7]. »

Voici les principaux centres de ce pouvoir impérial partagé, cités dans l'ordre décroissant : le président de la Fédération avec son administration présidentielle au Kremlin ; le gouvernement fédéral avec son administration à la Maison-Blanche ; la Douma et le Conseil de la Fédération qui sont les deux chambres législatives ; les forces armées, comportant ensemble un peu plus de 1,3 million d'hommes et femmes ; le ministère de l'Intérieur de la Fédération avec ses troupes spéciales ; les quatre services secrets, nés de l'ancien KGB ; les 89 gouverneurs des régions, élus par le peuple, et leurs administrations respectives.

6. Roman Tkatch, in *Russkaia Mysl* (*La Pensée russe*), Paris, 9 novembre 1995 ; je remercie N. Z. pour la traduction de ce texte comme pour celle de tous les autres documents en langue russe utilisés dans ce livre.

7. Ernst Mühlemann, conversation avec l'auteur.

Les rumeurs sur la complicité de certains dirigeants de la Fédération avec tel ou tel seigneur du crime organisé sont innombrables. Les Moscovites ont de l'humour : ils appellent l'entourage immédiat d'Eltsine « le Raspoutine collectif ».

Une anecdote : une nuit d'automne 1995, le téléphone sonne au domicile d'Ernst Mühlemann à Ermattingen, sur le lac de Constance. A l'autre bout du fil, une voix paniquée : celle d'un puissant homme d'affaires suisse, installé à Moscou. L'homme dirige une chaîne (suisse) de magasins de grande surface implantée dans plusieurs villes russes. Dans son bureau moscovite, il vient de recevoir la visite de trois hommes élégamment vêtus. Les visiteurs du soir exigent qu'il cède dans un délai de trois jours 51 % des actions de sa société. En partant, ces messieurs ont laissé sur la table les photos des enfants de trois collaborateurs suisses.

Ernst Mühlemann n'est pas seulement un des députés les plus influents de la Confédération, il est aussi général de réserve de l'armée suisse et ancien directeur de l'Union de banques suisses. Il sait que la situation de son compatriote est sérieuse. Il alerte le gouvernement de Berne.

Celui-ci entre en contact avec Moscou. La Suisse est un investisseur puissant en Russie. Les ministres russes promettent leur aide.

Pour plus de sûreté, Mühlemann fait également contacter Alexandre Korjakov, ancien officier du KGB, ami de longue date et garde du corps d'Eltsine. En août 1995, il commande la garde présidentielle, une armée particulière hautement efficace et parfaitement équipée de 20 000 hommes.

L'intervention suisse à Moscou est couronnée de succès. La chaîne de magasins suisses prospère. Il n'y a plus eu ni visite nocturne, ni chantage, ni attentat. Rien.

Post-scriptum sur Alexandre Korjakov : le général sera chassé du Kremlin, entre les deux tours de l'élection présidentielle en juin 1996, par les jeunes réformateurs mis en place par Eltsine. Cependant, son pouvoir occulte restera considérable : le dimanche 9 février 1997, à l'occasion d'une élection partielle à la Douma, il sera élu au siège laissé vacant par Alexandre Lebed à Toula, important centre militaro-industriel situé à 200 kilomètres au sud de Moscou. Il publiera un livre terrible sur la prétendue corruption et les compromissions avec le crime qu'il impute au maître du Kremlin.

Je suis conscient que, vu sous l'angle de l'analyse du pouvoir politique en Russie, ce chapitre est totalement insuffisant. Mais, outre que mon propos ici n'est pas de fournir une sociologie politique de l'État russe, les sources disponibles pour comprendre le fonctionnement des pouvoirs en Russie sont aujourd'hui encore lacunaires.

Heike Haumann parle de *« kaum mehr überschaubaren Konfliktlinien »* (« des lignes de conflit presque incompréhensibles »). Une certitude, selon lui : l'idéologie nationaliste sert à « légitimer le règne de la phalange des profiteurs et des criminels »[8].

Il reste en particulier une immense zone d'ombre où se meuvent approximativement 1,5 million d'agents, de cadres et de dirigeants de l'ancien KGB (éclaté en quatre services différents) et ceux du GRU (le service d'espionnage de l'ancienne Armée rouge). Durant toute l'existence de l'État bolchevique, le KGB (et les organes qui, sous des appellations diverses, l'ont précédé) a été l'épée et le bouclier du Parti communiste. Le GRU, lui, devait protéger l'État et les forces armées. KGB et GRU étaient des organisations « criminelles » en ce sens qu'ils étaient hors et au-dessus de toute loi et qu'ils utilisaient des méthodes qui ne tenaient aucun compte ni des normes

8. Heike Haumann, *Geschichte Russlands*, Munich, Verlag Piper, 1996, p. 643-644.

sociales existantes, ni des injonctions de la magistrature, ni du moindre droit de l'homme.

Le GRU continue d'exister, le KGB (sous quatre appellations différentes) également. Ni la mentalité de leurs dirigeants et exécutants, ni leurs méthodes n'ont probablement changé. Ils entourent, inspirent, sous-tendent l'action des chefs du Kremlin. Quelle est leur influence quotidienne sur la marche de la Douma, du gouvernement, de la présidence de la Fédération ? Quels sont les liens que KGB et GRU entretiennent avec les *Vor v zakone* et avec leur Maître, ainsi qu'avec les autres cartels du crime organisé ? Liens conflictuels, coexistence pacifique, domination, complicité ou subordination ? Les sources en notre possession ne permettent pas de trancher [9].

9. D'autres auteurs formulent des thèses plus dogmatiques. Par exemple, Renata Lesnik et Hélène Blanc tiennent les réseaux de l'ancien KGB pour les vrais maîtres de la politique de la Fédération et de la criminalité organisée. Cf. *L'Empire de toutes les mafias*, *op. cit.*, p. 17 *sq*.

VI

La guerre civile mafieuse

Les seigneurs du crime russes sont des experts en survie. A leur endroit, un enquêteur allemand utilise les termes quasiment intraduisibles *gestählt und lebensfähig* (« trempés dans l'acier et aptes à survivre dans n'importe quelles conditions »).

La raison ?

Ayant grandi et prospéré sous le régime totalitaire, luttant contre une des polices secrètes les plus féroces du monde (le KGB), les criminels russes ont construit leurs organisations dans un cloisonnement rigoureux, une clandestinité à toute épreuve. Avant l'ère brejnévienne et la généralisation de la corruption, avant la lente dégénérescence de l'appareil de répression soviétique, l'appartenance à une organisation criminelle était immanquablement sanctionnée par la mort[1].

Depuis un décret de 1937, les organes du pouvoir – le NKVD à l'époque – étaient chargés de lutter non seulement contre les ennemis de l'État, les espions et les saboteurs, mais également contre les criminels de droit commun, les « bandits ».

En 1993, les archives de la Loubianka s'ouvrent aux chercheurs occidentaux. Or, quelle n'est pas leur surprise de ne trouver que peu ou pas de documents concernant des procès intentés à des bandes criminelles !

1. Exception faite du Goulag, où les kapos se recrutaient souvent parmi les criminels.

Un cartel du crime organisé infiltré, puis démantelé par le KGB, était presque toujours liquidé au moyen d'exécutions sommaires. Toute procédure judiciaire était jugée superflue.

Le code du secret à l'intérieur des bandes était – et reste, par conséquent – particulièrement rigoureux : tout manquement, même le plus anodin, à la discipline de la bande était sanctionné par la torture et une mort particulièrement cruelle.

Les prédateurs russes ont développé, au cours des décennies, des formations sociales *sui generis*, radicalement différentes des autres formations criminelles existant en Europe ou aux États-Unis [2].

Entre ces bandes une guerre fratricide sans merci se poursuit en permanence.

Quelques exemples récents :

1. Viktor Kogan régnait sur un district particulièrement étendu du Grand Moscou : le district Orekhovo-Borissovo. Kogan était un joueur passionné. C'était un associé du Maître.

13 avril 1993 : une aube grise et pluvieuse se lève sur Moscou. Kogan est assis à une table de *black jack* de son casino préféré, entouré de ses gardes du corps. Un commando appartenant à une bande surnommée « les Jeunes Loups » fait irruption dans la salle et mitraille Kogan.

Trois mois plus tard, le 22 juillet, un des assassins de Kogan est reconnu par un garde du corps ayant survécu à la tuerie. Le garde du corps le tue en pleine rue.

Quatre semaines passent : Oleg Kalistratov et Oleg Tchistin, deux adjoints de feu Kogan, dînent tranquillement dans un restaurant du quartier. Des Jeunes Loups jaillissent de trois voitures de sport, abattent les gardes postés à la porte et se

2. Cf. notamment l'étude du *Bundeskriminalamt* de Wiesbaden, *Osteuropäische organisierte Kriminalität, Stand Oktober 1995*, avec une introduction générale sur l'origine sociale des bandes.

ruent dans le restaurant. Tchistin et Kalistratov sont exécutés à bout portant.

Le lendemain, la milice, alertée par des voisins, trouve un des assassins de Kalistratov et Tchistin baignant dans son sang, dans la salle de bains de son appartement.

Le 10 septembre, Iéléna Kogan, veuve du seigneur d'Orekhovo-Borissovo, se promène par un doux après-midi d'automne sur le boulevard Orekhov. Une bombe explose sur son passage, Iéléna Kogan survit, mutilée à vie.

2. Certains seigneurs du crime jouissent parmi leurs concitoyens d'un prestige, voire d'une affection étonnants. Prenons le cas d'Otar Kvantrichvili, Géorgien régnant à Moscou. L'homme portait beau : grand, les yeux clairs, le crâne dégarni, le front haut, un profil romain, une dignité naturelle. Le Maître était son ami.

Bienfaiteur reconnu des vieillards et des orphelins, le Géorgien dépensait des sommes importantes. Il apparaissait régulièrement à la télévision. Il finançait des équipes de jeunes hockeyeurs et footballeurs. Il entretenait une garde personnelle armée de cent cinquante hommes.

Toutes les semaines, il prenait son bain au sauna du quai Kranopresnenskaïa.

C'est là qu'il fut exécuté le 5 avril 1994 par des tueurs anonymes.

Il fut enterré, accompagné d'une foule émue, au cimetière Vaganov, dans le caveau familial où reposait déjà son frère, assassiné quelque temps auparavant.

Le maire de Moscou, Iouri Loujkov, qui, lui aussi, se disait son ami, suivit courageusement le convoi funèbre.

3. Voici un dernier exemple de la guerre fratricide.

Un bel après-midi de juillet 1991 sur la Fasanen-Platz, à Berlin. Les promeneurs sont nombreux. Tout à coup, une fusillade éclate dans le petit jardin du restaurant Gianni tout proche.

La reconstitution ordonnée par la police berlinoise révèle le scénario suivant : quatre hommes d'âges différents, trois en blouson de cuir, le quatrième vêtu avec soin, sont attablés dans le jardin, à l'ombre d'un parasol. L'homme élégant est Tenguiz Vakhtangovitch Marianachvili, seigneur d'un puissant cartel géorgien.

Un jeune homme de vingt-deux ans, Y. J., pousse calmement le portail, se dirige vers le parasol, sort une mitraillette et fait feu. Marianachvili et deux de ses gardes du corps ont le temps de saisir leurs armes dans les vestons suspendus à leurs chaises. Ils ripostent. Dans la fusillade, deux gardes du corps sont tués, Y. J. est grièvement blessé.

Natif de Minsk, le jeune Y. J. est un tueur professionnel. A Berlin, il exécutait un contrat de 20 000 marks allemands pour le compte de Saïdamin Moussotov. Celui-ci est le dirigeant suprême d'un cartel tchétchène opérant à Berlin. Jeune aux grands yeux noirs, à la chevelure de jais, à la stature athlétique, c'est un caïd respecté.

Y. J. sera plus tard condamné par la justice allemande à sept ans de prison pour homicide et tentative d'homicide. Quant aux survivants géorgiens, ils ont disparu avant l'arrivée de la police.

La cause du litige : un prospère chirurgien-dentiste d'origine russe installé à Berlin avait reçu quelque temps auparavant la visite de deux émissaires tchétchènes. Scénario classique : les Tchétchènes « offraient » leur protection au dentiste et lui expliquaient ce qui les attendrait, lui et sa famille, si « par impossible », il refusait ce service. Par un malheureux hasard le dentiste versait déjà des « paiements de protection » élevés au seigneur géorgien. Homme d'un remarquable sang-froid, le dentiste ne se démonta pas et avertit ses protecteurs géorgiens. Marianachvili lui donna alors un conseil étonnant : il lui demanda d'avertir la police.

Celle-ci réagit comme la loi l'y oblige. Elle fit surveiller le cabinet du dentiste et arrêta les deux maîtres chanteurs tchétchènes dès leur visite suivante.

Colère de Saïdamin : il donne l'ordre d'exécuter le seigneur géorgien. D'où la fusillade de la Fasanen-Platz.

Arrêté sur place, l'exécuteur (maladroit) Y. J. est conduit à l'hôpital par les policiers, où il est discrètement surveillé nuit et jour. Un soir, un visiteur inconnu se présente à la réception de l'hôpital ; il demande à voir Y. J. Les policiers surgissent, le maîtrisent en une fraction de seconde. Le visiteur n'a pas le temps de sortir son pistolet mitrailleur, camouflé dans la veste qu'il porte sous le bras.

L'hypothèse de la police berlinoise : le visiteur nocturne est un tueur, travaillant pour le compte de Marianachvili.

Quelques jours plus tard, un cadavre flotte sur les eaux glauques du canal central d'Amsterdam. Habillé d'un costume provenant d'un grand tailleur, le mort porte sur lui de l'argent, une montre Rolex en or, une arme de poing, mais pas de papiers. *Via* Interpol, les autorités hollandaises entrent en contact avec différentes polices européennes : les enquêteurs berlinois identifient le cadavre. C'est celui du prédateur géorgien.

Quant au beau Saïdamin, il s'est exilé aux États-Unis, d'où il dirige par fax codé et émissaires transatlantiques son « territoire » en Allemagne.

Toutefois, le cartel géorgien n'accepte pas l'exécution de son chef. Ses agents traquent Saïdamin dans différentes villes américaines. Malgré son extrême mobilité, malgré ses gardes du corps, malgré les faux papiers, les constants changements d'identité et toutes les autres précautions prises, le seigneur tchétchène finit sous les balles des tueurs géorgiens.

Pourquoi cette hécatombe ? Un fonctionnaire du BKA allemand, requérant l'anonymat, répond : « Les bandes russes n'hésitent pas à exterminer des familles entières. » Pourquoi cette efficacité dans l'élimination des adversaires ? Le même fonctionnaire l'explique ainsi : « Les mafieux italiens jouent aux boules, les truands russes aux échecs. »

En 1997, la direction de la milice du Grand Moscou publie des chiffres étonnants : tandis que la pénétration du crime organisé dans les secteurs industriel, bancaire et des services augmente, le nombre des crimes de sang et autres délits typiquement mafieux diminue. Entre 1995 et 1997, les crimes impliquant l'usage de la violence baissent de près de 30 %. Durant les sept premiers mois de 1996, 952 personnes ont été assassinées dans le Grand Moscou ; elles sont « seulement » 851 pendant la même période de l'année 1997. Un mouvement analogue se révèle à l'examen d'autres chapitres de cette statistique : entre 1995 et 1997, les enlèvements, séquestrations, viols, attaques à main armée et mutilations volontaires ont décru de 33 % en moyenne.

La guerre civile mafieuse se calme. Pourquoi ? Est-ce l'efficacité grandissante de la milice, des lois répressives nouvelles, une brusque prise de conscience du gouvernement, suivie de mesures antimafieuses énergiques, qui freinent le bras des assassins ? Pas du tout. C'est la direction de la milice elle-même qui apporte la réponse : durant les deux dernières années, les principaux marchés et territoires du Grand Moscou ont été distribués, les frontières fixées et les compétences respectives des différents boyards reconnues. Un ordre mafieux, une *pax mafiosa*, a remplacé graduellement l'état de guerre incontrôlée des débuts du passage au capitalisme[3].

3. Sur les statistiques et les explications de la milice, cf. *Newsweek*, New York, 1er septembre 1997.

VII

Le trafic d'êtres humains

Les seigneurs du crime russes se livrent à une activité qu'aucune camorra, aucun clan sicilien, aucune N'Dranghetta calabraise, aucune pègre marseillaise ou berlinoise n'a pratiquée avant eux ou en tout cas de la même façon : il s'agit de la traite d'êtres humains, sur une grande échelle.

Regardez autour de vous ! Dans les rues de Paris, de Genève, de Munich ou de Milan, vous avez certainement déjà croisé ces êtres incertains, pâles, souvent mal vêtus, avançant d'un pas hésitant, quêtant d'une voix timide et avec un accent impossible un renseignement, une aumône.

Ce sont les nouveaux esclaves, clandestins parmi les clandestins, victimes du trafic d'êtres humains qu'organisent les prédateurs russes.

Les documents et informations orales qui permettent de cerner l'étendue de cette nouvelle traite d'esclaves proviennent de l'Organisation internationale pour les migrations (OIM). Travaillant à l'ombre du quartier général européen des Nations unies, à Genève, elle ne dispose d'aucun pouvoir policier ou judiciaire. C'est une organisation non gouvernementale. Elle pratique ce que les Américains appellent le *monitoring* des flux migratoires. Ses enquêteurs suivent les mouvements de population, tentent de connaître l'identité et les motivations des migrants et s'efforcent d'identifier les réseaux de passeurs.

Dans les sociétés de l'ex-URSS et de l'Europe de l'Est ravagées par cinquante à soixante-quinze ans de gabegie totalitaire, des centaines et des centaines de milliers de personnes, surtout de gens jeunes, n'ont qu'une obsession : partir, trouver à l'Ouest une existence digne et des revenus. Des dizaines de milliers de Kosovars, d'Albanais, mais aussi de Kurdes, entassés sur la côte albanaise, rêvent de traverser l'Adriatique. Des millions de Russes, de Caucasiens..., rêvent d'émigration. Des dizaines de milliers de Roumains, de Polonais tentent chaque année de franchir l'Oder pour pénétrer en Allemagne.

Les filières sont souvent d'une extrême complexité : pour atteindre l'Allemagne, pays particulièrement prisé par les cartels (et les migrants) grâce à son haut niveau de vie, des Kosovars, des Albanais se regroupent au Monténégro, sont ensuite transportés en Lombardie et de là acheminés par voie terrestre en France. Certains s'y installent. Le plus grand nombre cependant repart vers l'Alsace et pénètre en Rhénanie.

Autre filière : des Chinois, mais aussi des Kurdes de Turquie, d'Irak et d'Iran sont concentrés à Moscou, dans les camps d'hébergement contrôlés par les cartels. De là ils sont transférés par bateau en Estonie, Lituanie et Lettonie. Par voie terrestre – camions des cartels ou trains – ils continuent leur route vers l'Europe occidentale.

Combien sont-ils ? L'OIM ne connaît pas le chiffre exact. Seule certitude : durant les huit premiers mois de 1997, 690 000 personnes venant de l'Est (Moyen-Orient compris) ont déposé une demande d'asile dans un pays d'Europe occidentale. Une estimation de l'OIM : entre 1989 et 1996, près de 1 million de Chinois, réfugiés de la misère, ont pénétré en Europe occidentale et aux États-Unis.

Certains cartels russes travaillent en étroite collaboration avec d'autres organisations criminelles, notamment italiennes. Une récente affaire révélée par la *procura* (le parquet) de Bolzano, en Tyrol du Sud, met en lumière cette collaboration : à l'automne 1995, le procureur de Bolzano a lancé 52 mandats d'arrêt internationaux contre les responsables d'une organisation internationale de trafiquants d'êtres humains. Selon le parquet, cette organisation aurait, en l'espace de deux ans, fait passer 20 000 personnes d'Italie en Allemagne. Profit net estimé : 5 millions de dollars pour le seul passage de la frontière tyrolienne, entre l'Italie et l'Autriche [1].

En août 1997, le préfet de Reggio di Calabria, Enzo Milirello, publiait un rapport d'enquête intéressant : des centaines de femmes, d'hommes et d'enfants venant de la rive orientale de l'Adriatique débarquent clandestinement chaque mois en Calabre. Il s'agit d'un *joint-venture* entre des cartels du crime organisé russe et de la N'Dranghetta calabraise. Afin d'éviter les garde-côtes italiens, les bateaux empruntent une route compliquée et longue : des côtes d'Albanie, ils descendent vers le sud, traversent la mer Ionienne et accostent dans les environs de Catanzaro. Les clandestins sont avant tout des Kurdes, des Irakiens, des Sri Lankais et des Égyptiens. Le prix de la traversée est en moyenne de 6 000 francs suisses par personne, une somme énorme qui est concédée à crédit et sera remboursée ensuite par le travail esclave dans les entreprises ou sur les plantations de Calabre, de Campanie ou de Lombardie [2].

La situation du travailleur ou de la travailleuse au noir, installés en Occident, ressemble à celle du *boia frio* (« celui qui mange froid ») sur un latifundium brésilien de l'intérieur du Pernambouc ou du Piaui. *Boia frio* est le nom donné aux journaliers agricoles. Sélectionnés tous les matins sur la place du village par le *feitor* (contremaître) du grand propriétaire, ils portent une gamelle, avec des haricots noirs préparés par leurs femmes. Ils mangent froid. Ils comptent parmi les êtres les plus exploités, les plus humiliés de la Terre.

1. Information d'agence, in *Der Tagesanzeiger*, Zurich, 3 novembre 1995.

2. Dépêche de l'Agence France-Presse, in *Le Matin*, Lausanne, 27 août 1997.

La dette, exprimée en termes monétaires, contractée auprès du cartel est généralement si élevée que le travailleur clandestin – serveur de restaurant à Berlin, manœuvre installé à Paris, coursier travaillant au noir dans une entreprise suisse, etc. – est rarement en mesure de s'en libérer.

Comme le *boia frio* de la plantation de canne à sucre ou de cacao du nord-est du Brésil, il reste esclave de son patron (le cartel pour les migrants de l'Est, le latifundiaire pour le péon *caboclo*) pendant des années, des décennies, parfois pour la vie.

Entre le *caboclo*, prisonnier de la cruauté de son latifundiaire, et le migrant, tombé entre les mains du cartel, il existe toutefois une différence : le latifundiaire brésilien « paie » son *caboclo* avec des bons, des bouts de papier signés par lui, que celui-ci peut échanger dans la boutique de la plantation pour acheter le *fejão* (haricots noirs), le riz, l'huile, le sel nécessaires à la survie de sa famille. Le migrant clandestin, transporté, puis installé par les seigneurs du crime organisé, en revanche, subit un système de domination et de contrôle infiniment plus perfectionné.

La plupart des cartels russes disposent d'une infrastructure électronique moderne et complète. L'identité du migrant, de sa famille, son revenu, ses emplois successifs, etc., y sont notés avec précision[3].

Une fois qu'il est arrivé en Europe occidentale, trois destins possibles attendent l'esclave du cartel.

Soit il travaille au noir dans l'économie légale : dans l'industrie et des restaurants, sur des chantiers, dans des entreprises de commerce ou de services appartenant à des agents économiques ordinaires. Il subit l'incertitude permanente, l'angoisse du renvoi, la précarité du logement, l'impossibilité d'une mobilité sociale quelconque.

3. Sur la logistique des cartels criminels, cf. Ulrich Sieber et Marion Boegel, *Logistik der organisierten Kriminalität*, étude pilote commandée par le *Bundeskriminalamt* et éditée dans la série du BKA, Wiesbaden, 1993, vol. 28.

Soit le miracle se produit et l'esclave reçoit des mains des autorités du pays d'accueil un statut : droit d'asile, permis humanitaire, permis d'accueil temporaire, etc.

Troisième destin : l'immigré ou l'immigrée sont employés directement dans une des innombrables entreprises implantées en Europe occidentale – complexes immobiliers, casinos, restaurants, sociétés industrielles, banques, commerces, bordels, etc. – appartenant à un cartel.

Mais dans les trois cas de figure la visite du caissier local ou régional de l'organisation criminelle est inévitable : chaque fin de mois, celui-ci vient encaisser son dû.

Pour la seule année 1997, l'OIM estime à plus de 7 milliards de dollars les revenus bruts tirés par les seigneurs du crime organisé de la traite des êtres humains.

La situation semble particulièrement dramatique pour les femmes. Nombre de cartels entretiennent à Kiev, Saint-Pétersbourg, Alma-Ata, Tachkent et ailleurs des « agences de mannequins » ou des « agences de recrutement de jeunes danseuses ». Ne supportant plus la misère économique de leurs familles, des jeunes femmes répondent massivement aux annonces qui paraissent quotidiennement dans la presse locale.

Une première sélection a lieu dans les agences. Les jeunes femmes reçoivent des contrats d'engagement en bonne et due forme, ainsi qu'un premier paiement et un billet pour l'Occident. Débarquant à Berlin, Zurich, Paris ou Londres, elles découvrent rapidement le piège. Au lieu des directeurs de théâtre, night-club ou dancing indiqués dans le contrat, ce sont des patrons de bordels ou des réseaux de proxénètes qui les accueillent.

L'OIM estime à 500 000 le nombre de jeunes filles et femmes sexuellement exploitées en 1997 dans les bordels, salons de massage et réseaux de prostitution de rue par les cartels du crime organisé. Interpol, quant à lui, cite le chiffre d'au moins 1 million de victimes.

Je signale pour mémoire un autre drame caché du trafic des êtres humains : celui quotidiennement vécu par de nombreux enfants de prostituées esclaves.

La route E 55 qui relie Prague à Dresde est appelée couramment « route de la honte ». Des milliers de femmes ukrainiennes, polonaises, tchèques, slovaques, tziganes – certaines ont à peine treize ans – offrent leurs charmes dans les innombrables bars, baraques, derrière les buissons, au fond des fossés qui longent cette artère où circulent journellement des centaines de camions reliant la puissante Allemagne à la Tchéquie et l'Europe centrale. Pratiquement toutes ces femmes sont étroitement contrôlées par différents cartels du crime organisé. La concurrence est dévastatrice ; les exigences des clients sont brutales, impitoyables. Les femmes doivent tout faire et notamment accepter des rapports sans protection.

Venant des campagnes les plus reculées, beaucoup de ces femmes n'ont pas la moindre notion du contrôle des naissances.

Les naissances non désirées sont nombreuses. L'État tchèque a installé à Teplice un centre d'accueil où les prostituées accouchent, déposent, puis abandonnent leurs enfants. Le magazine *Der Spiegel* raconte le destin de plusieurs de ces bébés. Exemple : celui de la petite Nicola, sans père ni mère connus, née en 1995. Venue au monde prématurément, sa mère étant atteinte de syphilis, la petite est handicapée à vie, hurlant la nuit, pleurant le jour. Le médecin traitant constate : « Ses souffrances psychiques et physiques nécessiteront une assistance à vie[4]. »

L'évolution récente de la traite des femmes montre cinq tendances :

1. Le nombre des victimes a augmenté rapidement dès le début des années 90. L'afflux des femmes d'Europe de l'Est

4. *Der Spiegel*, n° 30, 1996.

n'a en rien diminué la traite dont sont victimes les femmes d'Afrique noire, d'Asie, du Maghreb et des Caraïbes.

2. L'âge moyen des victimes est de plus en plus bas. Le nombre des prostituées mineures augmente de façon inquiétante. Certains cartels sont spécialisés dans l'approvisionnement des réseaux européens de pédophilie.

3. Au fur et à mesure que s'organise la répression de la traite, la prostitution s'enfonce dans la clandestinité. Corrélativement, le contrôle exercé par les cartels sur leurs victimes devient de plus en plus violent et cruel.

4. Comparées à celles des réseaux traditionnels de proxénétisme, tels qu'ils sont connus en France, en Italie, en Angleterre, et ailleurs, les méthodes d'organisation pratiquées par les cartels de l'Est sont infiniment plus efficaces. La pénétration policière de ces nouveaux circuits d'exportation devient difficile. Appuyés sur une logistique extraordinairement performante, un contrôle permanent et violent des victimes et de leurs familles restées au pays, ces circuits opposent à la pénétration policière un cloisonnement sans faille.

5. Ce nouveau trafic génère des profits considérables : à Berlin une prostituée de rue gagne en moyenne journalière (chiffre de 1997) 350 dollars. Sur cette somme elle n'est autorisée à garder que 14 dollars pour assurer sa survie et envoyer les mandats destinés à sa famille. Fréquemment, les cartels font entre eux commerce de femmes, vendant ou achetant selon le prix toujours changeant du marché des « danseuses » particulièrement rentables. Le principal marché d'esclaves est aujourd'hui Berlin.

Que fait l'Europe ?

Aujourd'hui, l'espoir est incarné par une belle femme rousse, déterminée et intelligente. J'ai connu Anita Gradin au Conseil exécutif de l'Internationale socialiste. Longtemps ministre du gouvernement suédois, amie et camarade de lutte d'Olof Palme, de Pierre Schori et de Brigitte Dahl, Anita Gradin est actuellement commissaire européenne à la justice.

En juin 1996, de concert avec Caspar Einem, ministre autrichien de l'Intérieur, Anita Gradin convoque à Vienne une conférence des quinze États membres de l'Union européenne et des États ayant déposé une demande d'adhésion à l'UE. Cent cinquante spécialistes de la répression de la traite des femmes assistent les délégués gouvernementaux.

Anita Gradin fait adopter des mesures novatrices. D'abord, une nouvelle définition du délit. Avant 1996, les polices européennes ne pouvaient intervenir que s'il y avait « prostitution et contrainte ». Désormais, la définition est nettement plus large. Elle comprend quatre éléments : le délit de traite est réalisé s'il y a franchissement par la victime d'une frontière internationale, intervention d'un intermédiaire, paiement des services et séjour illégal dans le pays de résidence.

A Vienne, il s'agissait de maîtriser un problème apparemment insoluble : comment assurer la protection d'une victime qui refuse de collaborer avec la police ?

Jusqu'ici, la poursuite judiciaire de l'exploitation sexuelle des femmes butait sur le mutisme des victimes. Pour plusieurs raisons : celles qui tentent d'obtenir la protection de la police sont sévèrement punies, fréquemment torturées, parfois mutilées. Souvent, les cartels du crime organisé appliquent la même punition à des membres de la famille restés au pays.

Les jeunes femmes, dans bien des cas encore adolescentes, ne parlent pas la langue du pays de séjour, sont isolées de leurs collègues et nourrissent à l'égard de toute autorité d'État, quelle qu'elle soit, une méfiance instinctive. Instruites par leur expérience – russe, polonaise, ouzbèque, bulgare, ukrainienne, kazakhe, etc. –, elles craignent la collusion entre leurs « protecteurs » et les policiers. Elles ont tort. Elles éprouvent néanmoins beaucoup de peine à admettre l'existence d'une police qui soit indépendante de la mafia.

La théorie et la pratique judiciaires et administratives mises en œuvre par la Belgique ont servi de modèle à la conférence de Vienne. La circulaire ministérielle belge de 1994 offre à celle qui porte plainte (une plainte justifiant l'ouverture d'une procédure pénale) et se déclare prête à participer comme témoin au procès ultérieur une autorisation de séjour d'une durée illimitée.

Dans la pratique belge, dès son premier contact volontaire avec la police (ou son arrestation), la victime reçoit un permis humanitaire de quarante-cinq jours. Elle est prise en charge par un service social particulier. Si, au cours de cette période, elle décide de porter plainte, son autorisation de séjour provisoire est prolongée de trois mois. Si, ensuite, elle décide de collaborer avec la justice, l'autorisation devient permanente.

Pratiquement toutes les femmes victimes de la traite sont sans papiers. Prostituées, elles n'ont jamais de permis de séjour ; recrutées comme « danseuses » dans un cabaret ou « masseuses » dans un salon, elles ont un permis de durée limitée ; mais dans ce cas, c'est le cartel qui leur confisque les documents (y compris le passeport) dès leur arrivée dans le pays de séjour.

Pour la lutte contre l'exploitation sexuelle des femmes, la généralisation à toute l'Europe de la pratique pionnière de la Belgique constitue un espoir réaliste.

La lecture des rapports de l'OIM donne l'impression que les cartels criminels organisent le transport de leur main-d'œuvre esclave vers l'Europe occidentale et l'Amérique du Nord selon les méthodes les plus rationnelles, les plus avancées.

Cette impression est partiellement erronée. Dans la réalité de tous les jours, souvent, des intermédiaires archaïques, chaotiques, violents sont à l'œuvre. Des réseaux de passeurs travaillent en sous-traitance. S'ils encaissent régulièrement des sommes confortables, ils échouent néanmoins fréquemment dans leur tâche d'acheminer vers les marchés lucratifs les travailleurs clandestins.

Des tragédies effroyables ont lieu aux frontières maritimes ou terrestres des pays riches – dans l'indifférence de la presse, qui à ces « incidents » ne consacre généralement qu'un entrefilet dans la rubrique « Informations diverses ».

Voici un exemple concernant une frontière terrestre :

Porajow est une petite ville polonaise, chef-lieu d'une région frontalière avec l'Allemagne. Chaque année, des passeurs amènent des milliers de clandestins – Roumains, Russes, Albanais, Ukrainiens, Polonais, Kurdes, Arabes, etc. – dans cette région. Chantage, guerre des bandes, corruption des gardes frontières orientaux. Chaque année, des cadavres de clandestins sont retrouvés dans les buissons, les vallons, les sous-bois de la vallée de la Neisse, victimes de gardes corrompus ou de passeurs assassins [5].

Voici des exemples de drames en mer :

– Un ferry relie journellement la ville estonienne de Tallinn au port de Stockholm. En février 1994, l'oreille attentive d'un marin permet d'éviter une catastrophe. Le marin, qui faisait sa ronde d'inspection dans la cale du ferry, entend des coups sourds, répétés, provenant d'un conteneur déclaré vide à l'embarquement. Il avertit le commandant qui se décide à découper au chalumeau le conteneur de 12 mètres de long sur 2,5 mètres de large. A l'intérieur, une moiteur étouffante d'où s'élèvent des cris, des pleurs et des gémissements. Les sauveteurs découvrent, entassés, 26 enfants, dont le plus jeune a huit mois, 14 femmes et 26 hommes. « C'est un miracle ! Si les membres d'équipage n'avaient pas entendu des bruits insolites, ce sont au total 66 cadavres (pour la plupart des Kurdes irakiens et des Afghans) qu'on aurait accueillis à Stockholm, car il n'y avait plus d'oxygène dans le container [6] », constate un policier suédois.

– Cinq passagers clandestins roumains ont été embarqués par des passeurs au Havre, blottis dans le même conteneur,

5. Cf. le reportage d'Isabelle Lesniak, in *Libération*, 14 juillet 1996.
6. In *La Tribune de Genève*, Genève, 23 février 1994.

destination : les États-Unis. Quatre n'ont pas survécu à la première étape, la traversée de la Manche. Alertés par des appels au secours, les dockers du port britannique de Folkstone, qui transbordaient les conteneurs sur un bateau plus grand, ont découvert 1 survivant et 4 cadavres.

Les États occidentaux tiennent les capitaines pour responsables de leur chargement de clandestins. Deux méthodes sont appliquées : le rapatriement aux frais du transporteur des clandestins dépourvus de papiers d'identité ; pratiquement tous les clandestins sont dans ce cas, le cartel criminel les dépouillant de leurs papiers avant l'embarquement. L'amende : la Grande-Bretagne fait payer à l'armateur 2 000 livres (environ 5 000 francs français) par clandestin. Le Canada punit d'une amende de 5 000 dollars canadiens par clandestin le capitaine du navire transporteur. La tentation est grande pour des capitaines et des marins découvrant des clandestins à bord de s'en débarrasser avant l'arrivée en les jetant à la mer[7].

L'OIM ne tient évidemment aucune statistique des morts anonymes, de tous ceux – hommes, femmes, parfois enfants – qui meurent loin des regards. En haute mer, les tragédies inconnues sont certainement nombreuses. Pour survivre aux marins assassins, aux capitaines tueurs, il faut une chance inouïe.

7. Cf. le film de Nicolas Wadimoff, *Clandestins*, production Arte-TSR, 1997.

VIII

Des orphelins pilleurs de coffres-forts

Même des enfants en grand nombre sont recrutés, utilisés, contraints au crime par les « loups des steppes » orientales. D'anciens agents de la Securitate, la police secrète de Ceausescu, transforment en gangsters d'innocents orphelins et procurent ainsi des devises précieuses aux cartels roumains.

C'est la police judiciaire de Bavière (*Landeskriminalamt*) qui, la première, a mis au jour les stratégies, les méthodes de travail, les systèmes de recyclage des profits des bandes roumaines. Nous le verrons dans la dernière partie de ce livre : la Bavière est un des rares *Länder* allemands où les services secrets (*Verfassungsschutz*) prêtent main-forte à la police judiciaire dans sa lutte contre la criminalité organisée. Travaillant sur des enquêtes impliquant les délinquants roumains, les agents secrets bavarois sont allés de surprise en surprise. Remontant des filières compliquées, ils ont abouti à de vieilles connaissances : leurs adversaires du temps de la guerre froide, les agents de la Securitate. La plupart des cartels roumains opérant en Allemagne sont en effet dirigés par d'anciens hauts fonctionnaires de la défunte police secrète de Ceausescu.

Une de ces organisations criminelles paraît particulièrement efficace : « la Garde ». Répartis en cellules strictement cloisonnées, soumis à une discipline militaire rigoureuse, les soldats de cette bande sont responsables de 4 000 à 5 000 infractions criminelles commises en l'espace de quatre ans (1991-1994).

Chaque cellule reçoit de Bucarest un plan d'action précis : dès qu'elle a rapporté dans la mère patrie le butin exigé – d'un montant situé entre 500 000 et 3 millions de deutschemarks – ses agents ont droit à trois mois de congé, en Roumanie.

Beaucoup d'entre les jeunes criminels travaillant pour la Garde en Bavière (ou ailleurs en Europe occidentale) sont des adolescents qui ont derrière eux des années d'abandon et de souffrance dans les sordides orphelinats de Ceausescu ou de ses successeurs.

Le sort des enfants abandonnés reste tragique en Roumanie. En 1996, l'UNICEF dénombre 100 000 jeunes placés dans des institutions. Beaucoup d'entre eux sont maltraités quotidiennement. Surtout ceux des orphelins ou enfants abandonnés qui sont happés par le système pénitentiaire ou psychiatrique. L'Association pour la prévention de la torture publie des études de cas effroyables[1].

Médecins sans frontières estime qu'au moins 10 % des enfants placés en institution finiront leurs jours dans des asiles psychiatriques. Un sur trois restera assisté à vie[2].

35 % des enfants au-dessous de quinze ans vivent dans la misère absolue. Le taux de mortalité infantile est de 23,9 pour 1 000 en 1997, soit le plus élevé en Europe, après l'Albanie.

Les orphelinats sont le plus souvent dans un état épouvantable : l'UNICEF estime que chaque enfant ne bénéficie dans ces institutions que d'une attention de cinq à six minutes par jour.

Dans les hôpitaux, la situation n'est guère meilleure : dans les services de pédiatrie, la moitié des lits sont occupés par des enfants abandonnés. L'UNICEF constate : ils ne sont pas malades, mais le deviennent rapidement.

1. Association pour la prévention de la torture, *Les Mauvais Traitements et les conditions de détention en Roumanie*, Genève, avril 1996.

2. Christophe Chatelot, « La détresse des sans-famille roumains », *Le Monde*, 7 février 1996.

Les survivants – garçons et filles – de ces bagnes sont des recrues idéales pour la Garde.

C'est la centrale de Bucarest qui fabrique les faux papiers d'identité. Quant à l'entraînement des nouvelles recrues, il se fait en Roumanie : survie, close-combat, techniques d'assassinat silencieux, sabotage. Communications codées, filature et contre-filature, décodage de systèmes de sécurité électroniques font aussi partie de la formation.

La Garde fonctionne en tous points comme un service secret classique : « planques » pour les malfaiteurs ; système de communication codé et par radio ; sociétés de couverture légale ; assistances fournies sur place aux criminels infiltrés par des travailleurs émigrés ou des commerçants résidants, familiers de la langue, des us et coutumes allemands et disposant de comptes en banque légaux.

Les activités de la Garde sur le sol allemand sont variées et toujours lucratives : vol de voitures et transfert à l'Est, chantage à la « protection » d'entreprises, de familles ou de personnes, attaques à main armée, de préférence dans les restaurants autoroutiers, attaques de caisse d'épargne et de banque, généralement dans des villages ou des villes de moyenne importance.

Les policiers du *Landeskriminalamt* de Munich expriment une frustration particulière : des criminels arrêtés, condamnés, fichés et ayant purgé leur peine, puis expulsés, reviennent fréquemment avec une nouvelle identité tout aussi « légale » que la précédente. Presque tous possèdent une panoplie de vrais-faux passeports. Les policiers bavarois soupçonnent en effet la Garde d'entretenir les meilleurs rapports avec certains hauts fonctionnaires de l'actuel État roumain.

La Garde et d'autres bandes roumaines semblent surtout spécialisées dans l'attaque des coffres-forts (de bureaux de poste, caisses d'épargne, administrations municipales, entreprises commerciales ou industrielles situés dans des villages, des bourgs ou des petites villes). Leur formation, reçue dans les camps d'entraînement tenus par d'anciens spécialistes des services de Ceausescu, se révèle efficace. Une rigoureuse division du travail assure le succès. Une première équipe arrache du mur le coffre blindé. Celui-ci est transporté par une deuxième équipe dans un garage précédemment loué ou en un lieu discret des environs. La troisième équipe perce le blindage et la quatrième évacue le butin.

Le cloisonnement hérité de la tradition des services secrets permet presque toujours aux différentes équipes de rallier leur planque secrète. Un exemple : au printemps 1995, l'alarme retentit dans la petite ville de Honnefeld, près de Cobourg. La Garde vient d'attaquer le bureau de poste. La police de Cobourg intervient rapidement. Mais les deux premières équipes ont déjà fait leur travail : plus de coffre-fort dans le bureau de poste. Un hélicoptère sillonne la campagne. Dans un bois, au fond d'un vallon, les policiers trouvent le coffre-fort intact. La troisième et la quatrième équipe – celles préposées respectivement à l'ouverture du coffre et à l'évacuation du butin – ne sont pas intervenues : entendant les sirènes des voitures de police et voyant l'hélicoptère, elles ont, comme les équipes précédentes, évacué le terrain. Aucune arrestation.

IX

La défaite de Josef Oleksy

Un déséquilibre habite ce livre : lorsqu'il évoque la guerre menée contre le crime organisé, il ne donne presque exclusivement la parole qu'à des procureurs ou policiers d'Europe occidentale. Or, l'Europe de l'Est, elle aussi, compte un grand nombre d'hommes et de femmes qui – dans des conditions souvent extrêmes – luttent avec courage contre les seigneurs sanglants. Josef Oleksy de Varsovie en fournit un exemple impressionnant.

Certains cartels polonais du crime organisé sont nés et se sont épanouis avec la bénédiction du régime communiste. Dès la fin de l'état de siège en Pologne, l'économie avait été rapidement libéralisée. Mais elle restait faible, confrontée à des revendications de plus en plus énergiques des consommateurs polonais. Elle avait notamment un besoin urgent de devises. Les exportations légales n'étant pas suffisantes pour payer l'importation de biens de grande consommation, certains secteurs de l'appareil du Parti et de l'État entrèrent en collaboration semi-clandestine avec la mafia[1].

Les activités des cartels polonais en Europe occidentale, notamment en Autriche et en Allemagne, étaient et restent variées : vol massif et transfert en Pologne de voitures, d'ap-

1. Sur la sociogenèse des cartels criminels polonais, cf. Jan Grajweski (juge à la Cour suprême de Varsovie et professeur de droit pénal), *Die organisierte Kriminalität in Polen und ihre Verbindungen in Osteuropa*, Stuttgart, Landeszentrale für politische Bildung, 1993.

pareils électroniques, d'équipement ménager, de denrées alimentaires, mais aussi de monnaies, fruits de hold-up bancaires. Activités multiples, et toujours lucratives [2].

Avec l'avènement de la démocratie et des libertés publiques – notamment la libre circulation des personnes –, les sources de revenus des bandes polonaises se sont diversifiées : elles gagnent aujourd'hui des sommes considérables grâce à l'exportation et la « protection » de la main-d'œuvre clandestine.

Les parrains polonais travaillent en symbiose étroite avec les *Buyuk-baba* turcs. Ils approvisionnent les bordels turcs à Francfort, Berlin, Amsterdam, Milan, Vienne, etc., en jeunes femmes, en adolescentes, parfois en jeunes garçons.

A Varsovie, Cracovie ou Gdansk, les jeunes femmes, les adolescentes sont recrutées grâce à des annonces mensongères et des contrats fictifs. Les parrains polonais les vendent aux *Buyuk-baba* sur catalogue. Le vendeur assure l'acheminement de la femme achetée, notamment le franchissement de la frontière lituanienne ou allemande.

Un seul chiffre, provenant de l'OIM : de 1995 à 1996, le nombre des passages illégaux de la frontière entre la Lituanie et la Pologne a doublé.

Les cartels polonais se distinguent par leur violence : vingt et une bombes ont explosé sur le territoire polonais entre janvier et mai 1995.

Quelques exemples : le 12 février 1995, la voiture d'un homme d'affaires ayant des entreprises à Moscou saute dans la ville de Lublin : deux morts. Le 3 mars, dans le quartier de Praga, à Varsovie, une papeterie est détruite. Dix jours plus tard, un seigneur du crime organisé, Czeslaw K., rentre chez lui, dans sa villa située dans la banlieue Marki, à Varsovie. Au moment où il ouvre sa porte, une bombe explose. Czeslaw est tué sur le coup ; son garde du corps également. Une semaine

2. Cf. notamment l'analyse faite par le journaliste Piotr Dobrowolski, dont le texte est traduit par la *Sonntags-Zeitung*, Zurich, 28 mai 1995.

passe et Marian C., propriétaire de plusieurs bureaux de change, est exécuté de trois coups de revolver dans son bureau, en plein jour. 12 avril : le financier Wlodimierz N. roule dans sa limousine avec chauffeur. Embuscade : les agresseurs tirent à la Kalachnikov et blessent grièvement le financier. 22 mai : à Varsovie, dans le quartier de Brodmo, deux dirigeants d'un cartel sont exécutés au pistolet-mitrailleur ; un troisième est grièvement blessé[3].

Un homme tient tête à la mafia polonaise : Josef Oleksy. Dans la deuxième partie des années 90, il occupe à Varsovie le poste de Premier ministre. Il crée, sur le modèle italien, une commission anti-mafia avec de vastes pouvoirs d'enquête. Mais, contrairement à la commission italienne qui dépend du Parlement, la polonaise n'est responsable que devant le Premier ministre.

C'est un homme chauve aux yeux clairs, au courage indomptable. Visiblement, sa lutte déterminée contre la criminalité organisée déplaît à de hauts responsables de l'État, de l'armée et de l'appareil de sécurité polonais.

Une affaire en particulier a porté tort à Oleksy, celle du financier Y. M.

Oleksy a commis l'erreur de poursuivre avec détermination cette crapule puissante.

Voici les faits : Art-B est une société polonaise d'import-export, fondée en 1989. Y. M. en est l'administrateur délégué. Art-B provoque le scandale financier le plus retentissant de la Pologne post-totalitaire. Le ministère public reproche à l'administrateur délégué d'avoir détourné 400 millions de dollars et d'avoir corrompu des dirigeants de la Banque nationale.

Conséquence : le gouverneur de la Banque nationale, Grze-

3. La commission Oleksy ne donne pas les noms de famille des victimes.

gorz Woitiwicz est chassé de son poste. Y. M. s'enfuit en Israël.

13 juin 1994 : Y. M. est cueilli à l'aéroport de Zurich-Kloten à la suite d'un mandat d'arrêt international lancé par la Pologne. Oleksy demande son extradition. Y. M. recourt au Tribunal fédéral suisse. Il perd. La Suisse l'extrade le 8 février 1996.

A Varsovie commencent alors à circuler des documents « confidentiels » prétendant qu'Oleksy a été (ou continue d'être) un agent rémunéré des services secrets de Moscou. Une accusation désastreuse dans une Pologne récemment devenue indépendante et farouchement hostile au pouvoir russe.

De nouveau, Oleksy fait face. Impuissant devant les diffamations anonymes, il demande au président de la République l'ouverture d'une enquête sur sa propre personne. L'enquête est ouverte. Elle conclut à la totale vacuité de toutes les accusations : les documents « confidentiels » sont tous des faux.

Josef Oleksy est néanmoins chassé de son poste de Premier ministre et de chef de la commission anti-mafia.

TROISIÈME PARTIE

L'Armée rouge, berceau des tueurs

« Pour nous leur gloire n'est qu'une fumée
Dénonçant les ravages d'un incendie. »

BERTOLT BRECHT, *LUCULLUS*.

I

Pacha Mercedes

Pendant plus de cinquante ans, l'Armée rouge a été le cauchemar des Occidentaux : beaucoup d'entre nous la percevaient comme une bête puissante, imprévisible, prête à tout moment à bondir vers l'ouest, à avaler les fragiles démocraties de France, d'Allemagne occidentale, d'Italie, de Suisse. Les cohortes de blindés frappés de l'étoile rouge se ruant sur le Rhin, Paris bombardé, la Lombardie envahie... Qui d'entre nous peut prétendre n'avoir jamais été visité par ce cauchemar ?

En 1985 encore, date de l'accession au pouvoir de Mikhaïl Gorbatchev, l'Union soviétique disposait, en Allemagne, dans les pays d'Europe de l'Est, sur le sol russe, dans le Caucase et en Extrême-Orient, d'un peu plus de 4 millions d'hommes en armes, d'une aviation tactique et stratégique, d'une flotte présente sur quatre océans et d'un arsenal de 42 000 têtes nucléaires. Ces forces armées comptaient de nombreuses unités de commandos, de spécialistes du combat clandestin, de *snipers* et d'autres unités d'élites surentraînées.

L'Armée rouge s'est effondrée en moins de cinq ans. En 1990, Gorbatchev a décidé de libérer le glacis occidental de l'URSS et de retirer ses garnisons de RDA, de Pologne, de Hongrie, de Bulgarie, etc. Des centaines de milliers d'hommes ont été démobilisés dans le désordre, à la hâte.

Au mois d'août 1991, l'URSS elle-même se désintègre. L'armée russe hérite de la majeure partie des unités et de l'équipement de l'armée, de l'aviation et de la flotte soviétiques. En 1997, l'armée russe compte officiellement 1,3 million de soldats, sous-officiers et officiers. Ce chiffre est contesté par l'Institut d'études stratégiques de Londres : les désertions, l'insoumission sont nombreuses. En 1995, 24 % seulement des conscrits ont été appelés sous les drapeaux. Entre 50 000 et 70 000 appelés ont refusé de servir. Durant les six premiers mois de 1997, plus de 3 000 soldats ont déserté.

Le cauchemar s'est-il évaporé ?

Non. Car un danger nouveau, plus actuel, plus concret, plus immédiat, a surgi à l'Est. L'ex-Armée rouge est devenue le berceau des tueurs de la mafia. Aujourd'hui, des décombres de l'appareil militaire ex-soviétique surgit une menace encore plus redoutable que tous les généraux de l'ex-URSS réunis : des exécuteurs froids, hautement compétents et prêts à tout, chômeurs nés d'une armée en déroute.

Regardons de plus près.

Entre 1990 et 1995, la démobilisation des unités s'est faite dans des conditions souvent humiliantes. Il suffit d'un rapide voyage à Moscou pour découvrir dans les banlieues inondées par les pluies d'hiver des « conteneurs » où sont logés, dans des conditions indignes, les officiers subalternes, les sous-officiers et leurs familles.

Le réservoir d'hommes de main le plus formidable de la mafia est constitué par les anciens combattants de la guerre d'Afghanistan.

1979 : l'Armée rouge envahit l'Afghanistan. Durant dix ans, les meilleures unités de l'armée, les troupes d'élite du KGB et les commandos suréquipés dépendant directement de l'état-major s'épuisent dans d'interminables combats contre les *mouhadjidin* tadjiks, pathans, baloutches et ouzbèques. Défaite consommée en 1988. Gorbatchev refuse d'exposer plus longtemps ses soldats à la meurtrière guerre d'usure. Le retrait s'étale sur quatre ans. Il se fait dans les pires conditions : entre 1988 et 1989, les convois qui tentent de se replier sur l'Ouzbékistan, le Tadjikistan, la Kirghizie voisins (républiques soviétiques jusqu'en 1991) sont régulièrement attaqués, décimés sur les routes de montagnes étroites et accidentées par les guérilleros de l'un ou l'autre des seigneurs de guerre afghans.

Ceux d'entre les officiers et soldats russes, tchétchènes, ouzbèques, tadjiks, sibériens, moldaves, etc., qui reviennent sains et saufs dans leurs villes de garnison respectives sont remplis d'amertume, se sentent humiliés, abandonnés, trahis par l'autorité politique. Comme la plupart des armées coloniales, l'Armée rouge, battue et rapatriée à la hâte d'Afghanistan, nourrit, envers l'État et le gouvernement qui l'a trahie, des sentiments de mépris et de haine. Les cartels du crime transnational organisé recrutent donc sans peine des dizaines de milliers de vétérans surentraînés, amers et prêts à tout pour gagner quelques roubles.

Le recrutement se fait en Russie et sur le territoire des anciennes républiques soviétiques d'Asie centrale et du Caucase, mais aussi et surtout à Peshawar, au Pakistan, lieu de résidence de nombreux déserteurs de la guerre d'Afghanistan.

Par conséquent, les 5 700 cartels de la mafia russe inventoriées par Interpol en 1996 se procurent leurs tueurs dans un réservoir quasiment inépuisable. Des tueurs d'une exceptionnelle qualité professionnelle, la plupart d'entre eux étant rompus aux techniques les plus sophistiquées de l'assassinat par arme à feu, poison, à main nue ou à l'arme blanche.

Il convient de nuancer : selon le FBI américain, certaines unités des troupes spéciales du défunt KGB ont rejoint *in corpore* l'un ou l'autre des cartels du crime organisé. Les spécialistes des unités de commandos de l'armée, par contre, se sont souvent rendus indépendants : ayant fondé des « agences de protection », « cabinets de détectives privés », etc., ils vendent leurs services au plus offrant et au coup par coup.

Enfin, d'autres ex-militaires travaillent sur une base strictement individuelle. Ce sont des *free-lance*. Ils exécutent des contrats un peu partout en Europe. C'est notamment le cas de nombreux anciens de la Force Alpha, équivalent soviétique des Bérets verts américains. Ces loups solitaires sont les tueurs les plus dangereux, les plus difficiles à identifier et à surveiller.

Autre préoccupation exprimée par Louis Freeh, directeur du FBI : « Durant la guerre froide un armistice informel empêchait les agents du KGB d'assassiner des agents américains, et vice versa... plus maintenant[1]. »

Les nouveaux tueurs ne se soucient plus de cette délicatesse...

Ils sont actifs sur le sol russe comme à Paris, Lyon, Genève, Berlin ou Montréal, New York, Los Angeles.

Un homme incarne jusqu'à la caricature la déchéance des forces armées de l'ex-URSS : Pavel Sergueïevitch Gratchev. Jusqu'au mardi 18 juin 1996, il a été le puissant ministre de la Défense de la Fédération de Russie.

On l'appelle « Pacha Mercedes » en raison de sa passion pour les limousines de luxe. Sa vitalité est proverbiale. Son cynisme aussi.

De petite taille, costaud, le cheveu ras, le visage rond, les traits épais, l'homme est originaire de Toula, en Russie centrale. C'est un baroudeur-né, genre Trinquier ou Bigeard – et intellectuellement tout aussi particulier qu'eux. Doté d'un courage personnel et d'une vitalité formidables, il grimpe les échelons chez les parachutistes. C'est un « héros » de la guerre contre les Afghans. Sa carrière est exemplaire et favorisée par de nombreux hasards.

Août 1991 : les durs du régime soviétique agonisant organisent leur putsch à Moscou, contre Gorbatchev, en vacances au bord de la mer Noire. Boris Eltsine prend la tête de la résistance.

1. Louis Freeh, déclaration à *Newsweek*, New York, 17 juin 1996.

L'Armée rouge est divisée, hésite. Gratchev est le seul général à mobiliser immédiatement ses unités en faveur des « démocrates », et plus particulièrement de Boris Eltsine.

Bon calcul du parachutiste : devenu président de la Fédération de Russie, Eltsine en fera son militaire favori.

Octobre 1993 : le général Routskoï et les autres insurgés se barricadent dans le bâtiment de l'ancien Soviet suprême. L'armée, à nouveau, est hésitante, tergiverse. Gratchev fait intervenir les blindés et brise la résistance des assiégés.

Décembre 1994 : le général d'aviation Doudaïev et les indépendantistes tchétchènes proclament leur rupture avec Moscou et la sécession de leur petite république du Caucase du Nord. Gratchev, devenu ministre entre-temps, fonce à la télévision. Il annonce qu'il va écraser Grozny, capitale des renégats, avec un « unique régiment de parachutistes » – en « deux heures ». Comme jadis Bigeard ou Trinquier en Algérie, il s'instaure défenseur de la civilisation chrétienne contre l'Islam.

Résultat : une guerre atroce de plus de trois ans. Des cadavres de jeunes soldats russes qui, dans leurs cercueils en zinc, arrivent par milliers dans leurs villages et villes d'origine. Grozny est en cendres. L'armée de Gratchev mène une guerre d'une sauvagerie inouïe, tuant des dizaines de milliers de femmes, d'enfants, d'hommes. Elle se fait pourtant humilier, battre par des patriotes tchétchènes qui suscitent l'admiration du monde.

La corruption maintenant : nombre de généraux de l'ex-Armée rouge ont amassé des fortunes colossales. Depuis 1991, la Douma vote annuellement des millions de roubles de crédit destinés à assurer la réinstallation sur la terre russe de centaines de milliers de soldats, d'officiers et de leurs familles, retirés de l'ex-RDA et des autres garnisons d'Europe de l'Est. Beaucoup de généraux prélèvent leur dîme. La plupart des rapatriés végètent dans des baraquements à la lisière des grandes villes, ne touchant qu'une solde de misère.

Certains officiers supérieurs gagnent des millions de dollars en vendant pour leur compte privé des canons, des blindés prélevés sur les stocks du groupe Ouest aux Serbes de Bosnie.

Le choc a lieu en 1992 : la télévision diffuse un film sur les appelés de l'île Rousski, une garnison d'Extrême-Orient. L'opinion publique découvre des adolescents faméliques, certains proches de l'agonie. Plusieurs sont à l'hôpital. Quatre sont déjà morts de faim. Des fonctionnaires du ministère de la Défense, chargés de l'approvisionnement, ont détourné régulièrement des aliments pour les vendre au marché libre.

Enquêter sur les méfaits d'officiers corrompus coûte cher. Le jeune Dimitri Kholodov est le commentateur militaire du journal *Moskovski Komsomolets*. Il relate comment des généraux responsables du rapatriement des troupes stationnées dans l'ex-RDA ont vendu, pour leur propre compte, des blindés, des canons et des avions de combat aux milices serbes de Bosnie. En octobre 1994, une bombe placée dans son bureau déchiquette l'imprudent journaliste [2].

Ami personnel et allié de Boris Eltsine, Gratchev reste intouchable. Jusqu'à ce matin de juin 1996 qui scelle sa perte. Le général Alexandre Lebed, nouveau secrétaire du Conseil national de sécurité, révoque Gratchev et six généraux de l'administration du ministère. Le ministre tombe, mais n'est pas jugé [3].

Un jeune appelé en poste à Grozny commente sobrement la chute de Pacha Mercedes : « Il y a longtemps qu'il aurait dû être pendu sur la place Rouge. Si tant de soldats ont été tués ici, c'est de sa faute. Si des soldats sont morts de faim, c'est aussi de sa faute [4]. »

N'en déplaise au jeune appelé, le successeur de Gratchev au

2. La rédaction ne plie pas : quelques jours après l'attentat, elle publie des documents accusant Gratchev et son clan d'avoir détourné des fonds destinés à la construction de logements pour soldats. L'argent aurait servi, entre autres, à l'achat de voitures Mercedes, dont une 600 offerte par Gratchev à son fils à l'occasion de son mariage.

3. Alexandre Lebed tombe à son tour en octobre 1996.

4. In *Le Monde*, 20 juin 1996.

ministère de la Défense, imposé par Lebed, n'est pas un saint non plus : le général Igor Nikolaïevitch Rodionov, la soixantaine alerte, parachutiste et ancien baroudeur en Afghanistan, a été en 1989 commandant du district militaire de Transcaucasie.

Le 9 avril 1989, plus de 100 000 hommes, femmes et enfants géorgiens manifestent pacifiquement sur le boulevard Roustaveli, à Tiflis, pour l'indépendance de leur république. Gorbatchev exige la fin de la manifestation, mais enjoint à Rodionov de n'utiliser ni les blindés ni les balles.

Qu'à cela ne tienne !

Le courageux général équipe ses parachutistes de gaz de combat, de poignards et de pelles tranchantes, puis les lâche sur le cortège. Résultat : 19 manifestants assassinés, parmi eux deux petites filles égorgées et un bébé décapité dans les bras de sa mère, 138 blessés graves [5].

Le règne d'Igor Rodionov sera de courte durée. Après une réunion surprise du Conseil de la défense, le 22 mai 1997, le président Eltsine procède devant les caméras de télévision à l'humiliation publique d'Igor Rodionov et de son acolyte, le chef d'état-major Victor Samsonov. Sous une avalanche d'accusations les plus graves, les généraux sont chassés de leur poste. Eltsine justifie son action d'une façon saisissante : « Le soldat maigrit, le général engraisse [6]. »

Post-scriptum concernant Pacha Mercedes : en 1997, l'OTAN décide de s'ouvrir à l'est de l'Europe. Nombre d'anciens États satellites de l'ex-URSS sont accueillis au sein de l'organisation, ce qui provoque la colère du Kremlin. L'OTAN tergiverse, tente d'apaiser les Russes. Elle crée un organe consultatif, le Conseil permanent de l'OTAN et de la Russie. Le président Eltsine prévoit de nommer Gratchev son représentant permanent dans ce conseil [7].

5. Sur la biographie de Rodionov, cf. *Der Spiegel*, Hambourg, n° 30, 1996.
6. Citation in *Le Nouveau Quotidien*, Lausanne, 23 mai 1997.
7. *Der Spiegel*, Hambourg, 25 août 1997.

II

Tchernobyl à domicile

Par un bel après-midi de printemps, le 25 avril 1986, des techniciens s'affairent dans la centrale nucléaire de Tchernobyl, située près du village du même nom, dans la vallée du Dniepr, en Ukraine occidentale. A l'occasion d'un ralentissement programmé (pour entretien) du réacteur numéro 4, ils procèdent à un essai sur le circuit électrique. L'essai provoque une brutale augmentation de la température. Le cœur du réacteur explose à 1 heure du matin, le 26 avril. Le premier nuage radioactif disperse dans l'atmosphère environ 10 % des produits radioactifs du réacteur.

Plus de 50 000 personnes habitent le village et la bourgade de Pripyat. Rien n'est prévu pour leur évacuation. Ce n'est qu'à fin avril que 96 000 femmes, hommes, enfants des environs de Tchernobyl sont éloignés de la zone contaminée. Des milliers d'entre eux mourront du cancer des os, de leucémie.

Le cœur du réacteur numéro 4 brûle pendant des jours et des nuits, libérant dans l'atmosphère toujours plus de nuages radioactifs. Ces nuages voyagent vers l'ouest. En Europe occidentale, c'est la panique. Au nord de la Suède, le gouvernement de Stockholm ordonne l'abattage de tous les rennes. A Paris, Berne et Milan, la vente de légumes non contrôlés est interdite.

Le spectre d'une catastrophe nucléaire majeure, d'aliments contaminés, d'eaux empoisonnées et d'air radioactif hante notre continent.

Hantise injustifiée ? Panique démesurée, sans rapport réel avec un danger existant ?

On ne le saura jamais.

Dix ans après la catastrophe de Tchernobyl, un nouveau danger menace : l'exportation illégale et la vente privée en Occident, au Moyen-Orient et en Asie du Sud-Est d'armes et de matières nucléaires provenant des arsenaux de l'ancienne URSS.

Un enquêteur allemand résume l'affaire : « Pour les Européens de l'Ouest, il se prépare un Tchernobyl à domicile. » Depuis le début de la décennie 90 apparaît dans les « analyses de situation », établies périodiquement par les offices centraux de police des différents États d'Europe occidentale un terme inédit : la « criminalité nucléaire ». Ce trafic d'un nouveau genre est largement dominé par le crime organisé. Il est lié à la déchéance de l'armée[1].

De quelles substances s'agit-il ?

1. Le plutonium radioactif est une matière transuranienne. Il est utilisé dans les armes nucléaires comme composant explosif. Il est également d'une importance primordiale pour le développement de l'application industrielle de l'énergie nucléaire. C'est une matière toxique et extrêmement dangereuse. Son maniement, son transport demandent des équipements hautement spécialisés.

2. L'uranium a lui aussi une valeur marchande importante. C'est le combustible nucléaire par excellence. L'uranium peut être enrichi de multiples façons : par voie gazeuse ou par d'autres procédés physiques. La fabrication d'une bombe atomique nécessite du plutonium et de l'uranium enrichi. Pour déclencher une réaction en chaîne, il faut de l'uranium contenant une proportion importante d'isotopes 235.

1. Jacques Attali, *Économie de l'Apocalypse*, Paris, Fayard, 1995.

3. L'osmium est hautement toxique, mais non radioactif. Il est surtout indispensable pour la production d'alliages durs. Sa valeur marchande est en conséquence. L'alliage de l'osmium et de l'indium est utilisé pour les stylos à bille, comme catalyseur, et dans les instruments de précision. Des alliages d'osmium servent aussi à fabriquer les contacts électriques.

4. Une autre substance fréquemment offerte par les bandes russes sur les marchés occidentaux est le mercure rouge, jouant lui aussi un rôle important dans la production nucléaire.

Le prix de chacune de ces substances sur le marché est parfaitement connu des trafiquants. Un exemple : en 1997, un gramme d'urane 235 vaut 28 dollars[2].

D'où proviennent ces substances ?

La plupart des généraux commandant les bases et arsenaux d'armes nucléaires de la Fédération de Russie ont été mis en place par Pacha Mercedes. Les enquêteurs occidentaux sont persuadés que certains d'entre eux sont soit directement au service des cartels criminels, soit corruptibles au cas par cas. Les inspecteurs américains notamment ont été profondément étonnés de constater sur place la très faible protection des dépôts, sites et arsenaux nucléaires de l'ex-Armée rouge[3].

Le *Bundeskriminalamt* (BKA, Office fédéral de police judiciaire) allemand établit pour les années 1993 et 1994 la liste des substances saisies :

– plutonium 239 ;
– cobalt 60 ;
– californium 252 ;
– uranium naturel ;
– uranium enrichi ;

2. Information fournie par Alexandre Roumiantsev, directeur adjoint du complexe de recherche nucléaire Kourtchatov, près de Moscou, in *Focus*, Munich, n° 19, 1997.

3. Cf. p. 161.

– strontium ;
– plutonium-américanium ;
– césium 137 ;
– cobalt ;
– minerai d'uranium ;
– poudre d'uranium ;
– osmium ;
– mercure rouge ;
– scandium ;
– krypton 85 ;
– pastille d'uranium (taux d'enrichissement : 1,6 à 4,4 %[4] (U 235).

Le BKA tente d'identifier les principales routes d'acheminement de ces matières : s'agissant de filières très sensibles nécessitant des moyens de transport et des équipements souvent sophistiqués, ces routes connaissent de nombreuses étapes.

Les cartels russes utilisent, pour rejoindre Berlin et le port de Hambourg, les voies de transport et étapes de la Baltique, de la Biélorussie et de la Pologne. Une autre route passe par l'Ukraine, la Moldavie, la Roumanie, la Bulgarie, la Hongrie, pour aboutir à Vienne. Une troisième emprunte les territoires de Roumanie, de Bulgarie, de Hongrie, de Slovaquie et de Tchéquie, pour aboutir en Bavière.

Techniquement, l'écoulement sur le marché occidental des substances nucléaires illégalement prélevées sur les stocks des nouveaux États russe, kazakh, ukrainien – territoires qui, au temps de l'URSS, concentraient l'arsenal nucléaire – se fait de deux manières distinctes.

4. Nous prenons ici à titre indicatif la statistique du BKA des années 1993-1994 (période du premier afflux massif en Europe de substances prélevées illégalement). Des rapports plus récents confirment la configuration de cette contrebande. Cf., par exemple, *Rapport du Département fédéral (suisse) de justice et police. Protection de l'État*, chap. « Prolifération », Berne, 1997, p. 99 *sq*.

Il y a d'abord la criminalité nucléaire classique. Un cartel prélève, par le vol, la violence ou la corruption, la substance nucléaire dans les centrales civiles, les laboratoires ou sur les sites militaires. Il les achemine en sous-main en Europe et les commercialise par des voies clandestines, travaillant de concert avec des hommes d'affaires européens véreux.

Deuxième méthode : le cartel criminel crée une ou plusieurs sociétés-écrans. Ces sociétés-écrans, immatriculées au Liechtenstein ou aux Bahamas, prennent alors contact en toute légalité avec un laboratoire spécialisé, privé ou public, européen et lui demandent – comme cela se fait pour n'importe quelle autre substance – de certifier la marchandise. Exemple : la Suisse. Étant l'un des États industriellement les plus développés du monde, la Confédération abrite un nombre élevé de laboratoires dont le prestige international est grand.

Le laboratoire européen fait son travail, examine les qualités du plutonium, du strontium, etc., qui lui est soumis et y appose son estampille. Le laboratoire fait un travail purement scientifique. Rien ne l'oblige à mener une enquête sur la provenance du matériel ou l'identité du propriétaire véritable. Le voudrait-il, il en serait d'ailleurs la plupart du temps incapable.

Muni de l'estampille du laboratoire, le matériel nucléaire illégalement acquis est négocié légalement sur les marchés internationaux.

En 1993, les autorités policières et judiciaires des États de l'Union européenne et de la Suisse (tous États confondus) ont traité 241 affaires de trafic de substances nucléaires[5]. Dans 118 de ces affaires, le matériel impliqué n'était que faiblement ou pas du tout radioactif. En 1994, 267 affaires de criminalité nucléaire ont été traitées par les autorités d'Europe occidentale. Ces chiffres sont en augmentation constante depuis lors.

5. Il s'agit d'enquêtes policières ayant abouti à une inculpation.

L'Agence internationale pour l'énergie atomique (AIEA), basée à Vienne, est responsable de la lutte contre ce trafic. Dès qu'en Europe occidentale les premières et importantes quantités de plutonium ont été saisies, l'AIEA a pris contact avec les gouvernements des anciennes républiques de l'ex-URSS et des États d'Europe orientale. Elle a mis en œuvre un programme scientifique et policier de contrôle des stocks existants. Bien que les inspecteurs de l'AIEA ne puissent agir sur le territoire de stockage en dehors de la présence d'agents des gouvernements concernés, leur action se révèle néanmoins efficace : même si tous les vols ou « cessions volontaires » de matériaux nucléaires entreposés à l'Est ne peuvent être empêchés, il est du moins possible aujourd'hui de localiser avec assez de précision les lieux de provenance des matériaux offerts à l'Ouest.

Reste le scénario d'horreur qui obsède les inspecteurs de l'AIEA et les autorités policières et judiciaires occidentales : l'utilisation à des fins terroristes de ces substances ou leur revente à des régimes qui pour atteindre leurs buts politiques auraient recours à l'attentat ou du moins à la menace d'attentat nucléaire.

Dans la lutte contre la criminalité nucléaire internationale, les États-Unis jouent un rôle décisif.

« Ruse de l'Histoire », comme le dirait Friedrich Wilhelm Hegel ! Aujourd'hui, ce sont les États-Unis qui, moyennant des crédits colossaux, tentent de maintenir en vie les centres de recherche militaire de leur ancien ennemi. Ils protègent ces centres, financent des programmes de recherche, assurent les salaires.

Ainsi Arzamas : située dans une forêt profonde à environ

250 kilomètres au sud-est de Moscou, Arzamas est une des dix villes russes dites, en 1996 encore, « fermées ».

Arzamas compte 96 000 habitants, dont 9 500 physiciens nucléaires et ingénieurs d'armement les plus qualifiés du pays. Sakharov a travaillé dans ce lieu pendant des décennies. La bombe soviétique à hydrogène y a vu le jour.

En 1992, à Arzamas, l'argent de Moscou n'arrive plus. Pacha Mercedes est ministre de tutelle. Plus de salaires. Plus de médicaments dans les hôpitaux. La sous-alimentation frappe les enfants. Dépositaires d'un savoir ultra-secret, les scientifiques sont au désespoir : certains partent en Chine, d'autres considèrent les offres de l'Iran, de la Libye. D'autres encore – mais ce n'est qu'un soupçon – écoutent avec bienveillance les émissaires des parrains.

Les États-Unis interviennent : le Laboratoire national de Los Alamos, au Nouveau-Mexique, prend en charge les hôpitaux, envoie des dizaines de chercheurs, initie des programmes conjoints et assure la survie des scientifiques russes (mais aussi arméniens, ukrainiens, kazakhs, etc.) d'Arzamas [6].

Autre problème qu'ont dû affronter les États-Unis : le regroupement et le démantèlement de l'énorme stock d'armes nucléaires ex-soviétiques. Dès l'effondrement de l'URSS, le président Bush veut obtenir le regroupement des armes entreposées en Ukraine, en Biélorussie, au Kazakhstan sur le territoire de la Fédération de Russie. Les sénateurs Sam Nunn et Richard Lugar font passer une loi qui autorise le président américain à participer, par des versements substantiels, au programme de destruction des armes nucléaires ex-soviétiques. Selon James Reston, le stock ex-soviétique s'élève en 1992 à plus de 30 000 têtes nucléaires [7].

6. Cf. John Barry, « Russia's Nuclear Secrets. Inside a Closed Atomic City », *Newsweek*, 2 mai 1996.

7. James Reston, *Deadline. A Memoir,* New York, Random House, 1991 ; je cite l'édition de poche (Times Books), 1992, p. 467.

Or, l'accord quadripartite obtenu par le président Bush n'est pas suivi : les gouvernements de Kiev, d'Alma Ata veulent eux-mêmes profiter des centaines de millions de dollars mis en circulation par la loi Nunn-Lugar. En 1994, Clinton revient à la charge : il conclut avec l'Ukraine un pacte de réduction (*Cooperative Threat Reduction*) des fusées intercontinentales à têtes nucléaires multiples.

Un programme secret est mis en route au Kazakhstan : le programme Saphir. Il prévoit le transport aux États-Unis de l'uranium enrichi kazakh ; l'uranium reste propriété de la République du Kazakhstan, mais les États-Unis le mettent à l'abri dans leurs dépôts afin de le soustraire aux mafias.

En 1996, enfin, le président Clinton impose à Pacha Mercedes un programme supplémentaire, visant à protéger, en Russie même, les dépôts de matériel nucléaire (uranium enrichi, plutonium, etc.) des attaques mafieuses.

Doté de 330 millions de dollars, ce programme finance l'activité de surveillance conjointe des dépôts de l'ex-Armée rouge par des inspecteurs américains, russes, ukrainiens, kazakhs. La surveillance se concentre autour des cinquante plus importants sites nucléaires. Le secrétaire adjoint du Département de l'énergie, Charles B. Curtis, trouve une formule frappante pour définir la contribution américaine : *« Guards, guns and gates »* (« Des gardiens, des armes et des barbelés »). Curtis est néanmoins inquiet : « Le temps presse. Il nous faudra beaucoup de chance pour mettre en place notre programme [...] avant qu'un vol majeur n'intervienne[8]. »

Comme il a raison, Curtis !

En septembre 1997, le général Alexandre Lebed, ancien conseiller pour la sécurité de Boris Eltsine et actuel chef de l'opposition en Russie, sonne l'alarme : « Les forces armées russes ont perdu le contrôle d'au moins 100 têtes nucléaires. Il s'agit de bombes de la taille d'une valise, facilement transportables, et

8. Charles B. Curtis, in *International Herald Tribune*, 1er mars 1996.

qu'une personne seule peut mettre à feu en moins de trente minutes. Chacune de ces bombes peut tuer plus de 100 000 êtres humains[9]. » Qui a volé ces armes ? Quand ? Où ? Dans quel but ? Lebed ne le dit (ou ne le sait) pas.

La criminalité nucléaire internationale montre une prédilection pour le territoire helvétique. Grâce aux pratiques libérales de ses laboratoires, à la compétence de ses banques multinationales, à ses aéroports intercontinentaux, à ses télécommunications et à son secret bancaire, la Suisse est, depuis le début des années 90, une véritable plaque tournante de la criminalité nucléaire internationale.

Examinons quelques-unes des affaires les plus récentes.

Dès 1994, certaines entreprises offraient sur le marché mondial de vastes quantités de mercure rouge, dont le trafic international est surveillé avec une particulière attention par les inspecteurs de l'AIEA.

Un élément semblait alarmant : le bas prix du mercure rouge. Le kilogramme était offert pour 375 000 dollars.

1994 était l'année où les services secrets américains rendaient public le programme de construction d'une bombe nucléaire nord-coréenne. Alarme à Washington : un des régimes les plus fous de la planète, à bout de souffle, affligé de famines et d'une guerre de succession interne, allait peut-être posséder bientôt les moyens concrets du chantage nucléaire.

La revue *Die Bilanz* publiait les fac-similés d'une correspondance d'une entreprise de Zurich avec des diplomates de l'ambassade nord-coréenne à Paris. Cette correspondance indiquait que le mercure rouge se trouvait dans un dépôt de l'aéroport franco-suisse de Bâle-Mulhouse. La visite des Nord-Coréens était attendue. La correspondance mentionnait également le montant de la commission exigée par les inter-

9. Alexandre Lebed, in *Le Monde*, 6 septembre 1997.

médiaires : 6000 dollars par kilogramme de mercure vendu [10].

Qui était derrière cette transaction ?

Trois anciens officiers du KGB, dont deux ont été arrêtés par la police fédérale suisse. Le premier fut extradé aux États-Unis, le second en Autriche (les deux faisaient l'objet d'un mandat d'arrêt international).

Nombre d'acteurs de la criminalité nucléaire peuvent compter sur le conseil, l'aide et l'assistance d'avocats et de fiduciaires suisses, notamment certains de ceux qui exercent à Zug. La charmante petite ville de Zug, située au cœur de la Confédération, abrite un grand nombre de sociétés dites « boîtes aux lettres », dont l'unique activité est justement de fournir un prête-nom contre rémunération [11].

Rappel : chacun des vingt-six États membres de la Confédération helvétique jouit de la souveraineté judiciaire. Il possède son propre système judiciaire et policier, son propre Code de procédure. Les pratiques judiciaires douteuses et la corruption rampante de certains de ces cantons ne sont donc que difficilement contrôlables par les autorités fédérales. Et cela malgré le fait que la Confédération possède en la personne de Carla Del Ponte une procureur fédérale d'une exceptionnelle compétence et d'un courage hors du commun.

Les États-Unis constituent eux aussi un marché privilégié pour les trafiquants de substances nucléaires. En 1997, les

10. *Die Bilanz*, Zurich, n° 9, 1994.

11. Il n'y a pas que Zug. Au moment de sa démission, le jeune procureur du canton de Schwyz, Joseph Dettling, dit : « L'argent russe inonde notre pays... Ici, à Schwyz, et dans l'État voisin de Zug, de nouvelles fiduciaires naissent presque chaque jour. [...] Nous sommes ici au bout de l'autoroute qui arrive de Zurich. Les Russes débarquent à l'aéroport de Zurich-Kloten dans la matinée, leurs bagages remplis de dollars. Ils déposent leur argent dans les banques et sociétés fiduciaires à midi. A minuit, ils sont de retour à Moscou » (in *The European*, Londres, 16 novembre 1995).

autorités fédérales américaines identifient vingt-cinq organisations mafieuses russes spécialisées dans ce trafic. Pour les combattre, Washington a créé un service spécial : la Task Force Odessa. Ses succès sont impressionnants. Exemple : en juillet 1997, deux trafiquants lituaniens, d'origine russe, Y. D. et J. P., sont présentés à un juge de Miami. Le premier a trente-six ans, le second vingt-huit. Ils appartiennent à la nouvelle et dynamique génération des mafiosi russes. Malgré cela, ils se sont fait cueillir comme des gamins. Des « taupes » de la Task Force leur avaient tendu une embuscade. Les agents s'étaient déguisés en « hommes d'honneur » de la Cosa Nostra new-yorkaise. Le procureur accuse les deux truands russes d'avoir offert aux « taupes » américaines des fusées Sam de type XIV et XVI, ainsi que du matériel nucléaire[12].

12. *Neue Zürcher Zeitung*, Zurich, 2 juillet 1997.

III

L'héroïne d'Asie centrale et de Vladivostok

La lectrice, le lecteur peuvent se demander ce que vient faire, dans cette troisième partie consacrée à la déchéance et la criminalisation partielle de l'ex-Armée rouge, un chapitre sur le trafic d'héroïne provenant d'Asie centrale et de l'Extrême-Orient. L'explication est simple : sans une connaissance précise des conséquences économiques, sociales, politiques de la guerre d'Afghanistan on ne comprendrait rien à la structure actuelle du marché de l'héroïne en Europe.

En décembre 1979, les divisions blindées soviétiques envahissent l'Afghanistan. En 1988, leur défaite est consommée. Le 14 avril de cette année-là, Andreï Gromyko, ministre des Affaires étrangères d'URSS, signe à Genève les accords d'armistice. La retraite des troupes soviétiques vers l'Ouzbékistan et les autres républiques soviétiques d'Asie centrale s'achève fin avril 1989. A Kaboul, le régime satellite créé par le KGB et dirigé par Najibullah reste au pouvoir. Il ne tombe qu'au printemps 1992. Najibullah et quelques-uns de ses complices se réfugient alors à la mission de l'ONU, à Kaboul. Le 27 septembre 1996, les Talibans (intégristes musulmans particulièrement rétrogrades) conquièrent Kaboul pour la première fois (ils en seront chassés peu après). Ils envahissent les bâtiments des diplomates de l'ONU – situés en zone extra-territoriale –, arrachent Najibullah à sa cachette et le pendent au lampadaire le plus proche. Ils infligent le même sort à son frère et à ses proches.

Pendant toute la guerre d'Afghanistan, mais surtout durant sa phase finale, de nombreux gradés soviétiques ont organisé, sous l'œil bienveillant de leurs supérieurs, un trafic extrêmement lucratif de morphine-base, d'héroïne et de ses dérivés ; ils ont encouragé la plantation de pavots et protégé les laboratoires. Ces anciens militaires dominent encore aujourd'hui de vastes réseaux et alimentent en grande partie le marché de la drogue d'Europe et d'Amérique du Nord.

La conférence des Nations unies sur le crime organisé, tenue à Naples en 1994, a consacré une séance spéciale à l'examen des mutations du marché de l'héroïne en Europe. En 1994, les trois quarts de l'héroïne consommée par les drogués d'Europe occidentale provenaient d'un triangle géographique formé par les républiques centre-asiatiques de l'ex-URSS, le Pakistan du Nord et l'Afghanistan.

Prenons le cas de l'opium : en 1995, selon les estimations du PNUCID (Programme des Nations unies pour le contrôle international des drogues), les ex-militaires russes ont importé d'Afghanistan environ 200 tonnes d'opium. A la frontière afghane, un kilo d'opium coûte environ 150 dollars. Sur le marché d'Och, en Kirghizie, lieu de transit obligatoire vers l'Europe, le même kilogramme se négocie à plus de 1 000 dollars. Arrivé à Moscou, le kilo d'opium pur est revendu à près de 10 000 dollars.

Dominé aux deux tiers par les Talibans qui ont conquis Kaboul pour la deuxième fois en 1997, l'Afghanistan a produit cette année-là quelque 2 300 tonnes d'opium, soit plus de 40 % de la production mondiale. L'opium afghan est récolté sur environ 55 000 hectares en grande majorité dans la partie du pays contrôlée par les Talibans. Le PNUCID a installé à Islamabad, au Pakistan voisin, son antenne pour l'Asie centrale et méridionale.

Les Talibans témoignent d'une moralité admirable : ils

punissent de mort la consommation d'héroïne sur leur territoire. L'exportation, en revanche, prospère. Que périssent les ennemis de l'Islam ! Chaque semaine, des tonnes de drogue quittent le territoire afghan pour l'Occident infidèle. Les Talibans lèvent sur chaque chargement l'impôt islamique de 10 %, le *zak*. Leurs commandants militaires protègent les laboratoires disséminés sur leur territoire.

Ce sont différents cartels de la mafia russe qui assurent la commercialisation hors d'Afghanistan de la pâte de morphine, de l'héroïne et des autres produits dérivés fournis par les Talibans. L'affaire est rentable : en 1997, le gramme d'héroïne plus ou moins pure se négocie dans les rues de Hambourg, Milan, Paris ou Zurich à un prix qui varie, selon les arrivages, entre 90 et 140 dollars[1].

Les ex-militaires russes disposent, pour l'exploitation des stupéfiants, de systèmes de transport et de communication hors pair.

Exemple : en 1995, des douaniers polonais, agissant sur information, interceptent un wagon rempli de dérivés d'héroïne et d'héroïne pure, peu après la frontière de Brest-Litovsk. Ils posent des scellés sur les portes du wagon et garent celui-ci sur des rails de stationnement.

Le lendemain matin, plus de wagon ! La nuit, une locomotive venue de la gare de Brest-Litovsk a accroché le wagon pour le ramener sur le territoire biélorusse, où, visiblement, les trafiquants jouissent de relations politiques utiles.

Depuis environ cinq ans, notamment grâce au PNUCID, la lutte contre les trafiquants de drogue s'intensifie à la frontière avec l'Europe de l'Est. Les seigneurs russes cherchent donc

1. Cf. aussi Hans Christian Poulsen, délégué du PNUCID, in *Le Nouveau Quotidien*, Lausanne, 30 juin 1997 ; aussi *Der Spiegel*, n° 3, 1998.

des collaborations extra-européennes afin de pouvoir exporter leur marchandise à travers des frontières moins sévèrement gardées. Le partenaire le plus actif des cartels russes est le Nigeria.

Peuplé de plus de 100 millions d'habitants, quatrième producteur de pétrole du monde, la Fédération du Nigeria est un pays puissant. Or, il est depuis deux décennies gouverné par des dictateurs militaires, généralement issus du Nord musulman, plus corrompus et cruels les uns que les autres, mais tous également appuyés par les grandes compagnies pétrolières, notamment la société Shell. Parfois, les dictateurs font mine de reculer d'un pas, sous la pression de l'opinion mondiale. Ces embellies, chaque fois, sont de courte durée. Longtemps maître des circuits de transit de l'héroïne venue de l'Asie, le général Ibrahim Babangida a dû accepter l'installation d'un gouvernement de transition et l'organisation d'élections présidentielles. A l'aube du 17 novembre 1993, le général nordiste Sani Abacha renverse le chef du gouvernement intérimaire, Ernest Shonekan. Le fonctionnement normal des circuits russo-nigérians de trafic des stupéfiants reprend.

Des tonnes d'opium, d'héroïne, de dérivés – afghans, birmans, kirghizes, pakistanais, etc. – transitent par Port Harcourt et Lagos.

Le général Sani Abacha est un partenaire fiable, qui jusqu'ici a résisté vaillamment à toutes les injonctions américaines et européennes.

Le vendredi 10 novembre 1995, le dictateur fait pendre l'écrivain Ken Saro-Wivwa et huit autres militants écologistes du peuple des Ogonis[2]. Les neuf hommes étaient des opposants

2. Les Ogonis vivent dans le delta du Niger. Leurs terres sont ruinées par la pollution et les destructions provoquées par les forages de Shell.

politiques pacifiques, mais déterminés du parrain de Lagos.

Le lundi 13 novembre de la même année, la Fédération du Nigeria est exclue du Commonwealth. Jamais auparavant une telle sanction n'a été prise contre un quelconque des États membres. De plus, la quasi-totalité des pays civilisés rappellent leurs ambassadeurs de Lagos.

La sanction contre Abacha et son régime est amplement justifiée. On peut néanmoins s'étonner de la sévérité et de la rapidité avec lesquelles elle a été prise.

Le président serbe Milosevic et ses tueurs se sont rendus responsables, depuis 1991, de dizaines de milliers de viols, de mutilations, d'assassinats. Les gouvernements d'Europe occidentale continuent à traiter avec eux. Il aura suffi de neuf opposants pendus une aube de novembre 1995 dans la prison de Port Harcourt pour que le général Abacha soit mis au ban des nations.

Une seule explication : les États occidentaux ont pris prétexte de la pendaison d'un grand écrivain et de ses compatriotes pour signifier au dictateur de Lagos leur mécontentement pour sa collaboration efficace et fructueuse avec les trafiquants russes de l'héroïne.

Un cas intéressant est celui de la région de Primorskii-Kraï, dans l'Extrême-Orient russe, où les ex-militaires de la défunte Armée rouge sont particulièrement actifs. Pendant près de soixante ans, cette immense contrée bordant l'océan Pacifique a été « zone d'administration militaire ». Hermétiquement fermée non seulement aux étrangers, mais encore à tout citoyen soviétique ne disposant pas d'un laissez-passer spécial, elle était exclusivement gouvernée par l'appareil de sécurité et par l'armée. Aujourd'hui, c'est le procureur général Valéri Vassilenko qui mène contre les seigneurs gouvernant l'économie de la région un combat désespéré, marqué par de nombreuses défaites.

En 1997, environ 2,5 millions de personnes habitent la

région de Primorskii-Kraï. La principale ville est Vladivostok, le grand port sur l'océan Pacifique.

La *Neue Zürcher Zeitung* appelle la région « *der wilde Osten Russlands* [l'Orient sauvage] [3] ».

L'Extrême-Orient russe détient le record de la criminalité organisée de toute la Fédération : plus de 50 000 crimes contre l'intégrité physique et contre la propriété perpétrés dans la seule ville de Vladivostok (750 000 habitants) durant les neuf premiers mois de 1995. Dans la région, les autorités indiquent une consommation de drogues dures vingt fois supérieure à la moyenne nationale. Un commerce florissant est celui de la fabrication et de la vente des pierres tombales – les chefs de bandes achetant d'avance et souvent à grands frais leurs monuments funéraires dans les cimetières de la ville.

Le ministère de l'Intérieur de la Fédération est traditionnellement l'adversaire le plus résolu du ministère de la Défense : l'Intérieur, en effet, possède lui aussi sa propre armée, entretient des troupes spéciales et possède des avions, des blindés et des missiles balistiques. On m'a mis en garde à Moscou : le ministère de l'Intérieur publie volontiers des chiffres exagérés sur les crimes commis dans les villes de garnison dépendant du ministère de la Défense.

Voici les chiffres du ministère de l'Intérieur pour la région qui nous préoccupe : en 1994, sur 100 000 habitants, 1 700 crimes de sang ont été commis en Russie. La proportion est nettement plus élevée à Primorskii-Kraï : 3 200 crimes de sang sur 100 000 habitants. 38 cartels de crime organisé comptant plusieurs milliers de « soldats » agissent dans la région [4].

3. *Neue Zürcher Zeitung*, Zurich, 13 juin 1997.

4. En 1995, les autorités chargées de la répression pénale dans la province maritime de l'Extrême-Orient russe ont pris une initiative inhabituelle : afin d'alerter l'opinion publique russe (et internationale) sur la situation locale, elles ont convié des journalistes à Vladivostok. Parmi eux, deux reporters de la presse occidentale : Didier François et Isabelle Lasserre ; cf. *Libération* et *Le Journal de Genève,* 8 novembre 1995.

Selon le PNUCID, Vladivostok est aujourd'hui une plaque tournante internationale du trafic de drogue, en direction de l'Europe. L'approvisionnement en matière première et en substances chimiques – nécessaires à la fabrication de drogues – provient de trois sources principales : du Vietnam, par voie maritime ; de Corée du Nord, où (selon les autorités russes) des dirigeants de la police secrète d'État sont des fournisseurs réguliers ; de Chine enfin, d'où provient, par voie terrestre, l'éphédrine, utilisée dans les laboratoires de Vladivostok.

Les seigneurs du crime organisé contrôlent majoritairement le commerce du bois, du poisson, des fruits de mer, du pétrole, l'import-export d'appareils électroniques et d'appareils ménagers. 90 % des voitures circulant dans la région sont d'origine japonaise, importées en fraude. Quant au secteur bancaire, il est presque entièrement entre les mains des bandes.

D'autres activités plus exotiques procurent des revenus importants à certains amis de Pacha Mercedes. En octobre 1995, par exemple, un train militaire provenant du Kazakhstan et se rendant en Corée du Nord a été « kidnappé ». Il transportait des appareils de radar et de l'artillerie lourde. Déchargé en pleine campagne, le butin a disparu. Il a certainement rejoint les circuits clandestins du trafic international d'armes de guerre.

Finalement, en juin 1997, le président Eltsine tenta de soumettre l'Orient sauvage. Tâche herculéenne : la nouvelle Constitution prévoit l'élection par le peuple des 89 gouverneurs de la Fédération. Moscou ne peut donc destituer à sa guise un gouverneur criminel ou incompétent. Dans le cas de la région de Primorskii-Kraï, Eltsine trouva une solution originale : le gouverneur Nasdratenko fut mis sous la tutelle du chef local des services secrets de la Fédération (FSB), qui, désormais, exerce l'essentiel des pouvoirs administratifs et juridiques dans la région.

QUATRIÈME PARTIE

Monseigneur et ses unités noires

« Tous les poissons disparaissent,
La Justice s'en émeut :
Que le requin comparaisse,
Qu'il s'explique s'il le peut.

Le requin est amnésique,
Les témoins ne savent rien,
Et sans preuve juridique,
Un requin n'en est pas un. »

BERTOLT BRECHT,
LA COMPLAINTE DE MACKIE LE SURINEUR.

I

Le banditisme bancaire

Face au banditisme bancaire mondial, les autorités des sociétés démocratiques semblent curieusement impuissantes.

En juin 1982, des passants londoniens aperçoivent, au-dessous du Black-Friars Bridge (« pont des Frères-Noirs »), un cadavre pendu à une poutre métallique et qui se balance au vent du matin. Ce cadavre est celui de Roberto Calvi.

Calvi a été l'un des banquiers les plus puissants du monde. La chute de son empire, construit autour du Banco Ambrosiano, a provoqué une faillite de plus de 1 milliard de dollars et ruiné des dizaines de milliers d'entreprises et d'épargnants honnêtes.

Juillet 1982 : les présidents des banques centrales des pays occidentaux se réunissent en hâte dans la grande tour de verre de la Banque internationale des paiements, à Bâle. Ils adoptent des normes rigoureuses afin d'empêcher à tout jamais la répétition d'une telle calamité.

Dix ans plus tard, c'est la Banque de crédit et de commerce international (BCCI) qui se désintègre dans un fracas de fin du monde. Cette fois-ci, la faillite s'élève à plus de 12 milliards de dollars, le nombre des créanciers ruinés à plus de 100 000. Nouvelle panique, nouvelle réunion d'urgence des banquiers centraux. D'autres normes internationales, plus contraignantes encore, sont édictées.

En novembre 1995, un des plus puissants empires financiers japonais, la Daiwa Bank, accusé de pratiques criminelles sur cinq continents, s'effondre. Yukio Yoshimura, ministre des Finances à Tokyo, décrète des sanctions exemplaires. Aux États-Unis, le gouvernement ferme toutes les succursales de la banque, l'accusant d'avoir organisé, au détriment des clients américains, une escroquerie sur les obligations et autres papiers-valeurs de plus de 1 milliard de dollars. Réunis à Bâle, les banquiers centraux adoptent de nouvelles et rigoureuses directives internationales de surveillance et de contrôle...

Deux ans plus tard, en novembre 1997, un nouveau tremblement de terre secoue la finance japonaise : cette fois-ci, c'est la plus grande maison de commerce de papiers valeurs d'Asie, la Yamaichi Securities Company, qui s'effondre dans un bruit de fin du monde. L'enjeu de la faillite ? 30 billions de yen, c'est-à-dire environ 40 milliards de dollars. Comment ce malheur a-t-il pu se produire ? Il existe au Japon un cartel mafieux particulièrement sophistiqué qui s'appelle Sokaya. Ses gangsters ont une spécialité : ils recueillent par la corruption ou la violence des informations confidentielles sur une entreprise (*insider informations* en américain). Grâce à ces informations, ils exercent ensuite un chantage lucratif sur les dirigeants de l'entreprise en question. Le 2 décembre 1997, la justice de Tokyo ouvre un procès contre un nommé Koike, membre influent du cartel. Et le malheur prend son cours : apprenant que les gangsters ont infiltré avec succès la Yamaichi Securities Company, les dépositaires, par dizaines de milliers, retirent leurs fonds... et la maison s'effondre.

D'où encore une fois la question : comment protéger le monde international de la finance contre le banditisme bancaire ?

Cette quatrième partie du présent livre met en scène la naissance, la vertigineuse croissance et la brusque désintégration de la plus grande banque criminelle de tous les temps, la Banque de crédit et de commerce international.

La BCCI n'est pas seulement une formidable machine à laver l'argent sale de centaines de seigneurs du crime. Elle est elle-même, nous le verrons, un des plus puissants cartels de la criminalité organisée ayant existé sur la planète.

A sa tête, l'un des plus étonnants parrains de cette fin de siècle, Agha Hasan Abedi, dit *Agha Sahib*, « Monseigneur » en langue urdu.

II

L'irrésistible ascension d'Agha Hasan Abedi

Pendant toute la durée de son existence, de 1972 à 1991, la BCCI était implantée sur les cinq continents et possédait des succursales dans soixante-treize pays. Aux États-Unis et en Europe occidentale, elle n'entretenait pas moins de quatre cents agences. Son quartier général mondial se trouvait dans un somptueux immeuble au cœur de la City de Londres. Quant à son siège parisien, il était installé aux Champs-Élysées.

Sur l'archipel des îles Caïmans, une possession britannique dans les Caraïbes, la BCCI entretenait une société holding, contrôlant des centaines de sociétés *off shore*, de *trust-funds*, de sociétés fiduciaires et des établissements financiers non bancaires.

Au sein des conseils d'administration de la BCCI et de ses sociétés affiliées siégeaient des princes des dynasties régnantes d'Arabie Saoudite et des émirats du Golfe, d'anciens ministres des États-Unis et des États européens, des aristocrates britanniques et d'anciens présidents ou directeurs généraux de banques multinationales occidentales.

L'International Credit and Investment Corporation (ICIC), appartenant elle aussi à la galaxie de la BCCI, finançait, entre autres institutions, la Fondation ICIC. Celle-ci pratiquait la charité publique sur une vaste échelle et avec le plus d'échos possible. A Londres, le Cromwell Hospital, un des établissements de soins les plus célèbres du royaume, bénéficiait de ses largesses. La Fondation était associée à celle de l'ex-président américain Jimmy Carter. Sur les cinq continents, elle entretenait des orphelinats, des centres d'apprentissage, des centres de recherche scientifique, des cliniques de pointe, des écoles, des hospices pour les personnes âgées.

La BCCI accordait des crédits astronomiques aux gouvernements les plus divers. La Fédération du Nigeria, à elle seule, en détenait pour plus de 1 milliard de dollars.

Le fondateur de la BCCI, Agha Hasan Abedi, était un Pakistanais élégant et frêle, de confession chiite. Il jouissait d'un prestige personnel immense. Familier de nombreux chefs d'État et de gouvernement, intime de plusieurs dynasties régnantes d'Arabie et d'Asie du Sud, il avait ses entrées à la Maison-Blanche et dans de nombreux palais gouvernementaux de la planète.

L'opacité et le secret étaient ses armes. A cause d'un système d'organisation et de comptabilité singulier dont nous parlerons plus loin, personne n'a jamais su le montant exact des capitaux manipulés par lui, ni le chiffre véridique des bilans de la BCCI et de ses sociétés affiliées.

Au moment de la mise en terre du Pakistanais flamboyant, le *New York Times* fit le compte approximatif de ses méfaits. Bilan : durant son existence, Agha Hasan Abedi avait escroqué des centaines de milliers de créanciers pour une somme globale supérieure à 12 milliards de dollars [1].

Aucun doute : le parrain chiite a été un homme d'une intelligence, d'une vitalité, d'une ambition et d'une capacité d'analyse exceptionnelles – toutes qualités qui se sont révélées très tôt dans sa vie.

1. *New York Times*, New York, 7 août 1995.

Il est né à Lucknow, en Inde, le 22 septembre 1922 (son passeport indique la date du 14 mai).

Lucknow est une prestigieuse et très vieille cité de l'Inde septentrionale, capitale jusqu'en 1859 d'un royaume indo-musulman, le royaume d'Oudh. Le nom « Oudh » possède lui aussi une histoire compliquée : il dérive du titre cérémoniel que portaient les nababs (souverains) de Lucknow.

Le père d'Abedi appartient à une lignée ancienne : c'est un chiite érudit, administrateur avisé, lecteur passionné, nourri de la culture ancestrale du royaume d'Oudh.

En Inde, souvent, les érudits chiites sont des administrateurs, des chambellans des maharadjahs. Le père d'Abedi s'occupe des biens immenses de Raja Sahib, de Mahmudabad. Hasan fréquente la faculté de droit locale. Son enfance, sa prime jeunesse sont celles de tout enfant modeste, menant selon les us et coutumes ancestraux une vie de famille traditionnelle et besogneuse.

1945 : le jeune homme entre comme petit employé dans la grande banque chiite du sous-continent indien, la Habib Bank. Il est assigné à la succursale de Bombay.

Ses biographes[2] le décrivent comme un jeune homme aux yeux noirs, au regard intense, aux cheveux de jais ondulés, à la stature mince et musclée. C'est un homme qui plaît – et qui se plaît. De cette époque date son goût pour les tenues extravagantes et les vêtements coûteux. Plus tard, dans la City de Londres, il sera célèbre pour ses souliers en cuir de crocodile et ses éternelles chemises de soie rose.

En 1947, l'occupant britannique quitte le sous-continent indien. Des massacres interethniques effroyables président à la partition de l'Inde et à la naissance des nouveaux États de l'Inde et du Pakistan. 14 millions de personnes migrent d'est en

2. Cf. Peter Truell et Larry Gurwin, *BCCI. The Inside Story of the World's most Corrupt Financial Empire*, Londres, Bloomsbury, 1992 ; James Ring Adams et Douglas Frantz, *A Full Service Bank*, New York, Simon & Schuster, « Pocket Books »,1992.

ouest, d'ouest en est et du sud au nord. Des millions sont tuées. Musulmane, la famille d'Abedi rejoint le Pakistan, le pays des « purs », fondé par Muhammad Ali Jinnah et sa Ligue musulmane. La famille perd tous ses biens. La Habib Bank, elle aussi, déménage. Elle se réinstalle à Karachi.

En 1959, le jeune employé est frustré. Il sait que dans cette banque familiale, régie selon le code d'airain du paternalisme chiite, il n'ira nulle part. Il démissionne. Avec de l'argent prêté, il fonde sa propre banque : l'United Bank Limited (UBL). Rapidement, l'UBL prospère. Au milieu des années 60, Abedi est le premier entrepreneur du Pakistan à s'équiper d'ordinateurs. Il acquiert le premier IBM 360-40 de toute l'Asie du Sud.

A la fin de la décennie, l'UBL devient la deuxième banque privée du Pakistan.

Comment expliquer ce succès ? Déjà un des traits de la nature fondamentale d'Abedi se révèle : il joue double jeu, séduisant les uns, mentant aux autres, cachant à tout le monde ses intentions véritables.

Karachi, capitale du Sind, est aujourd'hui une cité de 13 millions d'habitants située dans la basse vallée de l'Indus. Son port est le troisième du continent asiatique. Une guerre civile endémique – aujourd'hui un conflit ouvert provoquant des centaines de morts chaque année – ravage la ville et ses banlieues. Deux populations s'y affrontent : les Muhajir et les Sindi.

Les Sindi sont les habitants du Sind, cette immense, superbe et fertile région de la basse vallée de l'Indus.

Les Muhajir sont des musulmans venus d'Inde. Malgré la partition de 1947, il existe aujourd'hui encore des dizaines de millions de musulmans en Inde. Le Pakistan et l'Inde se livrent une guerre larvée. Enjeu : le contrôle de la vallée du Cachemire, située au pied du massif de l'Himalaya, que les deux États revendiquent et que l'Inde occupe en grande partie depuis 1948.

Périodiquement, la haine interethnique s'enflamme en Inde, et de nouvelles centaines de milliers de familles musulmanes affluent au Pakistan, le plus souvent dans Karachi surpeuplée.

Lors de ma dernière visite à Karachi, en décembre 1995, j'ai traversé les rues désertes qui séparent l'aéroport international du centre-ville dans la voiture blindée du consul général de Suisse. Interdit de sortie, j'ai entendu la nuit des coups de feu crépiter autour de l'hôtel Sheraton et vu dans le ciel violet la trace lumineuse des balles.

Le conflit dure depuis un demi-siècle, quoique avec une intensité variable.

Abedi a su jouer en maître sur les vagues houleuses de la haine interethnique : auprès des riches commerçants, dirigeants politiques et petits travailleurs muhajirs il exhibe sa qualité d'immigré discriminé et de chiite. Leur argent afflue sur les comptes de l'UBL. En même temps, il réussit à gagner la confiance de plusieurs des grands latifundiaires du Sind. Les seigneurs du Sind vivent comme des nababs dans leurs palais urbains. Ils possèdent des fortunes colossales.

Sur leurs propriétés de la vallée et du delta, les paysans, leurs épouses et leurs enfants travaillent enchaînés, comme des esclaves, pour quelques roupies par jour.

Dans leurs ateliers, des enfants de cinq à dix ans perdent la vue en nouant dans la semi-obscurité, de leurs petites mains, les fils de tapis précieux. Je connais peu d'oligarchies aussi féroces et méprisantes que celle des féodaux du Sind : Benazir Bhutto en est issue, comme Farooq Legahri, longtemps président de la République.

Le chiite finançait le commerce d'armes des deux côtés – qui, à leur tour, l'associaient à leurs propres affaires. Il devint notamment l'intime d'un des plus puissants politiciens du Pakistan, Nawaz Sharif, alors Premier ministre de la province du Pendjab et actuel Premier ministre du Pakistan.

Abedi avait un autre ami encore : le cheikh Zayed ben Sultan Al-Nahyan, seigneur d'Abu Dhabi et président de la Fédération des Émirats arabes unis.

Zayed était un chasseur au faucon légendaire, l'auteur de poèmes épiques célébrant l'amour des femmes et un passionné de courses de chameaux.

Abedi fit son siège, le courtisa patiemment, le couvrit de tapis, de faucons, de chameaux de course, de femmes.

Il le séduisit par son messianisme antibritannique.

Il proposa à l'émir de gérer son argent.

Zayed devint l'associé du chiite. Dans tout le golfe Arabique et aussi dans les palais de Riyad et de Djedda, son prestige était grand. Son amitié ouvrit à Abedi les portes des palais.

A quel moment précis de son histoire le banquier-trafiquant du golfe Arabique, le spéculateur financier de Karachi, le pourvoyeur d'armes et agent double des Muhajir est-il devenu un seigneur du crime transcontinental organisé ? Quand Agha Hasan Abedi s'est-il transformé en Agha Sahib, en « Monseigneur » ?

La date clé est octobre 1973. La quatrième guerre israélo-arabe réveille alors l'OPEP, l'organisation des pays producteurs de pétrole. Celle-ci menace l'Occident d'un blocus pétrolier et provoque la flambée des prix.

Mû par une formidable intuition, Abedi vient, quelques mois auparavant, de fonder, avec Swaleh Naqvi, son associé à l'ULB, et quelques anciens de la Habib Bank, un institut financier en Europe : la BCCI. Il l'a enregistré au Luxembourg et a établi son quartier général dans un immeuble de Park Lane, à Londres.

En décembre 1973, le prix du pétrole double. Cheikh Zayed et les autres bailleurs de fonds de l'ancienne ULB engrangent des milliards de dollars et en confient une grande partie à leur banquier chiite et à son nouvel établissement, la BCCI.

Saisi d'une brusque mégalomanie, le petit réfugié du royaume d'Oudh décide alors de venger d'un seul coup toutes ses humiliations passées. Désormais, il veut conquérir le monde.

Son ambition : devenir le financier le plus puissant de la planète.

La machine infernale est lancée.

III

Le messianisme tiers-mondiste

Monseigneur était un idéologue formidable, un débatteur flamboyant, un prophète adoré de ses centaines de milliers de partisans. Bien que les capitaux de départ de la BCCI eussent été fournis par les pétrodynasties du Golfe, il se souvenait de son passé d'obscur immigrant, constamment humilié dans son commerce quotidien avec les familles régnantes du Sind. La BCCI serait la banque des travailleurs, des commerçants, des artisans asiatiques les plus humbles. Ces travailleurs, ces commerçants, ces artisans se comptaient par millions : dans la vallée de l'Indus d'abord, puis au-delà du golfe Arabique, dans les émirats, en Angleterre ensuite, aux États-Unis, en Afrique, en Amérique latine et, plus loin encore, aux Philippines et en Indonésie.

Pour eux, il allait créer cet extraordinaire réseau de succursales et de sociétés de services, où le client était accueilli par des compatriotes parlant sa langue, connaissant ses coutumes, ses besoins, ses angoisses.

Ce réseau de banques, dites de proximité, produisit sa propre idéologie légitimatrice. Par des campagnes de publicité de dimensions mondiales, Abedi affirmait inlassablement vouloir donner sa chance à l'épargnant, au dépositaire, au créancier d'origine asiatique, pillé, plumé par les grands instituts financiers occidentaux. La fondation de la BCCI relevait de la croisade. Dans d'immenses rassemblements populaires (ou dans des fêtes plus restreintes, destinées aux oligarchies des pays d'Asie du Sud et du Moyen-Orient), Abedi se donnait à voir comme le Messie. Il allait opérer une nouvelle distribution des richesses mondiales. Face aux Blancs et à leur toute-puissance financière, il allait instaurer un empire : celui de l'homme asiatique devenu conscient de sa force collective et de son identité.

Messianisme efficace : non seulement des dizaines et des dizaines de milliers de familles de travailleurs, d'entreprises ou d'instituts bancaires du tiers monde, mais encore des banques centrales confièrent leurs avoirs à Abedi. Durant ses années de gloire, la BCCI ne géra pas uniquement les réserves de la banque centrale du pauvre État du Botswana, mais également celles de la banque centrale du Nigeria, une des économies les plus puissantes du tiers monde.

Une multitude de journaux, de stations de radio et de télévision fondés par Agha Sahib en Asie, au Moyen-Orient, à Londres, New York, Lagos et Djakarta diffusaient inlassablement les promesses de la foi.

Un discours prononcé par Monseigneur à Londres en 1988 donne la dimension de l'engagement « moral » de la BCCI : « Une passion morale habite la BCCI. Elle nous aide à supporter tous les jours les difficultés et les peines inhérentes à notre travail de managers. La tâche qui nous est confiée, nous la recevons d'un cœur joyeux et c'est dans le bonheur que nous l'accomplissons. Les temps difficiles que nous vivons exigent que la direction de la BCCI allume chez chaque personne de notre famille [les employés de la BCCI] la flamme de la plus haute vision et de la qualité morale la plus élevée. Le courage et la pureté vaincront[1]. »

Son double jeu, qui, pendant dix-huit ans, rendit des dividendes astronomiques et fit de lui l'un des nababs les plus puissants du monde, consistait en une stratégie somme toute assez simple : foncé de peau, né dans une humble famille

1. *In* Peter Truell et Larry Gurwin, *BCCI…*, *op. cit.*, p. 249.

chiite persécutée et chassée de ses terres d'origine en Inde, habité par une obsession de revanche sociale brûlante, Agha Sahib s'instituait protecteur des humbles, banquier des laissés-pour-compte.

Inlassablement il prêchait ce message : toutes les banques puissantes du monde appartiennent à des Occidentaux, à des Blancs, aux oppresseurs immémoriaux des peuples d'Asie et du Tiers Monde.

La conquête coloniale avait au siècle passé fondé leurs empires. C'était l'exploitation des épargnants asiatiques, africains – en bref, des petites gens crédules, à la peau foncée – qui garantissait aujourd'hui leur puissance.

La BCCI serait la vengeance des humbles, la banque des va-nu-pieds, la providence des pauvres. Elle serait aussi puissante, aussi indestructible que n'importe quel empire financier érigé par l'Occident dominateur. Elle serait la Némésis des exploités.

Et les pauvres des cinq continents le crurent – lui apportant leurs économies durement conquises, s'endettant auprès d'elle et travaillant d'arrache-pied pour réaliser leurs rêves.

Or, Agha Sahib, le chiite au verbe magique et aux mains d'or, n'était qu'un vulgaire démagogue, transformant la foi de centaines de milliers de ses ouailles en espèces sonnantes, à son profit personnel et exclusif. Avec le sang des pauvres, il construisit son cartel criminel. Comme n'importe quel chef de secte, il détourna l'argent et la foi des croyants, érigea sur les décombres de leurs rêves sa fortune personnelle.

Léon Bloy : « Le sang du pauvre, c'est l'argent. On en vit et on en meurt. Il résume expressément toute souffrance[2]. » Pour des centaines de milliers de petits épargnants asiatiques à travers le monde cette prophétie est devenue une cruelle réalité en 1991.

Force est de constater l'extraordinaire efficacité de la straté-

2. Léon Bloy, *Le Sang du pauvre*, Paris, Stock, 1909, rééd. Arléa, 1995.

gie idéologique de Monseigneur. Elle agit encore au-delà de sa mort.

Fin 1995, à Karachi, j'ai repris contact avec certains de mes amis de la défunte revue *South*. Cette revue paraissait en quinze langues. Éditée à Londres, elle avait été financée par la Fondation ICIC. La Fondation était inscrite au registre du commerce de Georgetown, aux îles Caïmans. Elle était l'émanation d'une des innombrables sociétés holdings *off shore* de la BCCI, l'International Credit and Investment Corporation Overseas Limited.

Malgré son financement douteux, *South* bénéficiait d'une grande liberté éditoriale. Durant les années 70-80, elle fut l'une des principales revues internationales engagées dans la défense des peuples du Sud. Dans les milieux européens de la sociologie des sociétés du tiers monde, elle jouissait d'une réputation méritée. Je la lisais régulièrement. *South* a sombré dans le naufrage de la BCCI.

A Karachi, en décembre 1995, je découvris avec étonnement le total aveuglement de ses anciens rédacteurs : tous gardaient pour Agha Sahib affection et admiration. Impossible de critiquer devant eux l'aventurier du Sind.

Dans *Politics and Business*, un hebdomadaire de gauche, violemment critique à l'égard de l'actuel régime pakistanais, Humayun Gaubar publie une apologie d'Abedi, sous le titre révélateur : « The Fall Guy » (« Le bouc émissaire »).

La théorie qui fait d'Abedi une innocente victime du grand capital occidental y est développée avec force : « Agha Sahib, banquier progressiste, défenseur des peuples du tiers monde [...] utilisé par l'Occident pour ses propres buts et combines [...]. L'Occident l'a écarté et détruit dès qu'il n'en a plus eu besoin [après la fin de la première guerre d'Afghanistan] [...] Abedi a aidé la Jamaïque, le Pérou, le Nigeria et le Pakistan [...] cela ne pouvait que déplaire à l'Occident [...]. C'était un homme de liberté : jamais il n'est intervenu dans les affaires de la revue *South*. Celle-ci était financée par la BCCI, une banque musulmane [...] et pourtant *South* a été interdite pendant dix ans en Arabie Saoudite et au Koweït [...]. Lorsque la BCCI est devenue trop puissante, les grandes banques occidentales ont pris peur [...]. Elles ont décidé de l'abattre[3]. »

Gaubar donne de l'opération de Tampa, qui scella la chute de la BCCI et dont nous parlerons plus loin, une interprétation originale : « ... une embuscade, un traquenard monté de toutes pièces par les agents secrets des douanes américaines, destiné à liquider la seule banque multinationale des peuples du tiers monde [...] Abedi est tombé victime des hyènes[4]. »

3. Humayun Gaubar, « The Fall Guy. Agha Hasan Abedi », *Politics and Business*, Karachi, 22 août 1995.

4. *Ibid.*

IV

L'organisation de l'empire

Grâce, notamment, aux enquêtes et auditions publiques menées après la désintégration de la BCCI en 1991 par quatre commissions spécialisées du Sénat et du Congrès américains et par la commission d'enquête nommée par la Chambre des communes, il est aujourd'hui possible d'esquisser, du moins d'une façon approximative, l'organigramme de l'empire d'Agha Hasan Abedi[1].

1. Je dois une gratitude particulière aux fonctionnaires de la Library of Congress, à Washington, pour leur aide constante. La lecture de quatre rapports (et auditions de témoins) m'a particulièrement éclairé :

– *The BCCI Affair. Hearings before the Subcommittee on Terrorism, Narcotics, and International Operations of the Committee on Foreign Relations. US Senate, 102nd Congress, First and Second Sessions.* 1re partie : *August 1, 2, 8, 1991* ; 2e partie : *October 18, 22, 1991* ; 3e partie : *October 23, 24, 25, November 21, 1991* ; 4e partie : *February 19, March 18, 1992* ; 5e partie : *May 14, 1992* ; 6e partie : *July 30, 1992* ;

– *The BCCI Affair. A Report to the Senate Committee on Foreign Relations from Senator John Kerry, Chairman, and from Senator Hank Brown, Ranking Member, Subcommittee on Terrorism, Narcotics, and International Operations, at the Conclusion of an Investigation of Matters Pertaining to the Bank of Credit and Commerce International. 102nd Congress, Second Session, September 30, 1992* ;

– *Bank of Credit and Commerce International (BCCI) Investigation. Hearings before the Committee on Banking, Finance and Urban Affairs, U. S. House of Representatives, 102nd Congress, First Session* ; 1re partie : *September 11, 1991* ; 2e partie : *September 13, 1991* ; 3e partie : *September 27, 1991* ;

– *The Bank of Credit and Commerce International and S. 1019. Hearing before the Subcommittee on Consumer and Regulatory Affairs of the*

Rarement dans l'histoire des investigations judiciaires une organisation criminelle a été l'objet d'autant d'enquêtes – effectuées par des enquêteurs d'une telle compétence – que la BCCI.

Pourtant, le terme « organigramme » est impropre. Ni les différents parquets et juges d'instruction des divers États, ni les juristes des multiples comités d'investigation du Sénat et du Congrès américains ou de la Chambre des communes, ni les inspecteurs des services douaniers ou encore les spécialistes des enquêtes financières internationales ou boursières mises en route par les banques centrales ou les commissions de contrôle des différentes Bourses n'ont réussi à dresser un organigramme cohérent et complet de l'empire. Tout au plus ont-ils pu identifier les réseaux financiers compliqués des sociétés holdings, *trust-funds*, sociétés fiduciaires, banques et sociétés de services qui s'entrecroisaient, se superposaient ou se concurrençaient dans un ordre que personne, d'une façon définitive, n'est parvenu à comprendre.

Nombre des principaux acteurs de l'aventure impériale, par contre, ont été pour la plupart identifiés, et certaines de leurs activités reconstituées.

Ces acteurs appartenaient à cinq catégories distinctes :

– Il y avait d'abord les banquiers proprement dits, directeurs, cadres et employés de la BCCI, de ses sièges nationaux,

---

Committee on Banking, Housing, and Urban Affairs, US Senate, 102nd Congress, First Session, May 23, 1991.

Le Parlement anglais a, lui aussi, mené une investigation :

– *Banking Supervision and BCCI : International and National Regulation. The Treasury and Civil Service Committee Reports of the House of Commons, 1991 and 1992.*

Quant aux investigations menées par la Banque d'Angleterre et à la polémique publique que la tardive réaction de son gouverneur a suscitée au Parlement à Westminster et dans l'opinion publique, je dois de la gratitude aux documentalistes et responsables de la bibliothèque de l'ONU, palais des Nations, à Genève, qui m'ont permis d'en être informé.

Le rapport final de la Banque d'Angleterre a été publié dans ses passages essentiels, accompagnés de commentaires, par le *Financial Times*, Londres, 23 octobre 1992.

de ses succursales régionales et locales, de ses holdings, sociétés financières, fiduciaires ou de services. Ces banquiers « ordinaires » se comptaient par milliers.

– Il y avait ensuite « les banquiers de l'ombre », cette poignée d'associés fidèles d'Abedi, triés sur le volet, qui formaient le gouvernement secret de l'empire. Aux îles Caïmans était installé ce que le sénateur américain John F. Kerry, président de la Commission sur le terrorisme, le trafic de la drogue et les opérations internationales, appelle « la banque dans la banque ».

– Un troisième type d'acteurs était constitué par « les préposés au protocole ».

– Un quatrième type, par « les entrepreneurs ».

– Un cinquième type, par les membres des « unités noires ».

Examinons les unes après les autres ces cinq catégories de protagonistes.

Rien de particulier à dire sur le personnel ordinaire de la BCCI, celui qui était chargé de recueillir les dépôts, d'investir les fonds, d'accorder des crédits commerciaux, de financer les transactions légales – en bref, d'effectuer l'ensemble des opérations habituelles d'une grande banque transcontinentale.

Les banquiers ordinaires agissaient dans soixante-treize pays. Leur tâche première était la collecte de l'argent. Cet argent provenait pour une large part des dépôts des travailleurs, commerçants, grands marchands d'Asie du Sud, du Moyen-Orient, d'Afrique noire, ou des immigrés asiatiques, arabes ou africains en Europe ou en Amérique du Nord et du Sud.

Une grande partie de ces fonds colossaux était presque immédiatement transférée sur des comptes secrets aux îles Caïmans et mis à la disposition de « la banque dans la banque ».

Les banquiers ordinaires n'avaient qu'une seule obligation : garder suffisamment d'argent en caisse pour honorer les demandes de retrait habituelles des déposants. Selon les calculs de la commission Kerry, ces retraits se sont élevés durant la décennie 1981-1991 à environ 10 % de la totalité des fonds déposés.

Des capitaux extrêmement importants pouvaient donc être transférés clandestinement aux îles Caïmans tous les mois.

« La banque dans la banque » était composée par le cercle dirigeant suprême, comportant Monseigneur, ses amis et cousins les plus intimes.

Au cours des nombreuses procédures pénales ayant suivi la chute de la BCCI, plusieurs des plus importants directeurs financiers de l'empire ont choisi de collaborer avec la justice.

Or, aucun d'eux n'a été en mesure de dessiner les circuits complets empruntés par l'argent collecté.

Et pour cause : la comptabilité centrale de l'empire était tenue par Hasan Abedi personnellement et par des financiers, pakistanais pour la plupart, connus de lui seul. Ces hommes travaillaient d'une façon archaïque : les documents centraux étaient écrits à la main, en langue urdu et selon un code qu'aucun procureur ne réussit à décrypter.

Alimentée par les comptes secrets des îles Caïmans, « la banque dans la banque » était une organisation criminelle de type classique. Elle blanchissait et réinvestissait les milliards des trafics intercontinentaux de la drogue, des armes de guerre, de l'évasion fiscale, des rançons du terrorisme et du produit de la corruption des ministres et hauts fonctionnaires du monde entier.

Elle falsifiait des documents bancaires selon les besoins du moment, transportait constamment d'immenses sommes d'un continent à l'autre, violait à volonté les règlements sur les devises, les lois fiscales et plus simplement les lois pénales des pays où elle opérait. Et, surtout, « la banque dans la banque » acquérait, sous les identités les plus diverses (grâce aux *shell companies*, des sociétés fictives créées pour l'occasion), le contrôle de nombre de sociétés industrielles et commerciales, compagnies d'assurances et banques dans le monde entier[2].

Elle rendait à ses clients puissants des services appréciables.

Exemple : à partir des années 80, les polices européennes et américaines mirent en place des mécanismes de défense et de contrôle de plus en plus efficaces contre l'importation en Europe et aux États-Unis d'héroïne provenant de la vallée de l'Indus, d'Anatolie et de la plaine de Kaboul. Les trafiquants devaient donc trouver des voies de rechange (qui ne passeraient plus par la Bulgarie et la Yougoslavie). Ils ouvrirent la route africaine. L'héroïne était expédiée au Nigeria et, de là, dans les différents ports atlantiques d'Amérique et d'Europe[3].

Agha Hasan Abedi se chargea d'obtenir la complicité des militaires au pouvoir à Lagos. Le général Babangida et ses acolytes reçurent un crédit de « la banque dans la banque » de 1 milliard de dollars, à des taux d'intérêt insignifiants.

La générosité d'Abedi envers les dictateurs successifs au pouvoir à Lagos se révéla profitable : la banque nationale de la puissante Fédération du Nigeria déposa ses réserves de devises et d'or à la BCCI, à Londres.

Autre exemple : Saddam Hussein et son clan des Takriti, au pouvoir à Bagdad depuis 1978, détournaient systématiquement à leur profit personnel une partie des recettes de l'exportation du pétrole irakien. L'Irak avait été, jusqu'au blocus de 1991, le deuxième producteur d'hydrocarbures du monde.

« La banque dans la banque » assurait le bon fonctionnement de ces réseaux de pillage.

Monseigneur travaillait avec une efficacité redoutable : après la guerre du Golfe, le Conseil de sécurité autorisa plusieurs catégories de victimes (la dynastie régnante du Koweït,

2. Cf. *supra*, p. 178.
3. Cf. *supra*, p. 168-169.

des particuliers de plusieurs nations, les gouvernements ayant fourni des troupes à la coalition victorieuse, etc.) à réclamer des dommages et intérêts à l'Irak, pour plusieurs centaines de millions de dollars. L'opacité du réseau du blanchiment du butin de Saddam organisé par Abedi est telle que les plaignants n'ont, à ce jour, récupéré que des sommes dérisoires.

« La banque dans la banque » entretenait à travers le monde un réseau efficace de corruption. Dans les seuls États-Unis, des dizaines de douaniers, de contrôleurs des terminaux de cargos des aéroports, d'inspecteurs fiscaux, de policiers étaient payés par « la banque dans la banque » et rendaient ainsi possible la libre circulation des armes, de la drogue et d'autres marchandises de contrebande.

Des dictateurs d'Afrique, d'Asie, d'Amérique latine – Samuel Doe, du Liberia, Manuel Antonio Noriega, du Panama, Joseph Désiré Mobutu, du Zaïre, plusieurs cheikhs du golfe Arabique, etc. – étaient des clients de choix de « la banque dans la banque ».

Parmi ces « kleptocrates » figurait, hélas, également un éminent membre de l'Internationale socialiste, le jeune et sympathique président du Pérou Alan Garcia, au pouvoir à Lima de 1985 à 1990.

C'était un de mes collègues les plus chaleureux au bureau de l'Internationale socialiste. Je me souviens d'un dîner à l'hôtel Rio-Palace de Copacabana, à Rio de Janeiro, en 1982 où Garcia, dirigeant de l'Alianza Popular Revolucionaria Americana (APRA), nous exposait ses audacieux plans pour échapper – s'il était élu président – au garrot de la dette extérieure qui étouffait alors le Pérou. Garcia était le préféré de Willy Brandt, il faisait l'admiration de tous.

Hélas, Garcia était un corrompu et un escroc. Ayant accédé à la présidence du Pérou, il devint un des meilleurs clients de « la banque dans la banque » et l'ami personnel d'Abedi.

Au Pérou, « la banque dans la banque » se dépassait : stimulée par Abedi, la présidence péruvienne décida d'acheter des avions de combat Mirage pour ses forces armées. Abedi devait financer l'affaire, à des conditions parfaitement ruineuses pour le Trésor péruvien. Des députés de l'opposition découvrirent le scandale. Le Parlement péruvien exigea la réduction du nombre des avions et la renégociation des modalités de paiement.

Monseigneur ne se démonta nullement. Il vendit au Pakistan et à l'Inde, deux pays en guerre au Cachemire, les avions « péruviens » excédentaires. Le Pérou dut payer des pénalités énormes pour rupture de contrat.

L'écrivain Mario Vargas Llosa, candidat malheureux du Front démocratique à l'élection présidentielle d'avril 1990, mena en ces années 1985-1990 une lutte vigoureuse contre la corruption, la prévarication du régime Garcia. Dans le remarquable livre qui rend compte de ce combat : *Le Poisson dans l'eau*[4], Vargas Llosa accuse Garcia de complicité avec Abedi dans le pillage du Trésor péruvien.

Accusation gratuite, inspirée par la haine personnelle d'un concurrent politique ? Nullement. Les révélations de Vargas Llosa sont confirmées par un rapport d'enquête américain de 1991, établi par le procureur général de Manhattan Robert Morgenthau.

Les cartels du crime organisé du monde entier utilisaient les services, les conseils avisés, les réseaux de « la banque dans la banque ». Comme le faisaient les terroristes les plus notoires, les plus sanguinaires de cette fin de siècle : Abou Nidal s'adressait à Abedi pour recycler les millions de dollars de rançon extorqués par la terreur et le chantage à ses infortunées victimes.

Le trafic d'armes organisé par « la banque dans la banque »

4. Mario Vargas Llosa, *Le Poisson dans l'eau*, trad. de l'espagnol par Albert Bensoussan, Paris, Gallimard, 1995, p. 252-253. Je me suis également entretenu avec Vargas Llosa sur ce sujet à Francfort en octobre 1996.

était particulièrement efficace : Monseigneur était présent sur la plupart des champs de bataille de la planète, fournissant de préférence toutes les parties en conflit.

Non seulement il finançait la livraison d'armes de guerre, mais celles-ci étaient transportées par les avions et les camions appartenant à « la banque dans la banque », assurées par ses propres compagnies d'assurances, gardées par ses propres gardes. Le passage des frontières était garanti par les fonctionnaires nationaux respectifs, corrompus depuis les îles Caïmans.

La compétence des dirigeants de « la banque dans la banque » impressionnait les enquêteurs les plus blasés : à travers une stratégie clandestine impliquant de nombreuses compagnies fictives (*shell companies*), « la banque dans la banque » réussit à acquérir de nombreuses sociétés industrielles, commerciales, bancaires dans le monde, notamment trois banques américaines : la First American Bankshares à Washington, la National Bank of Georgia et l'Independence Bank de Californie.

Abedi poussait très loin la générosité pour ses amis et complices. Je n'évoque qu'un cas : un Saoudien exubérant et corpulent d'une soixantaine d'années reçut 500 millions de dollars de crédit de « la banque dans la banque » afin de pouvoir acheter certaines compagnies américaines. Comme seule sécurité, il dut déposer une partie des actions des compagnies achetées. Ce qui transforma les 500 millions de dollars en un pur et généreux cadeau personnel.

Examinons la troisième catégorie d'agents de l'empire : les *protocol-officers* (« préposés au protocole »).

C'était un corps de fonctionnaires mineur, que je mentionne ici uniquement pour mémoire.

Un bureau du « protocole » était adjoint à chacun des soixante-treize sièges principaux de la BCCI.

La confrérie des « préposés » s'occupait avec art des besoins extrabancaires des clients les plus importants.

Elle entretenait des réseaux internationaux de *call-girls* ; obtenait des bourses pour les rejetons des familles puissantes dans les universités d'Europe et des États-Unis ; assurait les transports intercontinentaux ou régionaux par une flottille d'avions privés et de limousines de luxe ; disposait sur la Côte d'Azur, à Acapulco et en Jamaïque de villas pour les vacances, réglait discrètement – à Divonne, à Cannes, à Monaco ou à Las Vegas – les dettes de jeux de princes saoudiens ; et rendait avec efficacité et discrétion tous les services personnels exigés par des créanciers d'importance.

Quant aux « entrepreneurs », c'étaient des financiers de haut vol, extrêmement compétents pour la majorité d'entre eux. Ils dirigeaient des sociétés financières apparemment indépendantes de la BCCI. Leur tâche : gérer la fortune – on devrait dire « le butin » – de clients qui opéraient dans la pénombre et répugnaient à apparaître sous leur identité propre.

Les « entrepreneurs » étaient nommés directement par Abedi. Ils étaient au nombre d'une centaine.

Ils n'appartenaient pas à « la banque dans la banque », ni donc au cercle le plus intime de l'empire. « La banque dans la banque » s'occupait de malfaiteurs internationaux d'envergure (Saddam Hussein, Mobutu, Samuel Doe, les dictateurs de Lagos, Alan Garcia et autres), dont la manipulation demandait une dextérité particulière. Monseigneur était persuadé d'être le seul à la posséder.

Les « entrepreneurs », eux, étaient chargés de clients clandestins considérables, mais d'importance politique et financière moindre.

Je ne donne qu'un exemple : Manuel Antonio Noriega. Petit homme massif au visage marqué par la variole, il avait été un officier de la garde nationale du Panama. En juillet 1981, le général Torrijos, commandant de la garde, mourut dans l'explosion en vol de son avion. La rumeur attribue à

Noriega la responsabilité d'avoir posé la bombe dans l'appareil.

Devenu commandant en chef de la garde, Noriega fit du Panama une base de transit pour la drogue expédiée de Colombie, de Bolivie et du Pérou et destinée au marché nord-américain. Amjad Awan de la BCCI ouvrit pour Noriega des comptes bancaires sous divers noms. Le général y abrita des millions de dollars, fruit des commissions versées par les seigneurs de Cali et de Medellín, de la corruption locale et de son pillage systématique des fonds publics panaméens.

Pendant des années, Noriega figura sur la liste des salariés de la CIA nord-américaine. Celle-ci l'utilisait dans ses opérations de sabotage contre Cuba.

Février 1988 : le vent tourne. Washington décide de se débarrasser de Noriega. Dans deux procédures séparées, les chambres d'accusation de Miami et de Tampa l'inculpent de trafic de drogue, de blanchiment d'argent de la drogue, d'assistance à des trafiquants de la drogue.

Une expédition militaire sanglante – 2 000 civils panaméens tués – est montée par l'armée américaine en 1990. Arrêté, Noriega est transféré aux États-Unis et incarcéré.

La BCCI fit preuve d'habileté. Une fraction seulement des capitaux volés par le général a pu être saisie. Au moment de son inculpation, 23 millions de dollars lui appartenant sur deux comptes différents de la BCCI à Londres ont été identifiés par les procureurs américains. Mais avant même qu'un séquestre pût être prononcé, la BCCI transféra ses capitaux sur d'autres comptes, au Luxembourg.

Peu après, l'argent disparut de nouveau. Les procureurs américains en retrouvèrent finalement quelques miettes dans différents instituts européens, notamment à l'Union de banques suisses (UBS), par ailleurs copropriétaire, avec la BCCI, d'une banque à Genève[5].

5. Il s'agit de la BCP (Banque de commerce et de placements SA).

La cinquième et dernière catégorie des soldats de l'empire était constituée par les « unités noires », les tueurs d'Abedi, sa garde prétorienne. « Unités noires » est le nom que leur donnent les enquêteurs britanniques. Les procès-verbaux de la sous-commission du sénateur John F. Kerry parlent de *black network* (« réseau noir »).

Ce « réseau noir » était composé d'hommes de main, de criminels de droit commun, de tueurs. Commandés à distance par le parrain pakistanais en personne, ils rendaient des services rémunérés aux clients les plus secrets, les plus choyés de la BCCI.

C'étaient des contrebandiers disposant de leurs propres bateaux, de leurs propres avions, de leurs propres dépôts d'armes lourdes et de leurs propres réseaux financiers. Fréquemment, ils servaient de tueurs à gages.

Pour leur propre compte, ils organisaient le trafic intercontinental de la cocaïne, de l'héroïne et des drogues chimiques.

Ils faisaient fortune comme souteneurs, organisant le trafic de femmes et entretenant des bordels et des maisons de passe aux États-Unis et en Europe.

Une des tâches les plus délicates des membres des « unités noires » était la surveillance minutieuse, quotidienne des agissements des « entrepreneurs », des « préposés au protocole » et des banquiers ordinaires de la BCCI.

Ces hommes de main étaient triés sur le volet, soumis à un entraînement militaire intensif. Ils étaient organisés en cellules fonctionnant sur le mode d'une société secrète et portant des noms de code. Leur nombre n'a jamais dépassé les 1 500. Leur efficacité était redoutable.

Ils étaient capables de monter des opérations d'une grande complexité.

Prenons quelques exemples :

– Adolfo Calero, chef des Contras du Nicaragua, qui dès 1982 mena sa guerre clandestine, à partir du Honduras, contre les sandinistes victorieux, les utilisa pour organiser certains des attentats les plus meurtriers contre la population civile d'Esteli, de Managua ou de Granada. Après que le Congrès américain eut interdit au président Reagan la poursuite du financement des activités terroristes des Contras au Nicaragua, le colonel Oliver North, chef d'un réseau d'espionnage spécial à la Maison-Blanche, contacta le gouvernement d'Arabie Saoudite, qui accepta de prendre la relève. Or, il n'existait pas de liens directs entre les autorités de Riyad et l'organisation d'Alfredo Calero. Un « réseau noir » de la BCCI se chargea de l'ouverture des comptes nécessaires, des transferts bancaires, de l'achat et du transport des armes.

– A peu près à la même époque, une affaire délicate défraya la chronique : l'Arabie Saoudite désirait acquérir – contre la volonté de son tuteur américain – des missiles de type Silkworm. Fabriqués en Chine, ces missiles étaient équipés d'un système de guidage d'origine israélienne. La BCCI figura comme intermédiaire commercial et finança l'achat à crédit. Les « unités noires » assurèrent le transport.

– La Syrie cherchait à se doter clandestinement de missiles Scud-B. Ces armes étaient disponibles en Corée du Nord. La BCCI figura là aussi comme intermédiaire (le terme utilisé par les enquêteurs américains est *brooker*). Grâce aux systèmes de contrebande mis au point par les « unités noires », les Scud-B parvinrent sans encombre à Lattaquié, le principal port syrien sur la Méditerranée.

– Un informateur de la justice américaine raconte cette opération datant d'avril 1989 : un navire chargé de conteneurs accoste la nuit à Karachi. Des hommes d'une « unité noire » l'attendent sur le quai. Ils paient en dollars et en billets usagés les douaniers préposés à la vérification du chargement. Les grues entrent en action et déchargent le bateau. Des camions attendent sur le quai. A l'aube, les conteneurs sont transférés vers un aéroport privé dans l'extrême sud du Sind (la province de Karachi). Ils sont embarqués dans un Boeing 707 qui ne porte aucune marque d'identification. En dernière minute, le départ d'un avion régulier des Pakistani International Airlines (PIA) devant se rendre par la même route en Europe est annulé. Très probablement parce que les hommes de l'« unité noire » ont corrompu le pilote. Le Boeing utilisant le plan de vol et les codes correspondants de l'avion des PIA peut ainsi sans encombre traverser l'espace aérien de plusieurs pays, sans éveiller une quelconque suspicion d'une quelconque tour de contrôle. De Prague, le Boeing continue sa route vers les États-Unis. L'informateur ne connaît pas le contenu des conteneurs. Il ajoute simplement : « Tout est possible. Peut-être ces conteneurs contenaient-ils des armes, de la drogue, de l'or. Nous transportions généralement ce type de chargement. »

L'information détenue sur autrui constituait l'une des armes les plus précieuses pour Monseigneur. Ses hommes des « unités noires » entretenaient des réseaux d'espionnage dans toutes les capitales où la BCCI était active.

Ils utilisaient l'écoute téléphonique illégale, la surveillance vidéo, la violation du secret du courrier, l'observation directe, la filature.

Pour consolider son pouvoir face à des gouvernements récalcitrants, des clients trop gourmands ou des policiers, des douaniers ou des juges trop zélés, le Chiite utilisait fréquemment le chantage… grâce aux informations collectées par ses « unités noires ».

Agha Hasan Abedi était hanté par une méfiance quasi pathologique envers tous les agents de son empire : la moindre escroquerie, le moindre abus de confiance commis par le plus petit au plus important de l'un de ses dizaines de milliers d'employés était sanctionné par la mort, fréquemment précédée de tortures horribles. Sa vengeance était sans pitié.

En voici une illustration : un jeune « préposé au protocole », travaillant à Karachi, tenta de quitter la BCCI, terrorisé par certains événements dont il avait été le témoin. Il solda son compte personnel à la succursale locale de la banque et vendit sa maison. Abedi eut vent de ses agissements. Des hommes d'une « unité noire » exécutèrent son frère. Puis, une nuit, alors qu'il était retenu hors de son domicile, des inconnus firent irruption chez lui et violèrent sa femme. L'employé en question réussit à s'enfuir aux États-Unis, où il vit actuellement sous une fausse identité.

Autre exemple de vengeance personnelle : Monseigneur avait un satrape à Multan, l'antique capitale de la confrérie des soufis, une cité plurimillénaire de la moyenne vallée de l'Indus. L'homme demanda à démissionner de ses fonctions et à se retirer à la campagne. Monseigneur accepta de bonne grâce. Mais quelques jours plus tard, le renégat reçut par la poste la main coupée de son frère, reconnaissable à la chevalière, portant l'écusson de la famille, fixée à l'auriculaire ensanglanté.

V

L'impunité

Notre planète est constellée de services secrets de toutes nationalités. Au moyen de satellites tournant autour du globe, de systèmes d'ordinateurs et d'écoutes de communications, ils exercent une surveillance quasi permanente sur toutes les activités humaines et sur chacune des parcelles de la Terre.

S'adonnant au recyclage par milliards de dollars des profits du crime organisé, pratiquant le blanchiment du butin des dictateurs et des terroristes, organisant la traite d'êtres humains, le trafic intercontinental de drogues et le commerce d'armes, l'empire d'Agha Sahib a fonctionné sans accroc notable pendant dix-huit ans.

Des opérations criminelles pratiquées à une si vaste échelle, pendant un temps si long, impliquant un tel volume d'argent et des agents si nombreux, devaient nécessairement attirer l'attention des services secrets de plusieurs États du monde.

Pourquoi cette impunité ?

La guerre d'Afghanistan fournit une réponse : elle coïncide avec l'époque de la plus grande prospérité de la BCCI et des « unités noires ». L'Afghanistan est un pays stratégique où passent toutes les routes reliant l'Asie centrale à l'Asie du Sud. Dès 1979, le corps expéditionnaire soviétique buta sur la résistance féroce des peuples tadjik, hazara, ouzbèque et pathan.

Des guérillas inexpugnables menées dans les montagnes du Hindu Kuch, dans les vallées, les plaines et les gorges d'un immense territoire que ni Alexandre le Grand, ni les khans mongols, ni les troupes coloniales britanniques n'avaient réussi à conquérir.

Partout des seigneurs de guerre, des chefs de tribu, des leaders messianiques dressèrent leurs embuscades, abattirent des patrouilles, attaquèrent des garnisons et, plus tard, livrèrent bataille ouverte aux envahisseurs soviétiques.

Patiemment, les services secrets occidentaux, notamment nord-américains, nouèrent des alliances avec les chefs de la résistance. Ils armèrent leurs guerriers, instruisirent leurs saboteurs, assurèrent leurs communications, équipèrent leurs hôpitaux et fournirent par satellite les renseignements indispensables aux attaques d'envergure.

Travaillant en étroite collaboration avec l'Inter Service Intelligence (ISI) de l'armée pakistanaise, la CIA américaine arma au Panshir les guerriers d'Ahmed Chah Massoud. Elle soutint au sud Gubuddin Hekmatyar et son armée de fondamentalistes islamistes, le Hezb-i-Islami. Même les chiites de Karim Khalili, pourtant téléguidés par l'Iran, reçurent l'appui des États-Unis.

Au milieu des années 80, la station d'Islamabad de la CIA nord-américaine était la plus grande au monde. Dans la vallée de Peshawar, dans celle de Swat et dans la plaine de Taxila, la CIA entretenait des camps où des milliers de combattants islamistes d'origine algérienne, égyptienne, pakistanaise, irakienne, etc., étaient formés aux actions de commando antisoviétiques, puis infiltrés au-delà de Torkham Gate, en Afghanistan.

J'ouvre une parenthèse : il existe comme une ironie de l'Histoire, car certains de ces combattants islamistes formés par la CIA sont aujourd'hui les ennemis les plus mortellement dangereux de l'empire américain et de ses alliés et clients en Bosnie, en Arabie Saoudite, en Égypte et ailleurs dans le vaste monde.

Cauchemar des Américains : après la signature des accords de Dayton (21 novembre 1995), plus de 20 000 soldats américains de l'IFOR sont stationnés en Bosnie... où se trouvent plusieurs centaines de vétérans islamistes d'Afghanistan. « *These guys are mean... You got to control them* » (« Ces types sont terribles... Il faut que nous arrivions à les contrôler »), dit, angoissé, le porte-parole du Pentagone[1].

En novembre 1995, les « Afghans » font sauter à la bombe le centre de la mission militaire américaine à Riyad : plusieurs morts américains.

Autre exemple : 25 juin 1996, un camion s'arrête devant l'immeuble de huit étages d'El-Khobar, près de la base d'aviation américaine de Dhahran, en Arabie Saoudite. Deux hommes prennent la fuite dans une voiture blanche. Quelques secondes plus tard, le camion explose. L'immeuble s'effondre, enterrant sous les décombres 19 employés de l'US Air Force et faisant plus de 300 blessés.

Situé entre l'Orient arabe, la Perse, l'Asie centrale et l'Asie du Sud, l'Afghanistan occupe depuis toujours une position géostratégique déterminante. Durant l'occupation soviétique 1979-1988, les combattants islamistes, financés par les États-Unis, y menaient une résistance héroïque.

Il est évident que sans une très efficace complicité locale – des tribus pathanes notamment, présentes des deux côtés de la frontière – aucun soutien logistique efficace en faveur de combattants insurgés à l'ouest de la rivière Kaboul n'était possible.

Or, dans cette région du monde, Monseigneur était un parrain incontournable. Il était l'associé d'Ayoub Afridi, maître de la passe du Khyber et chef du clan des Afridi, qui est l'un des plus puissants des clans pathans. Les membres des « unités noires » étaient eux-mêmes fréquemment recrutés dans les

1. Dana Priest, « US Worried about Foreign Islamic Fighters », *The Washington Post*, article repris par *The News International*, Karachi, 2 décembre 1995.

clans pathans. Les « unités noires » étaient utilisées par les services occidentaux comme saboteurs, terroristes et contrebandiers d'armes dans la région du Khyber et dans les montagnes et les plaines de l'Afghanistan oriental.

Hypothèse qui renvoie aux rapports amicaux entretenus entre les forces armées américaines et la mafia sicilienne en 1943 : pendant plus d'une décennie, Monseigneur a négocié au plus haut niveau et avec un art du chantage consommé son soutien à l'effort de guerre occidental contre l'impunité de sa BCCI un peu partout dans le monde [2].

2. Peter Truell et Larry Gurwin accusent nommément la CIA. Je cite : *« The CIA seems top have protected BCCI and its backers well over a decade »* (in *BCCI…*, *op. cit.*, p. 429).

VI

Une nuit chaude à Tampa

Confucius : « Les murs les plus puissants s'effondrent par des fissures. »

La première lézarde dans l'empire du Sahib apparut une nuit d'octobre 1988 sur les rives du golfe du Mexique, dans la ville de Tampa, en Floride.

Deux jeunes et brillants financiers américains avaient décidé de se marier. La fiancée, une très jolie et élégante Américaine du nom de Kathleen C. Erickson, et Robert Musella, son futur époux, membres tous les deux du jet-set local, avaient bien fait les choses : ils avaient loué à prix d'or le club le plus sélect de Tampa, l'Innisbrook Resort – 1 000 acres de terrain de golf, trois piscines olympiques et une kyrielle de villas luxueuses –, situé à 35 kilomètres au nord-ouest de Tampa. A leurs amis et connaissances dispersés dans le monde entier ils avaient envoyé le carton suivant : « En présence de nos parents, M. et Mme Samuel Edward Erickson et M. et Mme Joseph Edward Musella, vous êtes invités à être des nôtres le dimanche 9 octobre 1988 sur la pelouse du Golf Club de Tarpon Springs, en Floride, pour célébrer le début de notre nouvelle vie. » Signé : « Kathleen C. Erickson et Robert L. Musella. »

Durant toute la journée du 8 octobre, les jets privés et avions de ligne réservés pour l'occasion déchargèrent à l'aéroport de Tampa la foule triée sur le volet des invités que des limousines conduisaient dans leurs villas respectives.

Début des festivités : la matinée du 9 octobre. Déjeuner somptueux. Concerts, attractions multiples.

Mais avant que ne commence le dîner de gala, qui devait être suivi d'un feu d'artifice, le fiancé se dirigea vers un certain nombre de ses amis les plus intimes. Il leur annonça, à voix basse, que dans un hôtel proche une fête plus intime – réservée aux hommes – était prévue. De belles jeunes femmes anonymes seraient présentes, à la disposition des invités. Il s'agissait, disait Musella, d'« enterrer dignement ma vie de célibataire »[1].

Les heureux élus s'éclipsèrent discrètement. Une flottille de limousines les conduisit au centre de Tampa. La partie fine devait avoir lieu au dernier étage de la tour NCNB, au restaurant MacBeth. Les sept premiers étages de la tour sont occupés par des garages. Les unes après les autres, les limousines s'engagèrent dans le garage. Au sixième étage, un *buttler* en habit arrêta chacune des voitures une liste à la main, vérifia le nom de l'occupant et le dirigea vers le septième étage. La limousine reprit la montée. Arrêt au septième étage.

Un groupe de jeunes gens, impeccablement vêtus, lunettes de soleil sur le nez et revolver sous l'aisselle, y attendaient les limousines. Les uns après les autres, à intervalles de quelques minutes, les invités furent extraits des voitures, placés face contre le mur, fouillés, puis menottés.

Pour chacun, le chef du groupe eut le même mot aimable : *« Welcome to Tampa. You're under arrest. »*

A chacun, il récita rapidement la formule de l'amendement Miranda, tel que l'exige la loi : « Vous avez le droit de refuser de répondre à toute question dont la réponse pourrait vous être préjudiciable au cours de votre procès. La loi vous autorise à désigner pour vous assister un avocat de votre choix… »

L'effet de surprise passé, la plupart des invités menottés éclatèrent de rire, croyant fermement à une nouvelle et délicieuse plaisanterie de leur ami Musella.

Hélas, ils se trompaient ! Les jeunes gens appartenaient aux

1. Peter Truell et Larry Gurwin, *BCCI…, op. cit.*, p. 249.

services des enquêtes spéciales des douanes américaines. Quant à Musella et à la belle Kathleen, ils étaient des agents secrets infiltrés depuis trois ans au sein du cartel de Medellín, devenus de proches amis de Pablo Escobar. Bob Musella en particulier, de son vrai nom Robert Mazur, était un comédien hors pair. Il était aussi un des vrais grands héros de la lutte clandestine contre le crime organisé. Pendant trois ans, à chaque instant du jour et de la nuit, il avait risqué une mort horrible, vivant dans la proximité immédiate des seigneurs de Medellín.

Natif de New York, Mazur avait commencé sa carrière dès sa sortie de l'université, en 1972, comme *special agent* de la division des investigations criminelles de l'Internal Revenue Service (IRS, le département des impôts). Plus tard, il changea pour les services spéciaux de la douane. C'était un vétéran de la lutte, doué d'un courage, d'une détermination hors du commun.

Regardons de plus près l'opération montée par Mazur, *alias* Musella. Sur ordre de son gouvernement, Mazur-Musella s'installe à Tampa, dans la deuxième moitié des années 80. Il prend l'identité d'un administrateur de biens et courtier en devises. Appartement en duplex sur le front de mer, limousines, avion privé, bateau de plaisance luxueux. Il acquiert, avec les fonds gouvernementaux, tous les biens qui caractérisent le financier à succès. Il mène une vie de nabab. Ses clients sont les barons colombiens, péruviens, boliviens du trafic de drogue. Pour eux, il blanchit des centaines de millions de dollars.

Il est leur homme d'affaires attitré. En tant que tel, il devient un des clients les plus choyés de la succursale de la BCCI au 100 West Kennedy Boulevard, dans le building Riverside Plaza. Il est également reçu comme un roi à chacune de ses visites d'affaires au siège régional de la BCCI au Panama. Avec ses partenaires de la BCCI, il monte des circuits de blanchiment, d'investissement les plus complexes, utilisant avec art les relations de cette dernière sur pratiquement toutes les places financières du monde. Chaque mois, des dizaines de millions de dollars passent entre ses mains. Comme administrateur de biens, il touche des millions de dollars de commissions. De plus, il reçoit, de la part des directeurs reconnaissants de la BCCI, des seigneurs de Medellín et de Cali, de César Rodriguez, homme de main de Noriega, et de dizaines d'autres « partenaires », des cadeaux personnels somptueux.

Or, dès qu'en octobre 1988 la « C-Chase », nom de code de l'opération ordonnée par le gouvernement américain, prend fin à Tampa, Mazur redevient le fonctionnaire modeste qu'il a toujours été. L'ensemble de « ses » comptes est soldé par les autorités américaines, il restitue tous les cadeaux reçus, rentre à Washington et attend sa nouvelle mission. Il faut un caractère bien trempé, une dévotion à la chose publique hors du commun pour résister aux tentations presque inhumaines qu'implique le travail d'un agent, transformé pendant quelques années en multimillionnaire, agissant hors de tout contrôle.

Un événement précis est au fondement de l'exceptionnelle témérité, de l'engagement sans faille de Robert Mazur.

En 1984, son ami Enrique Camarena Salazar, un agent de la DEA (Drug Enforcement Administration), infiltré dans un réseau mexicain, a été enlevé à Guadalajara et torturé à mort par les sicaires du cartel de Medellín. Mazur n'a jamais oublié. En Floride, il a risqué sa vie pour venger son ami.

A Tampa, la moisson était bonne : parmi les hommes tombés dans le piège, il y avait la plupart des hauts cadres de la BCCI chargés des opérations de blanchiment de milliards de dollars appartenant aux cartels de la cocaïne.

Tous les prisonniers furent transférés immédiatement au Federal Building de Zack Street, à Tampa, où se trouvent les bureaux de la douane, du FBI et d'autres services du Département de la justice et du Département du Trésor. Ils furent photographiés ; puis on prit leurs empreintes digitales. Les interrogatoires commencèrent la nuit même.

Simultanément, en Europe et aux États-Unis, la police arrêta plusieurs dirigeants de la BCCI, liés au cartel de Medellín, qui avaient refusé de se rendre au mariage de Musella et d'Erickson ou qui en avaient été empêchés par des obligations plus pressantes.

Nazir Chinoy, Asif Baakza et Syed Akbar furent cueillis à Londres. Rudolf Armbrecht, à Miami. Dans plusieurs capitales européennes, aux États-Unis et en Afrique, des policiers pénétrèrent dans les locaux des succursales de la BCCI et de nombre de sociétés affiliées afin de confisquer le matériel informatique, les archives, la comptabilité.

L'opération fut particulièrement réussie à Paris. Les autorités françaises avaient pris leurs précautions : le 4 octobre précédent, un inspecteur des Renseignements généraux s'était présenté au bureau des Champs-Élysées. Prétextant qu'une menace d'attentat à la bombe était parvenue aux autorités françaises, il avait demandé un plan détaillé des bureaux de la BCCI. Le 9 octobre, les agents français se dirigèrent directement dans la salle des ordinateurs, où aucun appareil n'avait pu être « nettoyé ».

James Ring Adams et Douglas Frantz rapportent ce dialogue : lorsque, le 9 octobre, les policiers français se présentent au garde de sécurité de la BCCI, en faction dans le hall d'entrée, celui-ci reconnaît l'inspecteur des RG et demande joyeusement : « Une autre bombe ? » L'inspecteur répond : « Non. Cette fois-ci, c'est moi, la bombe[2]. »

Le maître d'œuvre du piège de Tampa s'appelle William von Raab, à l'époque directeur général des douanes améri-

2. James Ring Adams et Douglas Frantz, *A Full Service Bank...*, *op. cit.*, p. 236.

caines. Il a exercé cette fonction pendant pratiquement toute la durée des deux mandats de Ronald Reagan, dont il a inspiré la « croisade mondiale contre les trafiquants de la drogue ».

Je dois à von Raab une gratitude personnelle : il m'a aidé à me défendre dans le procès devant la cour d'appel de Paris que m'a intenté en 1990 Hans W. Kopp, à la suite de la publication de mon livre *La Suisse lave plus blanc*[3].

3. Jean Ziegler, *La Suisse lave plus blanc*, Paris, Éd. du Seuil, 1990. Je décris la façon dont von Raab m'a aidé dans *Le Bonheur d'être suisse*, Paris, Le Seuil/Fayard, 1993, p. 278.

VII

On ferme

A la suite des arrestations de Tampa, huit dirigeants et cadres moyens de la BCCI furent transférés devant les tribunaux américains.

La BCCI tenta de limiter les dégâts, désavouant les dirigeants arrêtés et collaborant, ponctuellement, avec la justice.

Cependant, les autorités les plus diverses d'un large éventail de pays commençaient à s'intéresser à la BCCI.

Partout dans le monde, les enquêteurs rencontraient des difficultés extrêmes dues à la très grande complexité des structures de la BCCI, aux relations et protections politiques nombreuses dont jouissaient leurs dirigeants et à l'habileté cynique, l'intelligence rusée, la détermination d'Agha Hasan Abedi.

Une enquête devait se révéler particulièrement fructueuse : celle conduite avec compétence et énergie par les autorités britanniques. Robert Leigh-Pemberton, gouverneur de la Banque d'Angleterre et comme tel responsable de la surveillance des conduites bancaires dans la City de Londres – où se trouvait le quartier général de la BCCI – en fut le moteur. Le 5 juillet 1991, à 13 heures, des inspecteurs de la Banque d'Angleterre se présentèrent aux portes des vingt-cinq succursales de la BCCI sur le territoire britannique, demandèrent aux employés de quitter les lieux, mirent sous séquestre des dizaines de milliers de documents et scellèrent les portes.

Dans le procès qui suivit, le point d'accusation numéro un

fut explicite : « *fraudulent conduct on a world wide scale* » (« escroquerie à l'échelle mondiale »).

Un problème : le Luxembourg. Lorsque, le 5 juillet, les inspecteurs se présentèrent à la BCCI Holding SA dans cette ville, ils trouvèrent portes closes. La direction et le personnel commémoraient avec un jour de retard la fête nationale américaine, moyennant un grand pique-nique familial à la campagne. Des voitures de police, sirènes hurlantes, parcoururent pendant plusieurs heures le pourtant minuscule territoire du grand-duché. Il fallut localiser les pique-niqueurs afin de pouvoir leur présenter en bonne et due forme l'ordre de séquestre, signé par le juge luxembourgeois.

Les membres de l'état-major de la BCCI Luxembourg, leurs femmes et leurs enfants furent finalement retrouvés dans un pré, assis sous un saule pleureur.

L'empire d'Agha Hasan Abedi avait de nombreux royaumes satellites. Dans la plupart des pays, leur liquidation entraîna également des arrestations, des procès.

Sauf en Suisse… Les autorités helvétiques possèdent l'art de se débarrasser avec discrétion des financiers douteux – démasqués par l'étranger –, qu'elles ont choyés et honorés auparavant.

Aucun des complices de Monseigneur ne fut arrêté.

Abbas Gokal, une figure du Tout-Genève, Pakistanais élégant dans la cinquantaine, et ses deux frères avaient leurs bureaux dans les six étages d'un immeuble de verre fumé au rond-point de Rive, à Genève[1].

Mustapha, Abbas et Murtaza Gokal sont des chiites, comme Abedi. Nés en Inde, ils ont émigré en Irak. Le 14 juillet 1958, le roi est assassiné à Bagdad. Des militaires putschistes, inspirés par Gamal Abdel Nasser, balaient la monarchie et chassent

1. Cf. notamment l'enquête de Pascal Auchlin, in *L'Hebdo*, Lausanne, 13 août 1993.

les étrangers liés à la cour. La famille Gokal s'enfuit à Karachi. La société Gulf Shiping Lines est fondée en 1969, avec l'aide – déjà – de Hasan Abedi.

Ils ont amassé une fortune formidable grâce aux fruits tropicaux, au coton, au pétrole, aux déchets industriels, mais surtout au transport maritime.

Sous les appellations et les immatriculations les plus diverses, ils possèdent plus d'une centaine de bateaux.

En août 1991, lorsque l'empire d'Agha Hasan Abedi prend l'eau, les premières liquidations de sociétés « genevoises » s'annoncent. Les autorités les laissent mourir de leur belle mort. La firme Marco Trade s'éteint paisiblement, puis Gulf Invest. L'Office des poursuites et faillites de Genève enregistre simplement les dettes – de plus en plus astronomiques. Personne ne connaîtra jamais l'étendue exacte du désastre.

Le juge d'instruction fait apposer les scellés sur les portes de l'immeuble du rond-point de Rive – mais ne se presse pas outre mesure. Genève n'a pas besoin d'un énième scandale financier.

Au rond-point de Rive, on place simplement un répondeur sur les téléphones du quartier général fantôme des frères Gokal. Quiconque appelle le bureau entend une voix suave : « Cette ligne est momentanément interrompue. »

L'Union de banques suisses, partenaire – malheureux – en affaires des Gokal, prend une hypothèque de 36 millions de francs suisses sur l'immeuble.

Comme de nombreux autres financiers « genevois » avant lui, Abbas Gokal et les siens s'éclipsent discrètement. Sans être inquiétés [2].

2. J'ouvre une parenthèse : les choses entre-temps ont changé radicalement à Genève. Grâce notamment au très remarquable procureur général Bernard Bertossa et ses collaborateurs les plus proches. Malgré la résistance acharnée de nombre d'avocats d'affaires, malgré l'extrême faiblesse des lois et les blocages du Parlement fédéral, Bertossa poursuit avec courage et détermination à la fois les financiers véreux et les seigneurs du

Son destin rattrapera Abbas Gokal, six années plus tard, en avril 1997. Les agents du Serious Fraud Office (SFO) de Londres traquent le délinquant et finalement l'arrêtent. Old Bailey, la cour criminelle de Londres, le condamne en avril 1997 à une lourde peine pour avoir escroqué la modeste somme de 1,2 milliard de dollars. Selon la *Neue Zürcher Zeitung*, le procès Gokal constitue « le plus grand procès pour escroquerie » que la Grande-Bretagne ait connu [3].

L'enquête qui, en 1992, devait définitivement abattre Monseigneur fut celle conduite par le procureur général du district de Manhattan, à New York.

Le mercredi 29 juillet, une conférence de presse a lieu dans les bureaux du procureur. Devant plus de trois cents journalistes et cameramen du monde entier, Robert Morgenthau, cheveux blancs soigneusement coiffés, lunettes à fine monture, stature élancée et maigre, un éternel cigare entre ses doigts osseux, administre le coup de grâce.

Fils de Henry Morgenthau, le légendaire ministre des Finances du président Franklin Roosevelt, le procureur général fut un allié des Kennedy. Son idole et ami avait été Robert Kennedy, l'intraitable ministre de la Justice du début des années 60. Il avait travaillé à ses côtés, luttant sans relâche contre la mafia infiltrée dans les syndicats.

Robert Morgenthau avait appris la leçon : le crime organisé est un ennemi débile sans la corruption, la protection politique qu'il est capable d'acheter.

---

crime organisé. Ensemble avec un petit nombre d'autres procureurs et juges de France, d'Allemagne, d'Italie, de Belgique, *e.a.*, il lutte pour la constitution d'un espace judiciaire européen et une entraide efficace entre les magistrats des différents pays.

3. Sur les détails du procès, cf. *Neue Zürcher Zeitung*, Zurich, 5-6 avril 1997.

Les mesures prises par la Banque d'Angleterre avaient entraîné la fermeture à travers le monde de la plupart des guichets de la BCCI. Encore fallait-il empêcher que les puissants protecteurs d'Agha Hasan Abedi ne parviennent à saboter les procédures pénales et civiles qui allaient maintenant s'engager.

D'une voix monocorde, Morgenthau lut ce texte : « Cette banque [la BCCI] a été une entreprise criminelle qui a corrompu des dirigeants de plusieurs banques centrales, des hauts fonctionnaires gouvernementaux et autres afin d'acquérir un pouvoir mondial et beaucoup d'argent [...]. Un grand jury [chambre d'accusation] de New York vient d'inculper six individus pour conduite criminelle et complicité dans les agissements de la BCCI. Parmi eux figurent Clark M. Clifford et Robert A. Altmann [4]. »

L'assistance retint son souffle. Silence de mort.

Morgenthau appartient à l'*establishment* du Parti démocrate. Il lui doit toute sa carrière. Or, les deux inculpés sont des piliers du Parti démocrate des États-Unis.

Altmann, un des plus puissants avocats de Washington, président de la banque First American Bankshares, a été le principal conseiller juridique de la BCCI.

Clifford, quatre-vingt-quatre ans à l'époque, figure prestigieuse de la politique américaine depuis Truman, a été le conseiller de tous les présidents démocrates à partir de 1945. C'est ce que les Américains appellent un *power brooker*, un homme qui fait et défait les carrières politiques. Il a été ministre de la Défense. James Reston, ancien *executive editor* du *New York Times*, le tient pour un des hommes les plus puissants des États-Unis [5].

4. Sur le récit de la conférence de presse de Morgenthau, cf. Peter Truell et Larry Gurwin, *BCCI...*, *op. cit.*

5. James Reston, *Deadline. A Memoir*, *op. cit.*, p. 184 *sq.*

VIII

La mort d'Agha Sahib

En cette fin d'après-midi chargée de nuages noirs du samedi 5 août 1995, à 17 heures, Agha Hasan Abedi rend l'âme. Il a soixante-treize ans. Le surlendemain, l'homme qui a régné pendant dix-huit ans sur un des empires financiers les plus puissants de l'Histoire, est enterré presque clandestinement. Moins de cent personnes – surtout d'humbles Pakistanais, anciens employés, chauffeurs, jardiniers, des parents, son épouse et son unique enfant, la jeune Maha Dadahhoy – composent le cortège qui, à Karachi, conduit la dépouille jusqu'au caveau familial, au cimetière d'Ali Bagh. Aucun chef d'État, aucun ministre d'aucun gouvernement, aucun dignitaire d'aucune banque, aucun des collègues ou amis de circonstance qui durant près de deux décennies ont partagé l'existence luxueuse et ont profité des largesses d'Agha Sahib ne s'est déplacé. A Ali Bagh, en ce jour d'orage d'août 1995, on enterre un pestiféré.

Le corps qui est porté en terre ce jour-là est un corps martyrisé. Depuis sept ans, Agha Sahib vivait un enfer.

Une étrange malédiction avait présidé à sa destruction physique.

Au temps de sa splendeur, le maître de la BCCI avait fait construire des cliniques de pointe, des centres de recherche, des hôpitaux ultramodernes dans plusieurs capitales occidentales. La charité publique, massive, était l'une de ses armes favorites dans sa stratégie de conquête de l'opinion publique. Mais il fallait que ce mécénat, cette générosité fussent visibles, qu'ils rendissent un écho admiratif dans la presse, en bref, qu'ils fussent utiles. Construire des hôpitaux de pointe dans les savanes perdues de l'Afrique, parmi les populations déshéritées des Andes ou dans une cité misérable du Pendjab ou du Rajasthan ? Vous n'y pensez pas ! Où aurait été le bénéfice en termes de relations publiques ? Ses cliniques, il les édifiait en Occident, de préférence aux États-Unis et à Londres, là où les caméras de télévision enregistraient ses bienfaits.

Or, parfois, rarement, dans ce bas monde se fait jour une sorte de justice immanente. Jugez-en vous-mêmes.

Un jour de février 1988, le chiite alla rendre visite à des parents, dans l'antique cité de Lahore, au Pendjab. Une première attaque cardiaque l'abattit. Une deuxième attaque, trois jours plus tard, l'amena au seuil de la mort.

Un médecin local lui administra des électrochocs. Mais le malade retomba presque aussitôt dans le coma. Sa respiration devint difficile. L'étouffement menaçait. Afin d'assister la respiration défaillante, un autre médecin pendjabi lui enfonça un tube dans la gorge. Mais le seul tube disponible dans tout l'hôpital était de dimensions démesurées. En l'enfonçant, le médecin détruisit les cordes vocales du patient, lui infligeant des dommages irréparables.

Toujours inconscient, Monseigneur fut transporté au Cromwell Hospital, à Londres, le 7 mars. Puis au Yacub's Harefield Hospital, spécialisé dans les transplantations cardiaques. Mais rien n'y fit. Son cerveau était endommagé, ses fonctions vitales définitivement réduites. Les sept ans qui le séparaient de sa mort furent une suite ininterrompue de jours et de nuits de douleurs.

Toute souffrance humaine est détestable et mérite respect. Mais l'interrogation s'impose : si la BCCI avait inclus l'hôpital de Lahore dans sa campagne bruyante de relations publiques, si son maître avait choisi l'établissement du Pendjab comme une des vitrines de sa « charité » publique, son destin personnel, probablement, aurait pris un cours différent. Or, Lahore est loin des caméras des télévisions occidentales. En termes de relations publiques un investissement sanitaire à Lahore n'était pas rentable.

Artisan de son propre martyre, Monseigneur est tombé victime de sa propre stratégie du mensonge.

CINQUIÈME PARTIE

La guerre de la liberté

« La guerre de la liberté doit être faite avec colère. »

LOUIS ANTOINE DE SAINT-JUST,
DEVANT SES JUGES, EN 1794.

I

L'ombre de l'État policier

Gerhart Baum, ministre allemand de l'Intérieur durant les « années de plomb » de la confrontation avec la Fraction armée rouge, et l'un des juristes les plus érudits d'Europe, dit : *« Der Erfolg ist nicht der Masstab für das Recht »* (« L'efficacité ne saurait être l'étalon de mesure pour le bien-fondé du droit »). Il ajoute : « Celui qui recherche la sécurité au détriment de la liberté perd sa sécurité [...] seul l'État policier est totalement efficace[1]. »

Hallucination d'un juriste scrupuleux à l'extrême ? Je ne le crois pas. L'État policier a existé en Europe. Il peut renaître sous d'autres masques. Pour la démocratie occidentale, il constitue une menace au moins aussi actuelle que la criminalité transcontinentale organisée. Europol est la police judiciaire supranationale. Fondée en 1993 par les États membres de l'Union européenne, elle doit devenir « le FBI européen », avec un ordinateur central, mémorisant les données de toutes les polices nationales de l'UE. Aujourd'hui, Europol est installé dans un joli palais Art nouveau, au 47 Raam-Weg, à La Haye... Durant l'occupation allemande des Pays-Bas, ce palais avait abrité le quartier général de la Gestapo.

D'autres universitaires, spécialistes de droit pénal ou de criminologie, énoncent des évidences similaires. Winfried Hassemer écrit : « La criminalité et la peur de la criminalité n'entre-

1. Gerhart Baum, conversation avec l'auteur.

tiennent pas entre elles les mêmes rapports que le phénomène et son miroir. Le sentiment d'être menacé qu'éprouve le citoyen, la peur qu'il ressent devant le crime organisé ne sont pas de simples reflets de la menace réellement existante. Ces sentiments, si largement diffusés aujourd'hui dans la population européenne, ont des causes plus profondes, notamment la destruction du tissu social et la perte de solidarité entre les êtres et entre les peuples. [...] Toute l'évolution de nos sociétés [démocratiques occidentales] va dans la direction d'une solitude croissante de l'individu, d'une désolidarisation [*Entsolidarisierung*], de la glorification et du renforcement du plus fort au détriment progressif du plus faible [2]. »

Hassemer dit plus loin : « C'est une tactique largement répandue de la politique populiste, telle qu'elle est maniée par nos gouvernants, que de jouer sur les peurs obscures nées de la perte de la solidarité sociale. Tactique payante, car elle induit le citoyen à accepter des restrictions toujours nouvelles, toujours plus sévères de ses propres droits et libertés individuels. [...] Quiconque défend aujourd'hui ces libertés, notamment les lois de protection des données, est accusé par ces populistes de défendre des positions anachroniques, naïves, exagérées, pis, irréalistes [*Lebensfern*]. »

Bref, Hassemer prétend que, victimes d'une dialectique négative, subtile et insidieuse, nos sociétés démocratiques renforcent – hors de propos – la peur panique devant le crime organisé.

Est-ce à dire que, pour Hassemer, les loups des steppes russes, les parrains siciliens assassins de Falcone, les seigneurs pathans trafiquants d'héroïne, les banquiers mafieux ne constituent finalement qu'une menace mineure ?

Évidemment, non !

La mise en garde de Baum, de Hassemer et autres, attachés

2. Winfried Hassemer, « Innere Sicherheit im Rechtsstaat... », art. cit., p. 664-665.

en priorité à la sauvegarde scrupuleuse des libertés et des droits du citoyen, vise un autre but : elle signale que la démocratie est vivante et que le crime organisé peut être vaincu par les moyens de l'État de droit.

Nous examinerons donc chacune des principales mesures nouvelles de la lutte contre le crime organisé, actuellement en discussion, à la lumière de cette double exigence : comment sauvegarder les droits et les libertés essentiels du citoyen, tout en permettant à la police et à la justice de riposter avec un maximum d'efficacité aux attaques quotidiennes, potentiellement mortelles, des seigneurs du crime organisé ?

La diversité des systèmes judiciaires, monétaires, institutionnels existant sur la planète est proprement stupéfiante : 168 États frappent leur propre monnaie – et sont susceptibles d'être victimes de faux-monnayeurs –, 185 territoires font partie de l'Union postale universelle, émettant chacun leurs propres timbres, leurs propres numéros de compte de chèque postal. 239 codes à deux lettres sont attribués par l'International Standard Organization. Dans la seule Union européenne, il existe 15 lois de procédure pénale différentes, une multitude d'appareils policiers concurrents et 15 systèmes judiciaires, dont chacun est marqué profondément par une mentalité, une tradition et une culture propres. Qui dit culture dit adhésion à des valeurs collectives, des visions du monde axiomatiques, des symboles singuliers et des façons de faire, nés de la longue histoire d'un peuple. La culture d'une nation détermine son rapport à la loi.

Unifier d'un coup de baguette magique les magistratures, les appareils policiers, les procédures pénales ? Oubliez-le ! Des siècles d'histoires singulières, des traditions nationales plus solides que le roc s'y opposent.

II

Le bras paralysé du juge

Le procureur général de Berlin, Hans Jürgen Fätkinhäuer, constate : « Les seigneurs du crime organisé sont aujourd'hui les seuls vrais cosmopolites. [...] Ce sont les citoyens du monde[1]. »

Les frontières arrêtent les juges, mais pas les criminels.

Sans la création d'un espace judiciaire européen, il n'y aura jamais de lutte victorieuse contre la criminalité transfrontalière organisée[2].

Or, nous sommes dans la préhistoire. Les organisations judiciaires nationales, les systèmes de procédure, les mentalités singulières gouvernant la conduite des enquêtes et les valeurs inspirant inconsciemment ou semi-consciemment les verdicts constituent aujourd'hui le dernier refuge de l'identité nationale.

Lors de chacun des sommets des chefs d'État de l'Union européenne, les nations bradent certains de leurs droits de souveraineté. Les armées nationales ? Elles sont en train de se fondre dans un système continental de sécurité, à commandement unique. Le franc français, le florin, le deutschemark, la lire, la livre sterling, la peseta, le drachme, l'escudo ? Avant la fin de ce siècle, ils seront supplantés par l'euro. Les drapeaux nationaux ? Pittoresques survivances, destinées aux musées

1. Hans Jürgen Fätkinhäuer, « Organisierte-Kriminalität-Bekämpfung und Rechtshilfe », *Kriminalistik*, n° 5, 1994, p. 307 *sq*.
2. Denis Robert, *La Justice ou le Chaos*, Paris, Stock, 1996.

d'ethnographie et aux manifestations folkloriques. Les frontières et les délimitations territoriales, les barrières douanières, les contrôles aux passages des fleuves et des cols ? Terminés, liquidés, renvoyés à un passé archaïque.

Et les juges ? Là, nous nous heurtons au sacré. Pas de juges étrangers chez nous !

Partout le souvenir des guerres et des occupations, cicatrices de siècles de déchirements en Europe, est vif. Toucher à la souveraineté absolue des juges est comme s'attaquer au nerf de l'existence nationale.

Comment pallier le fractionnement de l'espace judiciaire continental qui paralyse constamment le bras des juges et rend pratiquement impossible la victoire sur le crime organisé ?

La méthode appliquée aujourd'hui est celle dite de l'« entraide judiciaire ». Chaque État européen (et la plupart des autres) a édicté des lois d'entraide. Un réseau dense et compliqué de conventions d'assistance judiciaire couvre la planète. Or, la plupart de ces lois et ces conventions sont dramatiquement insuffisantes.

Dans la plupart des pays, elles opposent à la poursuite transfrontalière, rapide et efficace du crime organisé des chicanes nombreuses, des restrictions paralysantes qui, toutes, s'inspirent de la sacro-sainte idée de la souveraineté du juge autochtone.

Prenons trois exemples qui tous concernent la Suisse.

Le premier : le gouvernement socialiste espagnol avait malencontreusement propulsé à la tête de son appareil policier un militant modeste, aux talents limités, mais fidèle au parti. Directeur de la Guardia Civil, Luis Roldán devint le premier flic du royaume. Il régnait sur un véritable empire économique, effectuant, pour des millions de pesetas, des achats de voitures, d'uniformes, d'aliments, de systèmes de communication. Il dirigeait d'immenses chantiers (casernes, etc.) et administrait de considérables fonds secrets.

Or, Roldán était un corrompu et un escroc, même s'il prétendait avoir agi à la demande et pour le compte du PSOE (Parti socialiste ouvrier espagnol).

Le gouvernement l'accusa de détournement de fonds. Roldán s'enfuit en Extrême-Orient. Grâce à un mandat international, il fut arrêté et incarcéré en Espagne[3]. Les juges espagnols découvrirent ses comptes en Suisse, notamment ceux auprès de l'Union bancaire privée (UBP) de Genève. Ces comptes abritaient des sommes importantes provenant de la corruption internationale. Plusieurs multinationales les avaient alimentés, notamment la société allemande Siemens. Un jugement d'un tribunal suisse révéla, au cours de l'été 1997, qu'au moins 1,7 milliard de pesetas, soit 17 millions de francs suisses, avaient transité par les comptes secrets helvétiques[4].

Pour tenter de dénouer l'enchevêtrement des transferts délictueux, les juges espagnols devaient mettre la main sur les documents bancaires helvétiques.

Roldán se révéla un accusé coriace. Ses avocats genevois multiplièrent les recours contre toute démarche de séquestre demandée par les juges espagnols ou mesures de restitution prises par les juges genevois. Dernière en date des multiples étapes du drame Roldán : en juin 1997, le Tribunal fédéral (la Cour suprême de Suisse) interrompit une nouvelle fois l'exécution de l'entraide judiciaire, pour « vice de forme dans la procédure[5] ».

3. C'est José-Maria Jrujo, grand reporter au quotidien madrilène *El País*, qui par un travail d'enquête admirable de plus de deux ans a permis de retrouver les traces de Roldan et de ses principaux complices ; cf. aussi Juan Gasparini, *Roldán-Paesa, la conexion suiza*, Madrid, Akal, 1997.

4. *La Tribune de Genève*, Genève, 17 juillet 1997.

5. Arrêté du Tribunal fédéral, n° 262/1997, 27 juin 1997.

Voici un second exemple : l'affaire Bofors. En 1986, l'armée indienne décide d'acheter à la société suédoise Bofors 410 obusiers, aux prix de 1,4 milliard de dollars.

Peu après, la presse suédoise révèle que cet achat s'est accompagné de versements de pots-de-vin considérables par Bofors à des généraux et des hauts fonctionnaires proches du gouvernement de Rajiv Gandhi.

Selon ces révélations, de 40 à 50 millions de dollars auraient été versés sur des comptes personnels dans des banques de Zurich et de Genève.

En 1989, Rajiv Gandhi perd les élections générales. En février 1990, le nouveau gouvernement de New Delhi demande l'entraide judiciaire à la Suisse. Elle lui est en principe accordée, mais des recours innombrables empêchent le transfert en Inde de tout moyen de preuve.

Ce n'est finalement qu'en janvier 1997 – soit sept ans après le dépôt de la demande ! – que le gouvernement suisse fait remettre une caisse scellée, contenant cinq cents documents bancaires, à l'ambassade de l'Inde à Berne.

En Inde, entre-temps, les délits de corruption passive commis par les généraux et les fonctionnaires sont prescrits et la sanction pénale des corrompus impossible.

Voici le dernier exemple :

A l'aube du 25 février 1986, le dictateur des Philippines, Ferdinand Marcos, et ses principaux complices sont chassés du palais de Manacanang (Manille), par l'insurrection populaire. Le kleptocrate et sa bande avaient régné pendant vingt-trois ans et accumulé un butin colossal. L'essentiel des milliards de dollars volés par Marcos et les siens se trouvait à l'abri sur des comptes numérotés dans des banques suisses.

Le gouvernement Reagan, tuteur du régime de Manille,

exerça une pression intense sur la Suisse. Le 24 mars 1986, le gouvernement de Berne décida de geler les comptes. Commença alors une bataille acharnée entre les avocats des banques suisses et le nouveau gouvernement philippin.

Décembre 1997 : pour la première fois depuis onze ans, le Tribunal fédéral de Lausanne autorise le retour à Manille d'une petite partie du butin de Marcos.

Des magistrats et policiers de l'Europe entière tentent, par des initiatives personnelles ou groupusculaires, qui, souvent, se situent à l'extrême limite de la loi, de tisser entre eux un réseau informel de collaboration transnationale. Des colloques discrets entre juges de nationalités différentes, des rencontres amicales, des conférences téléphoniques régulières permettent parfois de faire l'économie de la procédure d'entraide judiciaire et aboutissent à la communication « spontanée » de documents essentiels pour la condamnation d'un coupable.

Ces juges pratiquent ce qu'on appelle l'« entraide sauvage ».

Or, l'entraide sauvage ne résout pas le problème. D'extraordinaires barrières légales continuent à se dresser devant les juges, empêchant toute collaboration transfrontalière rapide et efficace.

Voici le formidable arsenal de la lutte contre l'entraide judiciaire qu'offre la loi suisse :

1. Les documents transmis à l'État requérant et les renseignements qui y sont contenus ne peuvent être utilisés à des fins d'investigation ou servir de moyens de preuve que dans l'intérêt d'une procédure pénale visant une infraction de droit commun.

2. L'utilisation à des fins directes ou indirectes de ces documents et des renseignements qui y sont contenus est exclue dans une procédure de nature fiscale à caractère pénal ou administratif. Il en va de même pour les délits douaniers ou relatifs aux dispositions réprimant l'exportation illicite de

capitaux et des lois monétaires sur le change, ainsi que pour les prescriptions restreignant l'importation, l'exportation et le transit de certaines marchandises, et ce indépendamment du fait que ces procédures sont dirigées contre le prévenu dans une procédure ou contre des tiers.

En conséquence, ces renseignements ne peuvent sous aucun prétexte être transmis ou portés à la connaissance des autorités fiscales de l'État requérant, ni à d'autres agents étatiques investis de tâches administratives ou répressives en matière fiscale ou monétaire. Cela est également valable pour la communication à ces mêmes autorités dans des pays tiers.

3. La distinction entre infraction à caractère monétaire ou fiscal et infraction de droit commun doit se faire selon la loi suisse exclusivement. (Or, en Suisse, la fraude fiscale n'est pas un délit, et l'entraide ne s'y applique donc pas.)

4. Les documents et renseignements ne seront pas transmis ni portés à la connaissance des autorités d'un État tiers, à moins que cet État n'ait préalablement déclaré qu'il se conformera lui aussi aux restrictions précitées. Cette déclaration sera communiquée à l'Office fédéral de la police.

5. Toute autre utilisation de ces documents et renseignements est subordonnée à l'autorisation expresse et préalable de l'Office fédéral de la police.

Le nombre des recours possibles est tel que toute entraide judiciaire peut être retardée pendant des années, ou même totalement bloquée : dans 90 % des cas, le délinquant international échappe ainsi à la condamnation, ses délits étant couverts par la prescription.

Dans la petite République de Genève – moins de 400 000 habitants –, il existe plus de 1 000 avocats. Les plus habiles, les plus rusés d'entre eux gagnent annuellement des fortunes en sabotant les mécanismes de l'entraide judiciaire en faveur d'escrocs et de parrains internationaux.

Malgré une timide réforme de la loi fédérale sur l'entraide judiciaire, votée par le Parlement helvétique en 1996, la situation reste extrêmement favorable au délinquant et à son avocat.

Le procureur général de la République et canton de Genève, Bernard Bertossa, résume mon propos : « La Suisse est surtout le paradis des recours contre l'entraide judiciaire[6]. »

Tout le système dit de l'entraide judiciaire en Europe procède d'une vision de notre continent totalement dépassée.

Il fut un temps où les chicanes légales, opposées à une entraide judiciaire efficace, étaient pleinement justifiées.

L'État de Vichy sollicitait la collaboration de la justice de Genève dans une poursuite ouverte contre un homme d'affaires juif ? Une protection maximale de l'inculpé juif était impérative.

Un tribunal nazi demandant en 1934 à une banque tchèque de lui communiquer les extraits de compte d'une entreprise allemande sous investigation pour détention d'un compte à l'étranger ? L'entreprise allemande devait pouvoir se prémunir contre toute collaboration trop zélée de la justice tchèque avec les tribunaux nazis.

Il y a deux ou trois générations, notre continent était constellé de systèmes judiciaires arbitraires, violents, corrompus. Les juges nommés par Mussolini, Dollfus, Hitler, Franco, Salazar ou Pétain étaient – à quelques rares exceptions près – de simples administrateurs de la logique raciste et fasciste.

Mais l'Europe a changé. Radicalement. Dans sa partie occidentale, aujourd'hui tous les systèmes judiciaires se valent. Tous s'inspirent des valeurs de la civilisation démocratique, gardiennes de l'État de droit.

L'idée même de l'existence de lois d'entraide judiciaire

6. Bernard Bertossa, répondant aux questions de Frédéric Montanya, in *Le Courrier*, Genève, 6 mars 1997.

comportant des restrictions au détriment du libre exercice de la justice est désormais indécente.

Quel qu'il soit et où qu'il soit jugé, en Europe occidentale, tout prévenu a aujourd'hui la garantie d'un procès équitable.

Tout État européen qui, de la part d'un autre État européen, reçoit une demande de communication de documents judiciaires devrait s'exécuter sans délai.

Seul devrait être admissible un examen formel de la demande d'entraide.

Ce qui devrait être banni : un quelconque recours accordé au prévenu contre la démarche d'entraide, puisque tout recours retarde la procédure sur le fond.

Le procès sur le fond a toujours lieu devant la justice de l'État requérant. C'est devant cette justice que le prévenu pourra se défendre.

Résumons. Pris dans les mailles de la justice, le criminel n'a qu'un rêve : gagner du temps, faire traîner la procédure jusqu'au jour où son délit sera couvert par la prescription. Ce qui, en matière d'escroquerie internationale, par exemple, réussit dans 90 % des cas.

III

L'impuissance des policiers

La coopération transfrontalière entre polices de pays différents pose également de nombreux problèmes. Louis Freeh, directeur du FBI, a déclaré devant le Sénat américain : « Avec les autorités italiennes, nous avons atteint un tel niveau de coopération que les agents du FBI et de la DEA opèrent librement en Italie. Les Italiens font de même aux États-Unis. De cette façon nous avons réussi à combattre efficacement la mafia et à infliger des coups significatifs à sa structure[1]. »

En 1997, le FBI a doublé le nombre de ses bureaux à l'étranger. Ceux-ci sont passés de 23 à 46, le nombre des agents spéciaux affecté à l'étranger de 70 à 129. De nouveaux bureaux ont été ouverts, notamment à Pékin, au Caire, à Tel-Aviv et à Islamabad.

A Prague, le FBI équipe et entraîne les commandos SOKO, plus particulièrement chargés de combattre le trafic des êtres humains. Un corps de police spécialisé dans la lutte contre la criminalité organisée est financé, équipé et encadré par le FBI en Hongrie.

La réalisation la plus ambitieuse du dynamique Louis Freeh, fermement soutenu par le président Clinton, est l'International Law Enforcement Academy (ILEA), installée à Budapest depuis avril 1996. Elle est dirigée par le *special agent* Leslie Kaciban et forme tous les ans, en cinq sessions successives,

1. Déclaration de Louis Freeh, in *La Repubblica*, 2 août 1996.

environ 250 superagents, provenant de l'ex-URSS et des pays d'Europe centrale et orientale. L'académie a l'allure d'un luxueux camp retranché. Tous les frais sont assumés par le contribuable américain.

Des professeurs russes et italiens y traitent du phénomène de la mafia, des professeurs allemands enseignent la prolifération nucléaire, des Irlandais et des Anglais la coopération intercommunautaire, etc.

Deux tâches essentielles sont assignées à l'académie : le transfert à l'Est des techniques d'investigation, appuyées sur une technologie de pointe, pratiquées par le FBI et la mise en place d'une coopération policière informelle entre le FBI et les polices nationales des pays de l'Est.

Louis Freeh annonce pour 1998 la création d'académies similaires en Amérique latine et en Asie.

L'optimisme de Freeh est-il justifié ? Non. Malgré quelques succès locaux, la coopération policière transfrontalière bute aujourd'hui encore sur des chicanes bureaucratiques, se noie dans de savants débats sur la souveraineté policière nationale, en bref se perd dans les sables mouvants des jalousies gouvernementales.

Le triste destin d'Europol en est l'illustration. Créée en 1993, l'institution couvre en principe le territoire des quinze États membres de l'Union européenne. Mais la plupart des polices nationales d'Europe de l'Ouest ont jusqu'ici refusé de céder à Europol des prérogatives significatives. Équipé d'ordinateurs performants, Europol ne reste essentiellement qu'un carrefour d'informations pour les différentes enquêtes en cours que mènent contre le crime organisé les polices nationales compétentes. Europol n'a pas la possibilité d'ouvrir et de mener lui-même une enquête, d'infiltrer un cartel ou de procéder à des arrestations. Ses agents n'ont pas d'armes. Comme le dit un de ses dirigeants, Jürgen Storbeck : « La seule arme d'Europol est la souris [celle de l'ordinateur][2]. »

Le chancelier Kohl souhaite un « futur FBI européen ». De fait, Europol est un eunuque. Il le restera probablement longtemps encore. C'est le 27 avril 1997 qu'au Luxembourg les ministres de la Justice et ceux de l'Intérieur des quinze États membres de l'Union européenne ont de nouveau traité d'Europol. La résolution finale de la conférence exprime le vœu que les « capacités opérationnelles » d'Europol soient « renforcées » (augmentation de ses effectifs à 300 fonctionnaires en l'an 2000, extension des compétences, etc.). Les Pays-Bas, le Danemark, la Suède et la Grande-Bretagne étant hésitants, aucune mesure concrète n'a été décidée[3].

La collaboration occasionnelle entre les différentes polices nationales masque une incapacité congénitale des États européens à renoncer à leur sacro-sainte souveraineté policière et à construire une police judiciaire continentale efficace.

Les seigneurs sanglants n'ont pas ces délicates hésitations. Ils conduisent quotidiennement leurs cartels transfrontaliers en éliminant par la force leurs concurrents, en égorgeant les récalcitrants, en intimidant et corrompant les faibles. A pas de géant, ils imposent à l'Europe le sombre règne du crime organisé.

J'ajoute que je ne tiens nullement pour inefficace et critiquable en soi le travail d'organisations policières internationales telles qu'Europol ou Interpol. Elles assument une tâche de coordination indispensable.

Prenons l'exemple d'Interpol (OIPC). Ses ordinateurs inventorient plus de 500 000 affaires en cours de traitement par les différentes polices nationales ; environ 6 000 messages sont diffusés chaque jour depuis le quartier général de Lyon (soit près

2. Jürgen Storbeck, « Europol, Probleme und Lösungen », *Kriminalistik*, n° 1, 1996.

3. Sur les arguments britanniques, cf. en particulier *The Sunday Times*, 27 avril 1997.

de 1,7 million en 1997). 177 États font partie de l'OIPC, ce qui fait d'elle la deuxième organisation internationale après les Nations unies. Je ne méconnais pas l'excellent travail quotidien accompli par les policiers d'Europol et de l'OIPC[4].

Ma critique est d'ordre structurel : sans une organisation policière internationale – plus précisément, continentale européenne – dotée de compétences supranationales, aucune lutte efficace contre la criminalité organisée n'est possible en Europe.

4. Ralf Krüger en dresse l'inventaire *in* « Innere Sicherheit in Europa, Schengen-Maastricht, Stationen der Polizei auf dem Wege nach Europa », *Kriminalistik*, n° 12, 1994, p. 773 *sq*.

IV

Internet unifie le monde

A ce monde étatique, judiciaire, policier fractionné à l'extrême s'oppose l'unification croissante et rapide des systèmes planétaires de télécommunication.

Pour le crime organisé, Internet est un cadeau du ciel[1].

Dans tous les pays industrialisés, les hommes ont pris l'habitude de confier aux ordinateurs les informations les plus variées : les renseignements médicaux les plus confidentiels, les plans d'investissement des entreprises, les dossiers d'enquêtes policières, les informations bancaires les plus secrètes, et même la monnaie voyagent par ordinateurs sur le Web. Aux États-Unis, en Allemagne, en France, en Suisse, partout fleurissent des entreprises fournisseuses de services « en ligne » et des sociétés prestataires d'accès à Internet.

Il y a peu de temps encore, l'utilisateur devait pratiquement confectionner lui-même son logiciel. Le « kit de connexion » posait des problèmes sans nombre. Pour envoyer son courrier électronique ou participer par ordinateur interposé à un débat intercontinental avec des interlocuteurs disséminés, il fallait construire des logiciels spécialisés, accessibles à un nombre restreint de personnes.

Aujourd'hui les logiciels de navigation abondent. « Naviga-

1. Concernant toute cette problématique liée à l'utilisation d'Internet par le crime organisé, je dois une gratitude particulière à mes collègues de l'université de Genève spécialistes d'Internet : Jean Rossiaud, Muse Tegegne et Raoul Ouédraogo.

tor » de Netscape, par exemple, est facilement accessible. « Open Text », « Lycos », « Alta Vista » et d'autres services de recherche d'informations rendent aisé le travail de l'utilisateur.

Internet est en train de bouleverser les communications entre les hommes, les entreprises, les nations. Des données essentielles pour l'expansion d'une entreprise, les opérations d'une banque, les transactions d'une firme commerciale circulent à travers la planète à la vitesse de la lumière. Dès aujourd'hui, Internet constitue, pour des millions de sociétés financières, commerciales, industrielles, mais aussi pour des gouvernements, un dispositif indispensable afin d'effectuer des transactions, acquérir, communiquer et échanger des informations, négocier, obtenir des données, conclure des transactions.

Internet devient également une arme puissante pour le développement des pays du tiers monde : la Conférence des Nations unies pour le commerce et le développement (CNUCED, UNCTAD en anglais) met à la disposition des exportateurs du tiers monde (artisans, commerçants, coopératives paysannes) un programme Internet qui leur permet d'entrer directement en contact avec leurs éventuels acheteurs en Europe. L'ordinateur central se trouve à Genève. Succès spectaculaire : même les entreprises les plus modestes, jusqu'ici totalement coupées des marchés internationaux, profitent de ce programme.

Mais tous les utilisateurs d'Internet – sociétés industrielles puissantes, personnes privées, banques multinationales ou commerçants du tiers monde – sont obsédés par la protection des informations qu'ils font transiter par le *cyberspace*. Les grands trusts multinationaux notamment sont constamment préoccupés par la menace que font peser sur la confidentialité de leur mode de production et de leurs stratégies commerciales les espions industriels. Ces espions agissent seuls (et vendent leurs informations au plus offrant) ou s'introduisent dans Internet, aiguillonnés par un concurrent.

Regardons plus particulièrement les problèmes qui se posent aux grandes banques : pour être efficaces, la plupart de leurs stratégies d'investissement, leurs OPA (offres publiques d'achat), leurs spéculations en Bourse ou leurs montages financiers exigent une confidentialité absolue. Les opérateurs bancaires, quels qu'ils soient, sont – à juste titre – attachés au secret des données échangées sur le réseau. Pour eux, les logiciels de cryptage remplissent une fonction décisive.

Sur les marchés américains, japonais et européens, il existe aujourd'hui déjà un grand nombre de logiciels de cryptage. Un des plus répandus, disponible depuis 1991 déjà, s'appelle PGP (« Pretty Good Privacy »). Les spécialistes le considèrent comme indéchiffrable.

Annie Kahn appelle les logiciels de cryptage « les boucliers de la guerre économique[2] ». Ils sont aujourd'hui les seules armes véritablement efficaces contre l'espionnage économique, particulièrement l'espionnage industriel.

Pour tous ceux, en revanche, qui ont la charge de défendre l'État de droit contre le crime organisé, les logiciels de cryptage sont un cauchemar. Les cartels criminels du monde entier ont à leur service des informaticiens de haut niveau. Internet constitue un auxiliaire précieux pour la plupart des communications entre les différents cartels criminels, surtout ceux qui, entre eux, sont associés dans des *joint-ventures* internationaux. Leurs communications sont protégées par des logiciels de cryptage pratiquement impénétrables.

Que peuvent Europol, le FBI, les polices judiciaires des États ? Une seule riposte : écouter, intercepter, déchiffrer les messages transitant sur les réseaux établis par des criminels. Or, le cryptage exclut la surveillance électronique du *cyberspace*. Une contradiction presque insurmontable se pose au

2. Annie Kahn, « Internet dans l'œil des policiers du monde entier », *Le Monde*, 1er août 1996 ; cf. aussi Charles Poncet, « L'intégration d'Internet dans l'ordre juridique suisse », in *Revue de droit de la communication*, n° 4, 1997.

législateur : pour permettre aux polices de combattre efficacement le crime organisé, il faudrait interdire le cryptage. Ces logiciels, pourtant, sont nécessaires pour protéger les entreprises légales contre l'espionnage économique.

Une bataille feutrée est en cours au sein de chacun des grands pays industriels occidentaux [3].

Parmi les sept pays les plus industrialisés du monde, six donnent la priorité aux exigences des sociétés multinationales. Ils admettent l'utilisation massive, la commercialisation des logiciels de cryptage. Une exception : la France.

Les nouveaux pays industriels de l'Extrême-Orient et du Sud-Est asiatique (Corée du Sud, Thaïlande, Singapour, Taiwan, Chine, etc.) autorisent le cryptage, mais le soumettent à une réglementation stricte.

En Allemagne, la situation est ambiguë : l'utilisation des logiciels de cryptage est autorisée, mais leur exportation interdite.

Le Benelux est divisé : les Pays-Bas appliquent une loi voisine de celle de l'Allemagne ; la Belgique imite la législation française.

Et les États-Unis ? C'est le cas le plus intéressant puisqu'il montre, dans toute leur complexité, les contradictions sociales, idéologiques, culturelles qui sont au fondement de la question du cryptage.

Aux États-Unis, traditionnellement, le grand capital fait la loi. Des logiciels de cryptage multiples et perfectionnés sont ainsi en usage. Leur vente est totalement libre. Pratiquement toutes les grandes compagnies d'assurances, de transport, de services, les banques et les industries s'en servent.

3. Sur les débats qui ont eu lieu au printemps 1996 au Sénat américain, cf. Steven Levy, « Computers, Scared Bitless », *Newsweek*, 10 juin 1996. Voir également le jugement de la Cour suprême des États-Unis du 26 juin 1997 (qui concerne plus particulièrement le *Communication Decency Act*).

Mais, en même temps, les États-Unis sont obsédés par le crime organisé et par le terrorisme international. L'éventualité qu'un État dit « terroriste » – l'Iran, la Libye, le Soudan, l'Irak – puisse librement acheter les crypteurs américains traumatise le FBI, la CIA, la DEA et le Pentagone. On en interdit donc l'exportation.

Les logiciels de cryptage américains sont les meilleurs du monde, leur vente génère annuellement des profits colossaux. Éternelle lutte entre intérêts privés et exigences publiques : les fabricants de crypteurs ayant assiégé le Congrès, la législation a été amendée ; désormais, on pourra exporter des crypteurs... mais seulement sous une forme bridée. La clé de déchiffrement aura au maximum 40 bits, alors que dans les logiciels vendus sur le marché intérieur elle peut atteindre 128 bits. Avec une clé de déchiffrement ne dépassant pas 40 bits, les services secrets peuvent décrypter le code d'un réseau utilisé par les terroristes, les seigneurs de l'héroïne ou les trafiquants d'êtres humains.

La France possède une tradition de liberté profondément enracinée dans la conscience collective. La liberté d'information constitue pour le citoyen français un droit sacré... même si elle est souvent violée par des groupes financiers et par le ministère de la Défense ou d'autres instances de l'État.

La France refuse de s'aligner sur les positions du G7.

Les pressions exercées par les autres États industriels (et les sociétés multinationales et banques autochtones) sur le gouvernement français sont néanmoins fortes. Paris a donc fait un demi-pas en arrière : le nouvel article 17 de la loi sur les télécommunications admet désormais des messages cryptés. Mais sous une condition impérative : la clé de déchiffrement doit être déposée auprès d'un « tiers de confiance ». Qui est le « tiers de confiance » ? Tout organisme agréé par le Premier ministre.

Le système français est astucieux : il permet de garantir la confidentialité des informations transmises à travers le *cyberspace* par les grands acteurs économiques, et donc de les protéger contre l'espionnage industriel, bancaire, etc. En même temps, les autorités chargées de la sécurité de l'État, de la surveillance du territoire ou de la lutte contre le crime organisé peuvent, à tout moment, obtenir auprès du « tiers de confiance », la clé de déchiffrement d'un logiciel protégeant le réseau singulier utilisé par des suspects.

Je conclus provisoirement : il ne fait à mon avis aucun doute que c'est le système français qui tient compte le plus équitablement de tous les intérêts contradictoires en présence.

V

La surveillance électronique indiscriminée

Les écoutes téléphoniques, autorisées par les juges, sont absolument indispensables dans la bataille contre les seigneurs du crime organisé.

Successeur de Toto Riina, dit « la Bête », à la tête de la Cosa Nostra, Giovanni Brusca, dit « le Porc », avait trouvé la cachette parfaite : une maison avec jardin à la lisière du village de Canitello, en Sicile méridionale. Il y vivait sous des dehors modestes avec sa compagne, le fils de celle-ci, son frère et ses gardes du corps. Le groupe s'était fondu dans le milieu anonyme des chômeurs, journaliers et petits-bourgeois de Canitello. Le Porc dirigeait ses trafics transatlantiques d'héroïne, ses chantiers de travaux publics, ses racketteurs, ses tueurs et toute sa vaste organisation selon la méthode la plus traditionnelle, le plus sûre qui soit : par des messagers se déplaçant à moto ou à bicyclette.

Un jour, pendant quelques secondes, inexplicablement, Brusca commit l'erreur de se servir d'un téléphone cellulaire. Immédiatement repéré par une centrale d'écoute ambulante, il fut arrêté par une unité spéciale de la police italienne[1].

En plus de l'écoute téléphonique qui se pratique depuis des années dans tous les pays européens, une arme essentielle

1. Cf. *supra*, p. 60-61.

dans la lutte contre les seigneurs du crime est la « surveillance électronique ». De quoi s'agit-il ? Les autorités placent des microphones ou des caméras cachées miniaturisées dans des appartements ou des bureaux où risquent de se réunir des suspects ou des délinquants recherchés.

Jamais l'arrestation de Toto Riina, chef de la « Coupole » de la Cosa Nostra sicilienne, n'aurait été possible sans la surveillance électronique généralisée. Le prédateur était recherché depuis vingt-sept ans. L'année de son arrestation, des rues entières de Palerme avaient été truffées de caméras cachées et de microphones directionnels. Un *pentito*, un informateur, avait révélé la présence et les mouvements dans Palerme de Toto Riina.

Giovanni Maria Flick, ministre de la Justice à Rome, donne, pour la première fois, des chiffres précis : en 1996, 44 176 mesures de surveillance électronique ont été ordonnées (caméras, microphones directionnels et puces). Ce qui est le double des mesures conduites en 1992. La ville la plus surveillée d'Europe occidentale est Palerme [2]

Les autorités françaises doivent quelques-unes de leurs victoires les plus éclatantes à la surveillance électronique « étendue ». En août 1995 a été interpellé, dans un hôtel de Pantin, un Chinois d'une trentaine d'années, résident français, soupçonné d'être le dirigeant suprême en Europe d'une triade chinoise appelée « Le Grand Cercle ». Spécialisée dans l'importation d'héroïne pure, cette organisation, créée par des Chinois de Bangkok, aurait succédé à la redoutable 14 K, basée à Hongkong et démantelée à la fin des années 80.

Provenant de Thaïlande, l'héroïne pure avait été importée en France de façon originale : une prestigieuse maison spéciali-

2. Cf. déclaration de Govanni Maria Flick, *Die Welt*, Hambourg, 2 décembre 1997.

sée dans la vente d'objets d'art chinois était utilisée à son insu ; les sachets voyageaient cachés dans des vases de la dynastie Ming, dans des objets précieux de tout genre.

En 1994, déjà, la surveillance électronique avait permis d'infiltrer, puis de démanteler un autre cartel criminel asiatique, dirigé par un Laotien. Le parrain laotien fut arrêté à Bâle. Sa capture permit aux policiers français de l'Office central de la répression du trafic illicite de stupéfiants de démanteler tout un vaste réseau de trafiquants et de faire procéder à des dizaines d'arrestations en France, en Hollande et en Suisse.

Est-ce à dire que toute forme de surveillance par caméras vidéo, puces cachées ou microphones de longue portée dirigés contre un suspect ou contre des personnes susceptibles d'entrer en contact avec celui-ci est efficace et légitime ?

Je n'en suis pas si sûr.

Parmi tous les États d'Europe occidentale, c'est la République fédérale allemande qui a élaboré le projet de surveillance électronique généralisée le plus détaillé, le plus cohérent et aussi le plus extensif, le plus vaste.

Elle envisage une surveillance électronique secrète et généralisée opérant avec des moyens acoustiques. Son but : capter la parole des suspects et surveiller leur conduite privée. Cette surveillance implique l'installation de puces ou de microphones. Ces appareils sont placés à l'intérieur des locaux fréquentés par les suspects. Des microphones dits « directionnels », qui captent la parole privée à distance, peuvent être installés dans le voisinage.

L'installation de micros d'écoute se fait évidemment dans les locaux appartenant aux suspects ou régulièrement fréquentés par eux. Mais elle peut également être pratiquée au domicile d'une tierce personne qui n'a aucun rapport avec les suspects, qui n'est soupçonnée d'aucun délit et qui ne fait l'objet d'aucune enquête policière. Il suffit pour cela que les enquêteurs aient la conviction qu'un jour ou l'autre les suspects vont se réunir au domicile de cette personne. Micros directionnels et puces peuvent aussi être dirigés sur des appartements, bureaux, guichets de banque, locaux industriels, laboratoires de recherches, en bref contre tout local où pourrait éventuellement se dérouler une activité susceptible d'intéresser les enquêteurs.

La surveillance électronique généralisée ne peut être ordonnée que dans le cadre d'enquêtes portant sur des délits graves : trafic d'êtres humains, d'armes ou de drogues ; prise d'otage, séquestration ; terrorisme ; assassinats avec circonstances aggravantes ; les suspects doivent appartenir au crime organisé.

Trois juges siégeant en collège donnent l'autorisation – limitée à quatre semaines, renouvelable – pour l'installation des équipements d'écoute.

Le procureur général de Berlin, Hans Jürgen Fätkinhäuer, tient la surveillance électronique généralisée pour l'arme maîtresse dans la lutte contre la criminalité transfrontalière organisée ; nombre de magistrats et la plupart des policiers des autres pays d'Europe occidentale partagent son opinion [3].

Le système pose néanmoins quelques questions fondamentales.

Installer des puces dans l'appartement d'une personne qui n'a rien à voir avec les suspects, et qui ignore tout des enquêtes en cours, porte atteinte à un droit essentiel, celui de l'inviolabilité du domicile. Ce procédé prive la personne surveillée de toute intimité et constitue une intrusion évidente dans sa vie familiale, affective, privée.

Il affaiblit considérablement la portée du secret dans d'autres

3. Cités *in* Konrad Freiberg, Berndt Georg Thamm et Wolfgang Sielaff, *Das Mafia-Syndrom. Organisierte Kriminalität, Geschichte, Verbrechen, Bekämpfung*, Verlag Deutsche Polizeilitteratur, 1992, p. 235.

domaines : le secret de fabrication, le secret médical, le secret de l'avocat, etc.

L'ombre sinistre du KGB et de la Gestapo se lève derrière la surveillance électronique généralisée.

Entre surveillance préventive et surveillance répressive la frontière est floue – en Allemagne comme en France ou en Italie. Si l'on peut, à la rigueur, accepter la surveillance préventive du domicile d'une tierce personne afin d'éviter l'exécution d'un crime grave en préparation, la surveillance électronique indiscriminée est difficilement justifiable dans le cadre d'une enquête policière visant à identifier les coupables d'un crime déjà commis.

Heribert Ostendorf, procureur général du Schleswig-Holstein, voit poindre un danger plus général : si la surveillance électronique indiscriminée se généralisait, personne ne pourrait plus se sentir à l'abri. Aucun habitant d'aucun pays européen n'aurait une quelconque garantie que sa vie intime ne soit pas espionnée, ses relations surveillées, son appartement truffé de micros et ses moindres faits et gestes, même les plus privés, enregistrés, transcrits sur ordinateur. Le résultat ? Un sentiment d'insécurité, de méfiance, peut-être même de paranoïa généralisée. En tout cas, une destruction évidente du sentiment de confiance, de sécurité, de paix de l'âme si important pour le bon fonctionnement d'une société démocratique [4].

Les États-Unis sont dotés d'une institution intéressante : le *Wire Tape Report*. La justice fédérale publie tous les trois mois un rapport détaillé sur tous les cas de surveillance électronique ; celui-ci indique la raison de la surveillance, sa durée, le nombre de personnes surveillées et le nombre de personnes arrêtées, respectivement condamnées par suite de la surveillance.

4. Heribert Ostendorf, *Organisierte Kriminalität. Eine Herausforderung für die Justiz*, Verlag Deutsche Polizeilitteratur, 1991, p. 68 *sq*.

Christian Pfeiffer, professeur de criminologie à Hanovre, est un fervent partisan de la publication en Europe de tels rapports, destinés à combattre la méfiance générale du public [5].

Deuxième objection : la surveillance électronique généralisée est techniquement peu efficace. Les microphones directionnels, par exemple, qui, postés à plusieurs centaines de mètres d'un local suspect, peuvent capter des conversations tenues derrière des fenêtres fermées, sont repérés par de simples scanners. De même pour les micros camouflés dans les locaux où circulent les suspects. Ici aussi des détecteurs relativement peu onéreux, disponibles sur le marché libre, identifient aisément caméras et micros cachés. Le crime organisé se sert couramment de ces scanners et autres détecteurs.

Le commissaire principal Schwerdtfeger, aujourd'hui conseiller auprès du préfet de police (*Polizeipräsident*) de Düsseldorf, constate : « L'équipement électronique des criminels est infiniment supérieur à celui dont disposent les policiers. Le crime organisé met en échec les surveillances les plus sophistiquées. [...] Nous manquons de moyens, d'argent. De tout. Les criminels possèdent le matériel électronique le plus moderne. Ils suivent toutes les évolutions de la technologie. La police ne tient pas la route. Nos budgets sont infiniment trop modestes. » Le commissaire formule un vœu : « Si seulement l'État nous remettait le matériel électronique saisi chez les criminels ! Nous aurions enfin un matériel performant » [6].

En 1997, le chancelier Helmut Kohl a eu gain de cause. Malgré la résistance farouche que les défenseurs des libertés

5. Christian Pfeiffer, « Kriminalitätskontrolle, Wege aus der Sackgasse », *Der Kriminalist*, n° 1, 1994, p. 15 *sq*.
6. Le commissaire principal Schwerdtfeger; conversation avec Uwe Mühlhoff.

individuelles ont opposée à son projet, sa loi a reçu l'aval de son opposition parlementaire, le SPD [7]. Mais – ironie de l'Histoire –, battus théoriquement, les défenseurs des libertés sont vainqueurs en pratique.

Je le répète : la surveillance électronique généralisée (*grosser Lauschangriff*), pratiquée dès mainenant par la plupart des *Länder* allemands, se révèle largement inefficace. Pour traquer efficacement les seigneurs du crime, la police devrait pouvoir mettre en œuvre des puces, des micros, éventuellement des caméras de la plus haute technicité, bref un matériel électronique que les cartels seraient incapables de détecter et de rendre inoffensifs. Or, il s'agit là d'une entreprise quasi impossible. En outre, nombre de cartels du crime organisé emploient des tueurs, des trafiquants étrangers à l'Europe ; pour pouvoir exploiter les protocoles d'écoute, la police doit disposer de traducteurs (ou traductrices) qualifiés des langues tchétchène, igoure, ouzbèque, patoune, urdu, etc. Tout cela coûte un argent fou. La plupart des *Länder* allemands, et même le parquet fédéral, ne disposent pas de telles sommes.

La même chose est vraie pour la France : aucune des polices françaises (service d'enquête des douanes, RG, etc.) ne dispose de moyens financiers suffisants pour acquérir un matériel au moins équivalent à celui utilisé par les seigneurs du crime ; aucune d'elles ne peut combattre efficacement les contre-mesures (détection de la surveillance, brouillage, etc.) mises en œuvre par les parrains ; aucune n'a l'argent nécessaire pour payer l'exploitation rationnelle, efficace du produit des surveillances.

7. Au moment où je termine ce livre (janvier 1998), la situation législative est la suivante : la loi Kohl n'a pas encore passé la rampe du Bundestag, du Parlement. Le débat formel est prévu pour le premier semestre 1998. Mais entre le chancelier et son opposition, un accord a été conclu qui doit garantir le vote de la loi sans amendements notables.

VI

Un héros de notre temps : la « taupe »

Dans la guerre que mène la société civilisée contre le crime organisé, les instruments techniques sont importants. Mais infiniment plus importants sont les hommes et les femmes.

Dans cette guerre, les magistrats et les policiers sont postés en combattants de première ligne.

Considérons d'abord les policiers. Un peu partout en Europe (et en Amérique du Nord), ils ont développé des techniques d'enquête directement inspirées de l'activité d'espionnage et de contre-espionnage que mènent les services secrets.

Parmi tous les policiers engagés dans la bataille contre le crime organisé, la figure de l'*undercover agent* (« agent infiltré »), agissant sous une fausse identité et participant lui-même aux activités criminelles du cartel, est la plus ambiguë, la plus difficile à cerner. On l'appelle familièrement la « taupe ».

Comment la définir ?

Au sens strict du terme, la taupe n'est ni un indicateur ni un informateur de police. Elle est un agent sous couverture. Elle agit sous une fausse identité et tient informées les autorités d'une infraction en cours ou d'un projet alors qu'elle est elle-même infiltrée dans le milieu des délinquants visés.

Dans cette définition, un élément est essentiel : la taupe se distingue radicalement de l'agent provocateur[1]. En règle géné-

1. Sur le large éventail des fonctions assumées par la « taupe » dans les différents systèmes policiers, cf. une liste quasi exhaustive d'analyses de

rale, l'agent infiltré doit éviter de provoquer un délit et ne doit pas participer à l'exécution d'un crime.

L'agent infiltré, la taupe, constitue une arme décisive dans la guerre contre les seigneurs sanglants.

L'empire criminel d'Agha Hasan Abedi continuerait tranquillement à accumuler, à protéger et à faire fructifier les butins de Saddam Hussein, d'Abou Nidal, du général Noriega et des trafiquants de cocaïne de Medellín ; ses « unités noires » continueraient à assassiner des clients récalcitrants et ses dirigeants à escroquer les banques centrales du Nigeria, du Pérou et du Pakistan sans le courage extrême de deux jeunes *undercover agents* américains, Kathleen C. Erikson et Robert Musella, *alias* Robert Mazur.

Jack Blum, qui, en fin de carrière, a dirigé les équipes d'enquêteurs de la sous-commission du sénateur Kerry (terrorisme, trafic de drogue et opérations internationales), a été sa vie durant un *undercover agent* de plusieurs services secrets des États-Unis. Juif croyant et ancien étudiant de Bard-College de New York, il a été éveillé au combat pour la justice par deux professeurs réfugiés d'Allemagne nazie, Heinrich Blücher et son épouse Hannah Arendt. D'une façon lucide et, à mon avis, parfaitement justifiée, il compare la mentalité des seigneurs du crime organisé d'aujourd'hui à celle des chefs nazis [2]. Sans sa détermination, son courage et son légendaire sang-froid, nombre de trafiquants d'armes, de femmes et de drogue, ainsi que des tueurs à gages internationaux séviraient encore aujourd'hui dans l'impunité la plus parfaite.

---

cas in *Krim-Dok*, CD-Rom, déjà cité. Ce CD-Rom véhicule près de 100 000 entrées concernant les systèmes et tactiques policiers de pratiquement tous les États du monde. Pour la France : Jean-Paul Brunet, *La Police de l'ombre. Indicateurs et provocateurs dans la France contemporaine*, Paris, Éd. du Seuil, 1990.

2. Sur la biographie de Jack Blum, cf. Peter Truell et Larry Gurwin, *BCCI…*, *op. cit.*, p. 237 *sq.*

En Suisse, c'est un autre agent américain, connu uniquement sous le nom de « Sam le Blond », qui a fait tomber la bande d'Yassar Mussullullu et de Haci Mirza, trafiquants de drogue turcs d'envergure intercontinentale, qui étaient profondément implantés dans certains secteurs du monde bancaire zurichois et jouissaient de complicités inquiétantes au palais fédéral de Berne. Auprès des truands turcs, Sam le Blond assumait le masque d'un émissaire de la mafia sicilienne, installé à Milan.

La véritable identité de Sam le Blond n'est connue que du juge d'instruction tessinois, qui la garde sous enveloppe scellée dans son coffre-fort du palais de justice de Bellinzona.

Sam est une taupe téméraire : il négocie avec Haci Mirza, au quartier général de la bande, une villa somptueuse sur les hauteurs d'Istanbul. Au vieux Mirza suspicieux qui l'accompagne à Zurich il montre, dans les sous-sols d'une banque de la ville, les 3 millions de dollars qui l'attendront à la livraison de 100 kilos de morphine-base, sur un parking de Chiasso. Mirza, toujours inquiet, demande à voir aussi le laboratoire de « la bande à Sam ». La DEA doit alors monter de toutes pièces, au Tessin, un laboratoire fictif, que Sam fait visiter au Turc, fortement impressionné. Le piège fonctionnera parfaitement. Les trafiquants turcs livreront l'héroïne et seront arrêtés. Condamnés par la cour d'assises de Bellinzona, ils moisissent au pénitencier de la Stampa.

Partout dans le monde les taupes, de quelque nationalité qu'elles soient, paient un lourd tribut. J'éprouve, pour leur force de caractère, leurs convictions et leur courage, une profonde admiration.

Découverts, ces hommes et ces femmes sont régulièrement assassinés, parfois soumis à d'atroces tortures. Leurs familles sont menacées de représailles.

Je ne rappelle que l'exemple déjà cité d'Enrique Camarena

Salazar, fonctionnaire du gouvernement de Washington, infiltré dans un réseau de trafiquants mexicains. Démasqué, il est torturé à mort par les gardes du corps des parrains. Il meurt sans livrer le nom des autres taupes travaillant dans le réseau. Les tortionnaires seront arrêtés et condamnés.

La majorité des professeurs de droit pénal – français, allemands, anglais, autrichiens, etc. – s'élèvent contre l'utilisation des taupes. La littérature scientifique européenne abonde en analyses critiques, objections et condamnations de ce que les auteurs appellent une transgression de la règle de droit. S'agissant ici d'un chapitre de conclusion, je renonce à des citations bibliographiques extensives et me contente de résumer les arguments.

Une taupe n'est efficace que si elle jouit de la confiance totale des seigneurs du cartel qu'elle est chargée d'infiltrer. Pour gagner cette confiance, il lui faut nécessairement participer à des actions délictueuses et exécuter les tâches criminelles qui lui sont confiées. Le reproche le plus grave que formulent les critiques à l'endroit des taupes : elles provoqueraient fréquemment le délit. Pour infiltrer un réseau de marchands de drogue ou de trafiquants d'êtres humains notamment, la taupe est souvent obligée de se déguiser en acheteur ou en émissaire d'acheteurs importants. En d'autres termes : la distinction juridique subtile entre « agent infiltré » et « agent provocateur » se révèle la plupart du temps inopérante. On aboutit ainsi à ce résultat paradoxal : afin de combattre la criminalité organisée, la taupe est forcée d'augmenter le nombre d'actes criminels.

Exemple : Sam le Blond, qui – se présentant comme l'émissaire d'une famille de la mafia sicilienne opérant à partir de Milan – a provoqué la livraison à Chiasso de la morphine-base par la bande de Haci Mirza.

Or, une taupe, c'est d'abord un fonctionnaire d'État, assermenté, payé par le contribuable. Qui plus est : elle appartient à un corps de fonctionnaires plus particulièrement chargés de la défense de l'ordre public et de l'État de droit. Il est donc profondément choquant qu'un tel fonctionnaire puisse en toute impunité participer à un crime, ou même provoquer des actes délictueux.

Un autre problème difficile se pose au moment du procès. Ce procès est public. La taupe y joue un rôle central : celui de témoin clé de l'accusation. Or, la taupe doit survivre. Révéler son identité signifierait signer son arrêt de mort.

En Europe, les méthodes de procédure les plus diverses sont appliquées. Soit la taupe se présente masquée à l'audience ; soit elle est interrogée au moyen d'un circuit vidéo qui ne la laisse apparaître que de dos, la voix étant rendue méconnaissable par un brouillage électronique ; soit encore elle est interrogée dans un bureau annexe à la salle d'audience par le président du tribunal, en la seule présence du procureur, de la partie civile et de l'avocat de la défense.

Une méthode originale est appliquée en Allemagne : la taupe est dotée d'un *coach*, un tuteur. Devant ce dernier, elle témoigne sous serment. Elle apporte tous ses carnets, dans lesquels elle a consigné, jour après jour et nuit après nuit, chacun des faits et gestes de sa vie clandestine. Le tuteur, lui aussi un policier assermenté, étudie ces carnets, interroge son collègue jusqu'aux détails les plus infimes, examine sa comptabilité, ses dépenses, les cadeaux reçus, le bénéfice réalisé par les actes délictueux. C'est ensuite le tuteur qui se présente devant la cour. Seul.

D'autres méthodes existent. Dans l'affaire Magharian, par exemple, la cour d'assises de Bellinzona (Tessin) s'est contentée d'un témoignage écrit, transmis sous scellés au président de la cour.

Toutes ces méthodes comportent une même déficience : à Old Bailey, à Londres, comme aux palais de justice de Paris, Milan, Madrid ou Cologne, la procédure est contradictoire.

L'interrogatoire contradictoire de tous les témoins en constitue la pièce maîtresse. Or, l'avocat de la défense ne peut efficacement interroger le témoin à charge que dans la mesure où il connaît sa biographie, son emploi du temps, la structure de sa personnalité, ses origines sociales et familiales, ses affections, ses aversions, bref son identité.

Toutes ces objections formulées par les juristes contre l'utilisation des taupes me paraissent fondées.

Cependant, je les récuse.

Deux intérêts s'opposent : celui du strict respect de l'État de droit et de son ordre procédural d'une part ; l'impérieuse nécessité qui incombe à l'État de droit de se défendre avec efficacité contre le crime organisé de l'autre.

Le second intérêt l'emporte sur le premier. Sans les taupes, aucune des sociétés civilisées d'Europe n'a la moindre chance d'infiltrer, de paralyser, de détruire les cartels intercontinentaux de la criminalité organisée.

A propos des taupes, un autre problème se pose : celui de la participation des services secrets à la guerre contre la criminalité transfrontalière organisée.

Ici aussi, les solutions imaginées par les différents États européens varient. En France, la DST ou les Renseignements militaires ne participent pas en principe aux enquêtes menées par la police judiciaire ou les services spéciaux des douanes. La même situation prévaut dans les pays du Benelux, en Autriche et en Suisse.

En Angleterre et en Italie, en revanche, les services secrets jouent, dans la guerre contre les seigneurs des cartels, un rôle souvent capital. Celui joué par le MI 5 anglais dans la lutte contre le crime organisé ne soulève pas de débat. La même chose est vraie pour le travail du SISMI en Italie.

Cependant, cette collaboration est particulièrement délicate en Allemagne : chaque *Land* de l'Allemagne possède un

Landeskriminalamt (police judiciaire) et un *Verfassungsschutz* (service secret chargé de la défense de la sécurité de l'État). En Bavière, par exemple, ces deux autorités collaborent activement dans la lutte contre les bandes du crime organisé. En 1996, à Munich, 50 des 500 agents du *Verfassungschutz* étaient affectés à des enquêtes concernant le crime organisé. En 1996, ces agents ont participé à l'infiltration de quatorze réseaux (chinois, russes, roumains, tchétchènes, etc.), avec une efficacité reconnue. Gunther Beckstein, ministre de l'Intérieur de Bavière, a exigé en conséquence que ce type de collaboration soit étendu à l'ensemble des *Länder*[3].

Les services secrets possèdent des moyens électroniques et des méthodes d'investigation, d'infiltration et de surveillance dont ne dispose pas la police judiciaire. Pour lutter contre des cartels dont les activités plongent dans la clandestinité la plus rigoureuse, les services secrets sont généralement plus efficaces que la police « ordinaire ».

Les agents secrets ne peuvent procéder à des arrestations. Ils se contentent de transmettre leurs informations et moyens de preuve à la police judiciaire qui, elle, cueille les criminels, les emprisonne, puis les remet aux juges.

Le débat en Allemagne est virulent : le souvenir de la Gestapo – police politique toute-puissante sous le Troisième Reich – est présent dans tous les esprits. (Lors de la fondation de la République fédérale allemande, en 1948, les autorités d'occupation américaine, anglaise et française avaient expressément exigé une stricte séparation entre police judiciaire et police politique.) Ainsi, le procureur général d'Allemagne, Kay Nehm, récuse formellement le modèle bavarois.

3. Gunther Beckstein, in *Der Spiegel*, n° 30, 1996.

A mon avis, la participation active des services secrets à la lutte contre le crime organisé est parfaitement justifiée. L'expérience bavaroise, mais aussi les succès du SISMI italien et du MI 5 anglais indiquent clairement que les services secrets font preuve d'une efficacité qui fait souvent défaut aux limiers de la police judiciaire. Le système français aurait besoin d'une réforme profonde.

VII

Le mur du silence

La guerre contre le crime organisé provoque des mutations profondes dans la conduite des procès. Elle confronte les magistrats à des problèmes entièrement nouveaux.

Le « soldat » d'un cartel ukrainien, l'« homme d'honneur » de la Sacra Corona pouillérane, le *capo* de la Camorra napolitaine ou le parrain d'une famille de la Cosa Nostra new-yorkaise refuse généralement de parler. Répondre aux questions du magistrat ? Jamais ! S'il parlait, le criminel mettrait en danger sa propre vie et celle de sa famille.

Afin de briser le mur du silence, les magistrats des différents pays appliquent des méthodes variées.

Deux méthodes s'affrontent : l'italienne et l'anglo-saxonne[1].

Avant d'analyser ces deux méthodes opposées, regardons la France, qui, elle, n'a pas de méthode bien précise pour briser le mur du silence qu'opposent les suspects, inculpés ou accusés mafieux à la justice.

Il existe un article du Code pénal qui prévoit que le juge peut tenir compte de la collaboration de l'accusé avec la jus-

1. Je dois des indications théoriques essentielles à Dominique Poncet, professeur de procédure pénale à l'université de Genève et avocat de réputation internationale. Cf. notamment Dominique Poncet, « Le système accusatoire dans la pratique. Essai de comparaison : États-Unis, Italie et Suisse », in *Repertorio di giurisprudenza patria*, Bellinzona, 1994, n° 1.

tice au moment de la fixation de la peine. A part cela, il existe – tant au niveau de l'enquête policière qu'au niveau du procès proprement dit – ce qu'un grand pénaliste francophone appelle des « accommodements avec le ciel ».

Le fond de l'affaire réside en ceci : la France est régie par le principe de l'opportunité. Lorsque les éléments objectifs de l'infraction sont réunis, le magistrat peut poursuivre. Il peut aussi classer le dossier. Il s'agit là d'un débat philosophique ancien et qui oppose deux théories du droit pénal : celle qui, héritière d'Emmanuel Kant, adhère au principe de la légalité ; toute infraction à la norme doit impérativement être poursuivie. Cette autre, dite de l'opportunité, qui ne poursuit que si c'est utile. La France adhère au principe d'opportunité, l'Italie par exemple à celui de la légalité. (Les différents cantons suisses, dont chacun a sa propre loi de procédure pénale, adhèrent soit à l'un soit à l'autre de ces deux principes.)

Le principe de légalité a pour lui d'être apparemment plus conforme à l'exigence de justice ; celui de l'opportunité par contre permet au juge d'exercer une justice plus humaine, plus équitable. (Exemple : un père de famille qui en manœuvrant sa voiture écrase par inadvertance sa femme et ses trois enfants ne sera pas obligatoirement poursuivi, parce que sa douleur est suffisamment atroce et la société ne gagnerait rien à le condamner pour homicide.)

Il reste que la France ne dispose pas aujourd'hui d'une méthode efficace qui permettrait aux magistrats ou même aux policiers de s'assurer d'une façon utile et parfaitement légale la collaboration d'un « soldat » repentant d'un cartel du crime organisé.

Voyons maintenant la méthode anglo-saxonne : elle est connue sous le nom de *plea-bargaining* (« marchandage de l'accusation »).

Dès la fin de l'enquête policière, le mafieux reçoit la visite du procureur. Celui-ci lui offre un *deal* (« arrangement »). Le criminel accepte de se mettre au service de l'accusation ; il témoignera sur tout ce qu'il sait des soldats du cartel, des crimes commis, des structures de l'organisation, des dirigeants secrets. En contrepartie, le criminel collaborateur bénéficie d'un *witness protection program*. Il reçoit une identité nouvelle, de l'argent, une autre existence civile, un logement. Lui et sa famille sont protégés par la police, durant une période négociable. Et, surtout, le criminel collaborateur négocie avec le procureur la peine encourue. Une précision : en fait, il existe deux *plea-bargaining*. Le criminel collaborateur peut obtenir du procureur une nouvelle définition du délit ; le criminel a commis un assassinat ; il obtiendra que le procureur ne plaide que l'homicide volontaire ou par négligence. Ou encore : le criminel a commis plusieurs délits graves ; un seul sera pris en considération par le procureur. Deuxième type de *plea-bargaining* : la fixation de la peine. Le criminel collaborateur négocie avec le parquet la peine requise.

Le *plea-bargaining* a une histoire : le droit pénal américain est profondément marqué par l'héritage calviniste des Pères fondateurs. Confesser publiquement son péché, faire acte de contrition relèvent d'une attitude chrétienne. Le droit se doit de favoriser ces actes de contrition. L'institution du *plea* – pouvoir faire amende honorable – est ancrée dans la tradition.

Autrefois, au début de chaque procès, le juge demandait à son concitoyen pécheur s'il voulait faire publiquement état de son péché, demander pardon, accepter librement la sanction de la faute.

Aujourd'hui, l'institution a changé : elle ne sert plus en premier lieu la morale publique, mais les stratégies et les tactiques du parquet. Face aux seigneurs du crime organisé, à leur cynisme, à leur habileté procédurale, à la loi du silence qui couvre leurs activités, le procureur a absolument besoin d'alliés. Transformer un accusé en témoin à charge est un art. Les procureurs américains s'y entendent. Dans leur guerre contre les seigneurs sanglants, la victoire et la défaite dépendent de l'habileté qu'ils mettent dans le retournement d'un ou de plusieurs acteurs.

Dans la procédure pénale de tous les États membres des États-Unis d'Amérique le *plea-bargaining* joue donc un rôle crucial.

L'Allemagne connaît une institution légèrement différente, mais inspirée du *plea-bargaining* américain. Elle s'appelle la *Kronzeugenregelung* (« réglementation des témoins de l'accusation »). Elle transforme un inculpé en un collaborateur volontaire de l'accusation. Elle comporte elle aussi des avantages évidents à la fois pour le criminel « retourné » et pour le procureur, mais fait l'objet dans les milieux universitaires de critiques acerbes [2].

Mais attention : le *plea-bargaining* anglo-saxon (ou la *Kronzeugenregelung* allemande) ne concerne que le criminel arrêté, inculpé et risquant une condamnation sévère. Il n'est qu'un aspect de la stratégie procédurale du procureur et ne prend effet que dans le cadre judiciaire.

Tel n'est pas le cas du système italien, qui, lui, couvre un champ nettement plus vaste.

Il porte le nom romantique de « pénitence ». Le *pentito* (« pénitent » ou « repenti ») peut se manifester à n'importe quel moment de sa carrière sanglante. Dégoûté par sa propre activité criminelle, il peut contacter tout procureur, juge d'instruction ou magistrat du siège pour se confesser, négocier son passage à la vie civile. Autre démarche : arrêté, le *pentito* change de camp en pleine instruction. Ou encore : condamné et ne supportant plus les dures conditions de vie dans les pri-

2. Cf. notamment les arguments du Pr Ellen Schlüchter, de l'université de Bochum, « Erweiterte Kronzeugenregelung ? », in *Zeitschrift fuer Rechtspolitik*, n° 2, 1997, p. 65 *sq.*

sons spécialement construites pour les terroristes et les mafieux, ou plus simplement la perspective de passer le reste de ses jours derrière les barreaux, il fait contacter un magistrat ; contre une libération anticipée ou une réduction substantielle de peine, il révèle alors à la justice tout ou partie de ce qu'il sait sur d'autres crimes non encore élucidés, commis par sa « famille » ou des « familles » alliées ou rivales.

Cependant, un repenti ne recouvre pas automatiquement la liberté pour prix de son retournement. La loi dit d'une façon un peu vague : le *pentito* purge désormais sa peine dans un lieu qui « n'est pas obligatoirement un pénitencier ». En pratique, les *pentiti* sont logés soit dans les casernes des carabiniers, soit encore sur les bateaux ancrés devant la côte. Ils changent d'avocats. S'ils sont remis en liberté provisoire, ils reçoivent un salaire de subsistance. Incarcérés dans les casernes, ils peuvent rencontrer leurs familles. Généralement, ils sont transportés la nuit – par des itinéraires et à des heures toujours différents – en voiture cellulaire au domicile familial.

Leur vie n'est guère enviable : leurs familles et eux-mêmes sont constamment menacés d'extermination par des tueurs de la mafia. L'Italie ne connaît pas de *witness protection program* comme les États-Unis. L'argent manque. Il n'y a ni chirurgie plastique, ni protection policière individuelle efficace vingt-quatre heures sur vingt-quatre. Le *pentito* est un individu, homme ou femme, exposé – qu'il réside à la caserne, qu'il fait des visites domiciliaires ou qu'il vive avec de nouveaux papiers d'identité dans un appartement financé par le ministère de la Justice.

Il existe en 1998 environ 1 600 *pentiti* en Italie. Si l'on ajoute les membres de la famille proche, cela fait entre 8 000 et 10 000 personnes à protéger nuit et jour.

Au cours de l'été 1997, le Parlement italien a pris une décision importante : malgré la résistance énergique des procureurs, il a révisé l'article 513 du Code pénal et émoussé considérablement l'arme des *pentiti*. Désormais, ne seront considérées comme éléments de preuve au procès que les déclarations des *pentiti* confirmées devant le magistrat du siège. Jusqu'ici, un *pentito* témoignait devant le procureur (qui en Italie est également le juge d'instruction); ce témoignage était reconnu comme élément de preuve au moment du procès. A l'avenir, le *pentito* devra confirmer explicitement sa déposition devant la cour au moment du procès.

Cette nouvelle réglementation est mortellement dangereuse pour les *pentiti*. En Italie (comme ailleurs en Europe), la magistrature travaille lentement. Une longue période s'écoule entre les premières auditions du procureur et l'audience du jugement. Or, la mafia persécute avec la dernière cruauté les *pentiti*. Elle assassine des familles entières, extermine des femmes et des enfants. Je donnerai, dans les pages qui suivent, quelques exemples de cette fureur exterminatrice.

Il y a donc de grands risques qu'après avoir témoigné dans le cabinet du procureur au début de l'enquête, le *pentito*, présenté devant la cour, perde son sang-froid, soit saisi d'angoisse et, effrayé par l'assassinat de tous ses parents, refuse finalement de confirmer son témoignage initial.

La révision de l'article 513 signifie la victoire des « garantistes » sur les procureurs. Les « garantistes » soutiennent que les membres de la mafia doivent avoir les mêmes droits que tous les autres justiciables. Les procureurs, en revanche, sont d'avis (et à juste titre selon moi) que la mafia constitue un ennemi tellement violent et cynique de l'État de droit qu'une réglementation d'exception – telle qu'elle est contenue dans l'ancienne version de l'article 513 – se justifie à son égard[3].

En août 1997, les procureurs ont perdu cette bataille.

3. Sur les arguments des uns et des autres, cf. « Il 513 diventa legge tra le polemiche », *La Repubblica*, Rome, 1er août 1997.

La justice italienne fait évidemment tout pour susciter ces conversions « miraculeuses ».

Tout de suite après l'assassinat du juge Giovanni Falcone, de sa femme et de ses gardes (cf. p. 60), la prison d'Ucciardone, à Palerme – un des dix établissements de haute sécurité d'Italie –, ainsi que les autres pénitenciers du sud du pays ont été vidés de leurs pensionnaires mafieux. Il fallait concentrer les seigneurs captifs dans des lieux éloignés.

En dehors de son territoire d'origine, l'« homme d'honneur » n'est plus rien : il ne peut plus – par de subtiles allusions – terroriser les gardiens, les menacer de représailles contre leurs familles et obtenir des faveurs.

Tous les principaux *capi* captifs membres des familles mafieuses les plus importantes ont été transférés soit au pénitencier de Pianosa, île voisine de l'île d'Elbe, située au large de la Toscane, soit sur la pointe nord-ouest de la Sardaigne, à Asinara.

L'île de Pianosa abrite aujourd'hui environ cent quarante détenus du crime organisé, dont des personnages aussi considérables que Michele Greco, dit « le Pape », Nitto Santapaola et Pippo Calo.

Quatre-vingt-dix autres *capi* sont enfermés au bunker d'Asinara. Parmi eux, pratiquement toute la « coupole » de la Cosa Nostra, décapitée en 1993-1996 : le jeune Giovanni Brusca, le Porc ; son prédécesseur de près de soixante-dix ans, Toto Riina, la Bête ; le caissier Antonio Mangano ; Leoluca Bagarella, beau-frère de Riina ; les trois fils Madonia et, depuis peu, Paolo Cuntrera, extradé du Venezuela.

Le complexe d'Asinara est un modèle du genre : entourée d'une eau limpide, cernée de plages de sable fin, découpée de criques blanches, cette île de 52 kilomètres carrés est un paradis pour le visiteur occasionnel, un enfer pour les prisonniers. Ils s'appellent d'ailleurs eux-mêmes les « damnés ».

Comme à Pianosa, ici aussi les chefs mafieux sont soumis

au dur régime de l'article 41 *bis*, règlement carcéral adopté en septembre 1992, après la vague d'assassinats de procureurs, de juges et de carabiniers. Dans l'austère bureau peint en blanc de Gianfranco Pala, le jeune directeur d'Asinara, qui a une formation de psychologue et de juriste, il n'y a que deux photos : celles des juges martyrs Borsellino et Falcone.

Les cellules sont d'une longueur de 3 mètres, d'une largeur de 2,5 mètres et d'une hauteur de 3,5 mètres. L'isolement est complet. Les prisonniers ne peuvent recevoir qu'une visite d'une heure une fois par mois – le contact s'effectuant à travers une vitre blindée. Des centaines de gardes et de carabiniers munis d'armes et équipements de surveillance les plus modernes assurent la protection de l'île, du bunker, des dépôts et logements des familles des gardiens. Des hélicoptères, un avion et trois vedettes rendent toute approche non autorisée de l'île impossible. Une loi spéciale sanctionne de trois ans de réclusion toute tentative de débarquement. Trente gardiens, travaillant en trois équipes de dix, surveillent vingt-quatre heures sur vingt-quatre le seul Toto Riina.

Le directeur Gianfranco Pala est hanté par un cauchemar : celui du débarquement mafieux par mer ou de l'attaque par hélicoptère. Parallèlement, il sait que la mafia tue facilement ceux d'entre ses chefs qui sont tombés entre les mains de la justice.

A la prison de Voghera, en 1986, le principal banquier de la mafia, Michele Sindona, a bu une tasse de café. Un mystérieux tueur y avait versé du cyanure. Sindona est mort dans d'atroces souffrances.

A Asinara, Riina, Bagarella et les autres font eux-mêmes leur cuisine. Une fois par semaine, le directeur en personne procède, dans des villes toujours différentes de Sardaigne, à l'achat d'aliments. Il les remet dans une malle métallique, fermée à clé, aux prisonniers qui, à l'intérieur de leur cellule, disposent d'un réchaud électrique et d'un appareil frigorifique.

L'immense majorité des « damnés » – sauf les très jeunes –

savent qu'ils ne sortiront jamais plus du bunker. Cette conviction favorise grandement la « pénitence »[4].

Toutes ces méthodes, anglo-saxonne, allemande ou italienne, du retournement des criminels subissent le feu nourri de la critique. Des professeurs de droit pénal et de criminologie, notamment, se montrent impitoyables.

Le criminel qui obtient une réduction négociée de sa peine – rarement l'impunité complète – met en échec le principe constitutionnel de l'égalité de tous les délinquants devant la loi. Par sa trahison, il échappe complètement ou en partie à la sanction pénale. Des crimes de sang, des crimes contre le patrimoine restent ainsi impunis.

La justice anglo-saxonne applique le *plea-bargaining* de façon indiscriminée : même les sanctions pour les crimes les plus odieux, comportant un grand nombre de victimes, peuvent faire l'objet d'une négociation avec les procureurs. Ce qui est moralement choquant et dangereux sous l'angle de la prévention.

A l'encontre de la *Kronzeugenregelung* les juristes allemands formulent eux aussi des reproches : de leur point de vue, le procès devant la cour d'assises devient une farce, puisque des décisions essentielles concernant la définition du délit et la sanction infligée au criminel sont prises avant même que ne s'ouvrent les audiences publiques devant la cour.

Mais la méthode qui soulève les débats les plus ardents dans l'opinion publique est celle appliquée par les juges italiens. De nombreux juristes avancent que le *pentito* constitue un danger public. Pourquoi ? Parce que n'importe quel mafieux – en

4. En avril 1997, le gouvernement a annoncé son intention de fermer avant la fin de l'année les pénitenciers d'Asinara et de Pianosa, et de transférer leurs détenus dans d'autres lieux. La raison invoquée : il faut sur ces deux îles favoriser le tourisme et donc l'emploi. Cette annonce gouvernementale a provoqué la très vive opposition de la magistrature.

liberté, inculpé ou condamné – peut contacter à n'importe quel moment un magistrat de son choix. Contre la promesse de l'impunité et de la protection (pour lui et sa famille), il peut révéler à celui-ci des secrets sur les structures, les méfaits, les dirigeants, dont la vérification sera ensuite extrêmement longue, difficile et complexe. La « pénitence » : quelle arme formidable pour abattre une « famille » concurrente, liquider un ennemi ou assouvir des haines, des vengeances personnelles !

Emmanuele Macaluso, en particulier, attaque l'institution de la « pénitence »[5]. Il prend l'exemple des enquêtes ouvertes à Palerme et à Pérouse contre Giulio Andreotti. Un mafieux pénitent a révélé au juge qu'il avait « vu le Premier ministre donner l'accolade [le signe secret de reconnaissance des "hommes d'honneur"] » à Toto Riina, la Bête, *capo dei capi* de la Cosa Nostra sicilienne. Et les ennuis d'Andreotti ont commencé...

Emmanuele Macaluso n'est pas n'importe qui. Né à Caltanissetta en 1924, militant communiste dès son plus jeune âge, il a lutté sa vie durant contre la mafia sicilienne. Secrétaire régional du Parti communiste, député à l'assemblée régionale, puis sénateur à Rome, il a risqué sa vie et celle de sa famille des dizaines de fois. Nombre de ses camarades sont tombés sous les balles des assassins. Sa critique contre l'institution de la « pénitence » est à prendre au sérieux.

A Macaluso s'oppose Pino Arlacchi. Son verdict est limpide : sans les pénitents, il n'y a pas de guerre victorieuse contre la mafia. Les arguments d'Arlacchi paraissent convaincants.

Arlacchi a publié un livre désormais classique sur le *pentito* Antonio Calderone. Dans une maison secrète mise à disposi-

5. Emmanuele Macaluso, *Giulio Andreotti..., op. cit.*, notamment chap. « I pentiti », p. 157 *sq.*

tion et protégée nuit et jour par la police, Calderone avait accepté de parler des jours entiers avec Pino Arlacchi.

Calderone a été, pendant de longues années, une figure centrale de la criminalité organisée transcontinentale. Né à Catane en 1953, il a dirigé avec son frère Pippo une des « familles » les plus puissantes de la Cosa Nostra. Dès le début des années 60 et jusqu'au début des années 80, il a accumulé une fortune criminelle colossale, commandité d'innombrables assassinats et tissé un réseau de trafics et de racket des deux côtés de l'Atlantique. La montée au pouvoir des Corleonesi, des « familles » issues de la petite ville de Corleone, au centre de l'île, au début des années 80, avait déclenché une guerre civile mafieuse sans précédent. Pippo fut assassiné ; Antonio s'enfuit en France. Là, il fut arrêté et extradé en Italie. Antonio décida de collaborer avec les justices italienne et française. Sa « pénitence » permit d'inculper plus de deux cents mafieux. Il vit aujourd'hui protégé, sous une nouvelle identité, hors d'Italie[6].

Calogero Ganci, trente-quatre ans, qui a été un des tueurs les plus féroces au service des Corleonesi, a tourné *pentito* en 1996. Il a avoué plus d'une centaine d'assassinats et permis de résoudre l'énigme de l'attentat dont avait été victime le général Della Chiesa, préfet de Palerme. Avant la sienne, la « pénitence » de Vicenzo Ferro, tueur professionnel et fils d'un *capo* mafieux de Trapani, avait, elle aussi, permis à la justice italienne de porter des coups sévères à la Cosa Nostra.

Les arguments d'Arlacchi sont renforcés par le simple fait que les *pentiti* paient généralement un prix élevé pour leur « pénitence ». La mafia ne pardonne jamais la rupture de l'*omerta*, le serment que tout « homme d'honneur » scelle avec son sang et par lequel il jure de ne révéler en aucune circonstance et à aucun moment une quelconque information sur la vie, les actes ou les dirigeants de son organisation.

6. Pino Arlacchi, *Gli Uomini del dishonore, la mafia siciliana nella vita del grande pentito Antonio Calderone*, Milan, Éd. Mondadori, 1992.

Le mardi 27 août 1996, l'après-midi était splendide en Sicile. Le soleil brillait sur Catane, la principale ville industrielle de l'île. Comme chaque jour depuis des mois, une jeune femme brune tout de noir vêtue se rendait, accompagnée de son cousin et de sa cousine, sur la tombe de son mari. La jeune femme s'appelait Santa Puglisi. Elle avait vingt-deux ans et était la veuve de Matteo Romano, vingt et un ans, « homme d'honneur » du clan mafieux d'Antonio Savasta. Romano avait été assassiné par des tueurs anonymes quelques mois auparavant.

La jeune femme s'agenouille pour prier au bord de la tombe. Son cousin de quatorze ans, Salvatore Botta, et sa petite cousine de douze ans font de même. Les tueurs surgissent du fond du cimetière ; ils exécutent Santa Puglisi d'un coup de feu dans la nuque. Les deux enfants hurlent, implorent pour leur vie. Les tueurs tirent ; ils abattent le garçon. La petite fille survit, grièvement blessée.

La rumeur avait couru que, révoltée par l'assassinat de son mari, Santa Puglisi était prête à contacter un juge. Les assassins de Romano sont donc revenus pour exterminer le reste de la famille.

Tomaso Buscetta, qui est le plus célèbre des « repentis » italiens et qui a rendu d'immenses services aux juges américains, français, allemands, suisses et italiens, bénéficie – privilège rare pour un étranger ! – du *witness protection program* américain depuis 1984. Cela n'a pas empêché qu'en Europe pas moins de trente-six membres de sa famille – parmi eux, des femmes, des enfants et des adolescents – ne soient assassinés.

Tous ces exemples le prouvent : dans la dispute entre Macaluso et Arlacchi, c'est Arlacchi qui a raison, quel que soit le prix du sang qui en résulte. La mafia craint comme la peste les « repentis ».

Concluons provisoirement : la loi suprême régissant l'existence des seigneurs, « hommes d'honneur » et simples « soldats » des cartels criminels russes, tchétchènes, polonais ou des familles mafieuses italiennes, françaises, allemandes ou ibériques, est le secret. Deux personnages sont seuls capables de briser ce mur du silence : la taupe et le déserteur.

La généralisation à travers l'Europe du système italien des *pentiti* est indispensable à la guerre que mène la société civilisée contre les bêtes sauvages du crime organisé.

VIII

Les avocats

Dans la procédure judiciaire, le rôle des avocats est important. Je suis moi-même avocat, inscrit au barreau de Genève. Ayant choisi très tôt la carrière universitaire, je n'ai plaidé que peu de temps. Mais dès mes premiers jours au prétoire, une question m'a harcelé : comment concilier ma naturelle révulsion à l'égard du crime avec l'obligation – assumée par serment – d'assurer en toute circonstance et au plus près de ma conscience la défense de tout inculpé faisant appel à mes services ?

Lorsqu'il s'agit de crime organisé, de criminalité économique ou de corruption grave, les accusés jouissent fréquemment d'un avantage considérable. Disposant de moyens financiers exceptionnels, ils peuvent s'offrir les services des avocats les plus réputés, les plus brillants. Entre le parquet et la défense, les jeux sont alors truqués : un grand avocat peut consacrer à un tel dossier des moyens et un temps infiniment supérieurs à ceux dont dispose un simple procureur. Perdu dans les méandres d'un dossier d'une complexité souvent kafkaïenne, la justice s'égare, s'épuise – et se fait battre.

Prenons un exemple : la chute de l'empire SASEA. La SASEA est une société holding aux origines troubles, domiciliée à Genève. Elle contrôle 346 sociétés financières, commerciales, industrielles, etc., dans trente-cinq pays. Son dirigeant suprême est une figure redoutable du nom de Florio Fiorini.

Italien d'origine, volubile, corpulent, rusé et intelligent, il porte le titre d'administrateur délégué. Ses partenaires en affaires préférés sont les dirigeants du Crédit Lyonnais, à Paris. Son complice principal est un ancien garçon de café, Giancarlo Paretti. Fiorini a l'art des relations humaines : il s'entoure de directeurs généraux, d'administrateurs puisés dans les milieux les plus divers. Un ancien président de la Confédération, un colonel de parachutistes français à la retraite, des hommes d'affaires issus de la rue des Granges (lieu d'habitat traditionnel de l'oligarchie calviniste genevoise) et d'autres figures plus ou moins reluisantes confèrent la respectabilité nécessaire à ses agissements. La SASEA s'occupe d'une infinité d'activités légales et illégales : exportations de viande avariée au Gabon, transactions financières raffinées, négoce à base de titres falsifiés, etc.

Le *condottiere* italien est arrêté par la police genevoise le 20 octobre 1992. Son empire s'effondre dans un bruit apocalyptique. Le Crédit Lyonnais et nombre d'autres bailleurs de fonds sont ébranlés jusque dans les fondements. La faillite est prononcée le 30 octobre. La perte atteint le chiffre astronomique de plus de 16 milliards de francs français, la plus grande faillite que Genève ait connue (et une des plus grandes de la récente histoire d'Europe). Fiorini ne perd pas sa bonne humeur. Incarcéré à Champ-Dollon, il attend calmement son procès.

Celui-ci s'ouvre un matin de juin 1995, au palais de justice de Genève. Le drame judiciaire met aux prises des plaideurs remarquables : le bâtonnier Marc Bonnant pour la défense, le professeur Dominique Poncet pour la partie civile (Crédit Lyonnais), le procureur Laurent Kaspar-Ansermet, maîtres Maurice Harari, Dominique Lévy et d'autres juristes de prestige.

Revenons à l'instruction :

Le juge d'instruction, Jean-Louis Crochet, mène avec détermination l'enquête sur les agissements de Fiorini et de six de ses coinculpés. Pendant plus de quatre ans, il y consacre 1 086 heures d'audiences, rédige 41 ordonnances et 18 commissions rogatoires. Toute l'enquête coûte 7 millions de francs français. Elle remplit 650 épais classeurs. Les seules expertises ordonnées par le juge en remplissent 75. Le dossier comporte 200 000 pièces et moyens de preuves. 400 procès-verbaux d'enquête s'étalent de leur côté sur des milliers et des milliers de pages [1].

Dès le premier jour de l'enquête du juge, les avocats de la défense ont assisté à chacune des audiences. Pendant quatre ans, ils ont suivi l'affaire jour après jour.

L'enquête terminée, le juge d'instruction Crochet transmet le dossier au parquet. Celui-ci tente de se familiariser avec cet Himalaya de documents. Plus tard, ce sera au tour des juges de la cour. Ils tenteront d'assimiler en un temps réduit ces milliers de pièces. Tandis que les avocats de la défense ont – je le répète – suivi l'affaire dès le premier jour.

Lors de son procès, Fiorini est condamné pour une multitude de délits (faux dans les titres, etc.) et écope de six ans de prison. Son séjour en préventive lui est décompté. Condamné en juin, il sort de prison en octobre. Libre comme l'air… et probablement toujours riche comme crésus. Il quitte la Suisse. Tout le procès n'a guère duré plus de quarante-huit heures [2].

Marc Bonnant est non seulement un homme d'un exceptionnel talent et d'une grande érudition, mais encore un intellectuel qui réfléchit constamment sur le sens de sa mission. Sa conviction se résume en quelques phrases : l'avocat de la défense joue son rôle dans un drame plus vaste. Il n'est qu'un

1. Dans l'affaire SASEA, le rôle de la presse a été central. C'est notamment Jean-Noël Cuénod, courageux chroniqueur judiciaire de *La Tribune de Genève*, qui, par ses analyses, a contraint la justice suisse (et française) à aller jusqu'au bout de l'enquête.

2. En 1998, la situation judiciaire de Fiorini est la suivante : il réside librement dans sa villa de Monte Pulciano (Toscane), mais reste théoriquement inculpé en Italie pour des délits divers.

des acteurs sur la scène. Aux autres de faire leur travail avec la même énergie, la même détermination que l'avocat du prévenu : la vérité judiciaire surgit de la subtile dialectique qui oppose entre eux les avocats de la défense, ceux de la partie civile et le procureur. On ne saurait reprocher à un avocat de la défense ayant le feu sacré de faire avec minutie et intelligence son travail de défenseur.

Contre le dysfonctionnement procédural que produit l'affrontement entre les défenseurs brillants du corrompu ou du criminel d'une part, et les efforts du parquet, de l'autre, il y a un remède : l'union personnelle entre juge d'instruction et procureur. Cette union existe dans les pays anglo-saxons, en Italie et en Allemagne. Elle n'existe pas dans la plupart des cantons suisses, ni en France.

Dans tous ces pays, il faut accroître d'urgence et massivement les moyens mis à la disposition de l'instruction et du parquet. Il faut augmenter le personnel et lui concéder un matériel électronique performant ; les magistrats doivent pouvoir offrir une protection efficace à ceux parmi les criminels qui sont prêts à collaborer avec eux ; aucun *witness protection program* à l'américaine n'existe en Europe. Les juges doivent avoir accès aux données des banques et des assurances et recevoir, pour leur exploitation rationnelle, le concours d'experts-comptables et d'experts financiers. Tout cela demande beaucoup d'argent… et une sérieuse volonté de se battre de la part du gouvernement.

Avec les pauvres armes dont ils disposent aujourd'hui, les juges et les procureurs vont droit à la défaite.

IX

L'Hydre

Où est le danger qui nous menace aujourd'hui, qui menace notre civilisation, nos démocraties, nos libertés de citoyens et citoyennes ? Quel est le masque que porte l'ennemi ? Eckhardt Werthebach, jusqu'en 1997 président du *Bundesamt für Verfassungsschutz* (le contre-espionnage allemand), répond :

« Le danger pour l'État de droit ne réside pas dans l'acte criminel comme tel, mais dans la possibilité qu'a le crime organisé – du fait de son énorme puissance financière – d'influencer durablement les processus démocratiques de décision. La conséquence la plus immédiate et la plus visible de cette situation est la progression rapide de la corruption parmi les hommes (et les femmes) politiques et d'autres décideurs de notre société [...].

« Par sa puissance financière gigantesque, la criminalité organisée gagne secrètement une influence toujours plus importante sur notre vie économique, sociale et politique, mais aussi sur la justice et l'administration publique. Elle sera un jour en mesure de dicter ses normes et ses valeurs à notre société [...].

« De cette façon disparaissent graduellement l'indépendance de notre justice, la crédibilité de la politique, la confiance dans les valeurs et le pouvoir protecteur de l'État de droit. Cette perte de confiance est voulue [par le crime organisé] [...].

« A la fin nous aurons un État infiltré, subverti, peut-être même dirigé par la criminalité organisée. La corruption sera alors considérée comme un phénomène inéluctable et généralement accepté[1]. »

Je partage pleinement la vision pessimiste de Werthebach. Des réformes législatives fondamentales sont urgentes. Je ne donne ici que deux exemples : la lutte contre le « lavage » des profits criminels et contre la corruption. La propriété privée reste – hélas – une vache sacrée dans pratiquement tous les pays européens. Les secrets en matière de fisc, d'avocats, de banques restent quasiment intouchables. Cette situation sert grandement les seigneurs du crime.

Le talon d'Achille de la criminalité organisée est le recyclage, la « légalisation » de ses profits astronomiques. Le « lavage » quotidien de milliards de profits criminels pose aux cartels des problèmes délicats. Ce sont ces mécanismes de recyclage qui doivent être paralysés en priorité.

Les moyens existent théoriquement. Il suffirait que les personnes soupçonnées d'appartenir à une structure transfrontalière du crime organisé apportent la preuve de leur innocence ; il appartiendrait ainsi au suspect de prouver l'origine légale d'une fortune importante (par exemple, au-dessus de 500 000 francs français). La question n'est pas simple : il se pourrait qu'un suspect, devenu accusé, soit acquitté selon le principe de l'*in dubio pro reo*, mais sa fortune saisie – lors du même procès, par le même verdict – sur la base du principe de l'*in dubio contra reum.*

Il faudrait en deuxième lieu s'attaquer avec vigueur à la corruption des hommes et femmes politiques, des juges, des procureurs et des policiers ainsi que des dirigeants économiques des secteurs public et privé. C'est par la corruption que les seigneurs du crime subvertissent et tentent de dominer les États de droit et nos sociétés démocratiques.

Ici aussi, les moyens de *lege ferenda* sont nombreux : intro-

1. Eckhardt Werthebach, en collaboration avec Bernadette Droste-Lehnen, « Organisierte Kriminalität », *Zeitschrift für Rechtspolitik*, n° 2, 1994.

duction partout en Europe de la sanction de la corruption active de fonctionnaires (ou ministres) d'un État étranger ; aggravation des peines pour corruption active et passive au niveau national ; création de commissions de contrôle volantes dans l'administration publique ; coopération améliorée entre les sociétés privées de contrôle bancaire ou fiduciaire chargées de surveiller les comptes des sociétés anonymes, d'une part, et les parquets et brigades financières (TRACFIN, etc.), de l'autre ; interdiction pour les fonctionnaires d'exercer une activité rémunérée annexe ; incompatibilité stricte entre mandats électifs nationaux ou européens et activité rémunérée de consultants, etc. ; radiation dans toute l'Europe de sociétés industrielles, bancaires, commerciales ou de services convaincues de pratiques de corruption de toute participation aux offres publiques d'achat ou de soumission.

Le crime organisé ressemble à l'Hydre, le monstrueux serpent à plusieurs têtes de la mythologie grecque : coupez-lui une tête… et deux nouvelles poussent sans tarder. Pour mater définitivement le crime organisé, il faudrait employer les mêmes moyens qu'Hercule et Iolas ont utilisés pour tuer l'Hydre de Lerne : tandis qu'Hercule tranchait les têtes, Iolas appliquait sur les blessures ouvertes un fer chauffé à blanc. En d'autres termes, le crime organisé ne sera vaincu que le jour où la société démocratique occidentale retrouvera ses valeurs fondatrices, le sens d'un destin collectif et des conduites communes faites de solidarité et de justice.

Sans l'insurrection de la conscience collective et la mobilisation enfin sérieuse des autorités publiques, l'avenir verra en Europe la destruction de la société démocratique.

Aucune loi, aucune police, aucune magistrature, si efficace et compétente soit-elle, ne pourra jamais se substituer à la libre détermination des citoyens. Ni les cybercodes d'Internet, ni la surveillance électronique généralisée, ni même les institutions des taupes et des *pentiti* ne réussiront à vaincre l'Hydre, s'ils ne sont pas portés, soutenus quotidiennement par des populations conscientes des dangers qui les menacent.

Les seigneurs sanglants avancent d'un pas triomphant. Comment les arrêter ? En remobilisant les valeurs qui dorment au tréfonds de nos mémoires.

Les arrestations les plus spectaculaires, les verdicts judiciaires les plus sévères, les lois les mieux argumentées ne serviraient à rien sans un renoncement à la recherche du profit à tout prix, sans un changement radical des mentalités.

De tout temps le capitalisme a fait de l'écrasement des hommes par un noyau de quelques puissants sa logique propre, qui va en empirant ces derniers temps. Violence capitaliste et violence mafieuse tendent à se confondre de plus en plus. En luttant contre l'une on combat l'autre. Le contrôle populaire accru des gouvernants et une démocratisation en profondeur de l'économie sont – pour abattre l'Hydre – des armes efficaces.

Il existe sans aucun doute un lien entre les déficiences immunitaires des sociétés face au crime organisé et le degré de démocratie atteint par ces mêmes sociétés.

L'idéologie et la pratique néo-libérales privent la société de ses anticorps. Elles débilitent la démocratie et toutes les habituelles forces de résistance que celle-ci serait capable de mobiliser.

J'ai trouvé dans l'ouvrage de François Jullien, *Fonder la morale*[2], une parfaite adéquation théorique à la question qui nous occupe ici. Jullien compare les fondements de la morale chez Rousseau et Kant à la tradition chinoise remontant à Mencius, au IVe siècle avant notre ère, tradition selon laquelle l'homme est bon, habité naturellement par la solidarité, la compassion, la pitié. Mais comme les plantes, qui ont besoin d'un environnement favorable, de chaleur, de lumière, d'eau,

2. François Jullien, *Fonder la morale*, Paris, Grasset, 1995.

etc., pour s'épanouir, les vertus morales de l'homme restent en germe ou même meurent sans un environnement clément.

Or, jamais comme dans l'économie globalisée et sous le règne de l'idéologie néo-libérale le cadre de vie – en théorie et en pratique – n'a été aussi contraire à l'épanouissement de la morale.

Ce qui menace aujourd'hui ? Une rupture de civilisation. Ni plus ni moins. Ou, pour paraphraser le prophète de Königsberg : « Nous nous approchons à pas de géant de la fracture du temps [*Abbruchkante der Zeit*]. » Relayée quotidiennement par l'étourdissant martèlement, le bruit et la fureur de la société médiatique, l'idéologie néo-libérale s'attaque au noyau même de notre héritage culturel : celui de l'*Aufklärung*, des Lumières.

Niez toute possibilité pour l'homme d'agir sur son propre destin, naturalisez l'économie, diffamez la loi, renvoyez aux oubliettes de l'histoire toute entreprise collective raisonnée, librement décidée, et vous liquiderez les valeurs qui, depuis deux cents ans, ont permis aux Européens – malgré Hitler, Staline, les deux guerres mondiales et Auschwitz – de vivre en êtres civilisés, relativement libres et démocrates.

Bertolt Brecht, dans *Mère Courage et ses enfants*, résume mon propos :

> Viendra le jour où se tournera la page
> Pour nous.
> Il n'est pas loin.
>
> Alors nous, le peuple, nous en finirons
> Avec la grande guerre des grands seigneurs.
>
> Les marchands, avec tous leurs valets
> Et leur danse de guerre et de mort,
> Il s'en débarrassera à jamais,
> Le nouveau monde de l'homme commun.
>
> Viendra le jour, mais l'heure de sa venue
> Dépend de moi, dépend de toi.
> Qui ne marche pas encore avec nous,
> Qu'il se mette en route, sans tarder.

Table

TROISIÈME PARTIE

L'Armée rouge, berceau des tueurs

QUATRIÈME PARTIE

Monseigneur et ses « unités noires »

CINQUIÈME PARTIE

La guerre de la liberté

Du même auteur

Sociologie et Contestation, essai sur la société mythique
Gallimard, coll. « Idées », 1969

Le Pouvoir africain
Le Seuil, coll. « Esprit », 1973
coll. « Points », nouvelle édition revue et augmentée, 1979

Les Vivants et la Mort, essai de sociologie
Le Seuil, coll. « Esprit », 1975
coll. « Points », nouvelle édition revue et augmentée, 1978

Une Suisse au-dessus de tout soupçon
en collaboration avec Délia Castelnuovo-Frigessi,
Heinz Hollenstein, Rudolph H. Strahm
Le Seuil, coll. « Combats », 1976
coll. « Points Actuels », nouvelle édition, 1983

Main basse sur l'Afrique
Le Seuil, coll. « Combats », 1978
coll. « Points Actuels », nouvelle édition, 1980

Retournez les fusils ! Manuel de sociologie d'opposition
Le Seuil, coll. « L'histoire immédiate », 1980
coll. « Points Politique », 1981

Contre l'ordre du monde, les Rebelles
(mouvements armés de libération nationale du Tiers Monde)
Le Seuil, coll. « L'histoire immédiate », 1983
coll. « Points Politique », 1985

Vive le pouvoir ! ou les délices de la raison d'État
Le Seuil, 1985

La Victoire des vaincus, oppression et résistance culturelle
Le Seuil, coll. « L'histoire immédiate », 1988
coll. « Points », nouvelle édition revue et augmentée, 1991

La Suisse lave plus blanc
Le Seuil, 1990

Le Bonheur d'être suisse
Le Seuil et Librairie Arthème Fayard, 1993
Le Seuil, coll. « Points Actuels », 1994

L'Or du Maniéma
Le Seuil, roman, 1996

La Suisse, l'or et les morts
Le Seuil, coll. « L'histoire immédiate », 1997

RÉALISATION : PAO ÉDITIONS DU SEUIL
IMPRESSION : IMPRIMERIE BUSSIÈRE CAMEDAN À SAINT-AMAND (CHER)
DÉPÔT LÉGAL : FÉVRIER 1998. N° 32452 (98957/1)